구원의 길 I

구원의 길

I

강성기 지음

도서출판 조에

▎머리말

구원!

평상시에는 별로 관심이 없는 단어이다. 그러나 전혀 예상치 못한 불의의 사고를 당하게 된다면 가장 절감하는 단어일 것이다.

산악등반 중 조난을 당하거나
화염에 싸인 고층빌딩 안에 갇혀 있거나
지진으로 붕괴된 건물더미에 묻혀 있거나
인질범에게 잡혀 생명의 위협을 당하고 있거나
물이 차오르는 배밑창에 갇혀 있거나
불길이 번져오는 자동차 안에 갇혀 있거나……

이런 절박한 상황에서는 다른 어떤 것도 중요하지 않다. 오직 구원만이 중요하다. 이럴 때, 나를 구원해 줄 자가 나타나기를 얼마나 바랄 것인가? 나를 구원해 줄 자가 오고 있다면 얼마나 간절히 기다릴 것인가?

그러다 마침내 구조자가 나타나고 가까스로 구원을 받게 된다면 그 이상의 감격이 없을 것이다. 그러나 그렇게 구원 받은 육체도 결국 수십 년 안에 죽고 만다.

구원의 길!

여기서 말하는 구원은 몇십 년 상관의 이야기가 아니다. 영원에 관한 이야기이다.

사람은 육체 안에 영이라는 존재가 있다. 육체가 죽어도 영원히 존재하는 영이 있다. 그러므로 다른 동물과 달리 사람에게는 내세가 있다. '그런 게 어디 있어?'라고 반문할 수 있지만 아직 죽어보지 않았기에 함부로 말할 수 없다. 내세가 '있다' 아니면 '없다'의 확률은 50대 50이다.

사람은 조상 아담의 죄와 자신의 죄 때문에, 죽은 후 그 영이 앞으로 지옥될 우주를 빠져나갈 자는 아무도 없다. 내 영혼의 구원이 절대적으로 필요하다. 영원히 꺼지지 않는 불못 될 우주에서 구원을 받아야 한다.

예슈아 그리스도!
그가 바로 구원의 길이다. 그는 죄 없으신 하나님의 아들이시다. 그는 인류의 죗값 사망을 그 몸의 죽음으로 갚아주셨다. 이를 믿고 그 이름을 영접한 자에게 구원의 길이 열린다. 구원의 길에 들어서는 것이다. 그렇다고 구원이 완성된 것은 아니다.

본서는 '나는 누구인가?'로 시작하여 '왜 나는 구원이 필요한가?', '어떻게 하여야 구원을 받는가?', '어떻게 믿어야 마침내 구원에 이르는가?' 등등 구원의 길에 대해 자세히 설명한 구원의 안내서이다.

저자는 여러분들이 반드시 이 책을 필독하고 구원받기 바란다. 이 세상 떠날 때, 반드시 하늘나라 아버지 집에 가서 생명의 기쁨과 즐거움과 영광을 영원히 누리기를 간절히 기도하는 바이다.

이 책이 나오기까지 여러모로 수고한 조에선교회 여러분들께 심심한 감사를 드리며, 믿음의 결국인 영혼의 구원을 받기를 바란다.

2016년 5월
예슈아의 증인
강성기

▌차 례

차례

1

삶의 목적

신명기 30:19~20, 요한복음 5:39~40

하나님은 영생하시는 분입니다. 그는 시작도 끝도 없이 항상 살아계시고, 기쁘고 즐겁고 영광스러운 생명을 영원히 누리시는 분입니다.

신앙은 영생하시는 하나님을 믿고 하나님과 함께 영원히 사는 것을 사모하는 것입니다. 한마디로 영생을 삶의 목적으로 삼는 것입니다. 그리고 신앙생활은 차라리 죽을지언정 영생을 위해 사는 생활입니다.

'당신은 왜 사느냐?'고 물을 때, 분명히 대답하는 사람은 거의 없습니다. 열심히 좋은 것 먹고 병들면 병원에 가고 온갖 수단을 다 동원해 살려고 발버둥치지만, 막상 삶의 목적에 대해 물어보면 얼버무리기 일쑤입니다.

태어날 때부터 삶의 목적을 아는 사람은 아무도 없습니다. 자라가면서 부모나 선생님에게 배워서 삶의 목적을 갖게 됩니다. 그나마 똑똑한 사람은 그 목적대로 살려고 하지만 대부분의 사람들은 목적도 없이 그냥 살다가 어언 죽음을 맞이합니다. 이렇게 자기 삶의 목적을 모르고 살다가 일생을 마감하는 것이 인류의 불행입니다.

나름대로 삶의 목적을 가지고 열심히 살던 사람도 자기 뜻대로 안 되면 좌절해 버리고, 그 좌절을 이기지 못해 자살까지 합니다. 문명은 무섭게 발전해 가는데 삶의 의지는 갈수록 약해지고 자살률은 늘어만 갑니다. 이것은 세계적인 현상입니다.

요즈음 미국에서 정치 내지 사회 문제가 되고 있는 것이 이라크, 아프가니스탄 전쟁 퇴역군인들의 자살입니다. 아직 새파랗게 젊은 나이의 청년들이 하루에 18명이나 자살한다고 합니다. 전쟁터에서 죽은 자의 수보다 집에 돌아와서 죽는 자의 수가 더 많다고 합니다. 치열한 전쟁터에서는 기필코 살아서 집으로 돌아가겠다는 분명한 목적이 있었는데, 막상 집에 돌아와서는 삶의 목적을 상실했기 때문입니다.

이 시대를 '목적상실의 시대'라고 표현할 수 있습니다. 그러다 보니 삶의 목적을 제시해 준다는 책들이 인기가 있습니다. 그 중에 하나가 릭 워렌(Rick Warren) 목사가 쓴 '목적이 이끄는 삶'입니다. 이 책은 전 세계 50개국 이상에서 300만 부 이상이 팔렸다고 합니다. 이 책은 크리스천뿐만 아니라 불신자도 많이 읽는다고 합니다. 인류가 삶의 목적을 상실했다는 것을 증명해 주는 예입니다.

성경 외에 어떤 책도 삶의 목적에 대해 정확히 말해주는 책이 없습니다. 성경에는 하나님의 의도가 기록되어 있습니다. 만일 하나님의 의도를 알게 되면 내 삶의 목적을 알게 되고 그 목적대로 살게 됩니다.

하나님은 보이는 하늘과 보이지 않는 하늘, 보이는 존재와 보이지 않는 존재 등 만물을 지으시되 목적을 갖고 지으셨습니다. 창세 때 무생물들을 지으실 때는 '있으라', 생물을 지으실 때는 '번성하고 충만하라'고 명령하셨습니다. 그래서 무생물들은 지금도 변함없이 존재하고 있고 생물들은 생육을 통해 번성하고 있습니다. 물고기 같은 경우에는 사람들이 아무리 잡아먹어도 여전히 바다에 충만합니다. 지금도 하나님의 창조 목적이 이루어지고 있는 것입니다.

하나님은 흙으로 사람을 지으시고 '생육하고 번성하고 충만하고 땅을 다스리라'고 하셨습니다. 그래서 그 많은 천재지변, 질병, 전쟁에도 불구하고 온 땅에 사람이 충만합니다. 특히 사람에게는 '다스리라'는 계명을 주심으로 사람은 환경을 다스리고 자연을 다스림으로 문화와 문명을 발전시켰습니다.

하나님은 사람에게 생기를 불어넣어 생령, 곧 아담이 되게 하셨습니다(창2:7). 그리고 그에게 에덴동산을 다스리고 지키라고 하셨습니다. 사람과 달리 생령 된 아담에게는 동산 안의 모든 실과는 임의로 먹어도 좋지만 '선악을 알게 하는 나무의 실과는 먹지 말라.'는 계명을 주셨습니다(창2:15~17). 생령은 제한된 공간 안에서 하나님의 말씀을 듣고 살아야 되었던 것입니다.

아담의 육체는 흙으로 만들어져서 죽으면 흙으로 돌아가지만 그 영은 육체를 떠나면 하나님께로 돌아가도록 지음 받았습니다. 하나님이 계신 곳에 가서 하나님과 같이 영생할 수 있도록 지음 받은 것입니다.

이것이 하나님이 사람을 아담, 곧 생령 되게 하신 목적입니다.

그런데 마귀의 사주를 받은 뱀이 하와를 꾀었습니다. 하나님이 금하신 실과를 먹어도 죽지 않는다고 속여서 먹게 했습니다. 아내의 말을 듣고 선악과를 먹은 아담은 그 영이 죽게 되었습니다. 그러므로 아담의 후손 전인류는 자기의 정체성을 잃고 하나님의 창조 목적대로 살 수 없게 되었습니다.

인류는 '육 있는 영'으로 죽으면 육은 흙으로 돌아가고, 영은 하나님께로 돌아가야 합니다. 그런데 그 영이 자기 목적을 상실하므로 끝없는 방황을 하게 되었습니다.

아담과 하와가 에덴동산에서 쫓겨난 후 그 방황의 모습이 나타납니다. 가인이 동생 아벨을 죽였습니다. 하나님은 가인에게 '너는 땅에서 피하고 유리하는 자가 될 것'이라고 선고하셨습니다(창4:12). 이렇게 인간은 표류하는 배처럼 좌충우돌하면서 살 수밖에 없는 존재가 되었습니다.

하나님은 아브라함을 부르시고 그와 그 후손의 삶의 목적을 심어주셨습니다. '네 자손이 4대 400년 동안 이방의 객이 될 것이다. 내가 그 섬기는 나라를 징치할 것이고 네 자손들은 다시 이 땅으로 돌아올 것이다.'라고 하신 것입니다(창15:13~14).

그 후손 야곱은 형의 보복을 피해 기약 없는 먼 길을 떠나며, 하나님께 다음과 같은 서원을 했습니다.

"야곱이 서원하여 가로되 하나님이 나와 함께 계시사

내가 가는 이 길에서 나를 지키시고 먹을 양식과 입을
옷을 주사 나로 평안히 아비 집으로 돌아가게 하시오면
여호와께서 나의 하나님이 되실 것이요."(창28:20~21)

이스라엘의 애굽 종살이가 430년쯤 되었을 때, 하나님이 모세를 불러 그들을 이끌어내게 하셨습니다. 드디어 그들이 아비 집으로 돌아가게 된 것입니다. 그로 인해 아브라함과 이삭과 야곱의 자손인 이스라엘은 어디에 살든 항상 아비 집, 가나안 땅으로 돌아가리라는 방향을 설정하고 살게 되었습니다.

이스라엘 자손들이 애굽에서 나와 이른 곳은 광야였습니다. 광야의 환경은 너무나 나빴습니다. 물도 양식도 없고 낮에는 너무 덥고 밤에는 너무 추워서 사람이 도저히 살 수 없는 곳이었습니다. 그들의 입에서 불평과 원망이 쏟아져 나왔습니다. 급기야 그들 가운데 인도자 하나를 세워 애굽으로 돌아가자고 했습니다. 하나님이 그들을 해방시켜 가나안 땅으로 돌아가게 했는데 그들은 다시 애굽으로 돌아가겠다고 한 것입니다. 하나님은 원망한 자들 모두를 광야에서 엎드러져 죽게 하셨습니다. 목적을 상실한 자들은 더 이상 살 가치가 없었기 때문입니다.

광야에서 그들이 받은 율법은 '내가 생명과 사망과 복과 저주를 네 앞에 두었은즉 너와 네 자손이 살기 위하여 생명을 택하라.'고 하는 명령과 약속입니다(신30:19). 여호와가 그들에게 생명이요 장수라는 것을 심어주시고 그들이 살기 위해서 율법을 지키라고 하신 것입니다(신30:20).

이 사실을 잊지 않도록 항상 볼 수 있는 건물을 짓게 하셨으니 그것이 바로 성소입니다. 그 성소에 여호와 이름을 두셨습니다. 이스라엘 사람들은 그 성전을 볼 때마다 '여호와=모든 육체의 생명의 하나님'임을 기억했습니다(민27:16).

누구든 율법을 어기고 죄를 지으면 죗값으로 육체가 죽어야 했습니다. 그런데 성소에서 속죄 제사를 드리면 죽음을 면할 수 있었습니다. 육체의 생명은 피에 있고 그 피가 죄를 속하기 때문입니다.

> "육체의 생명은 피에 있음이라 내가 이 피를 너희에게
> 주어 단에 뿌려 너희의 생명을 위하여 속하게 하였나니
> 생명이 피에 있으므로 피가 죄를 속하느니라"(레17:11)

성소에서 제물을 가지고 제사를 드립니다. 그 제물을 '희생(sacrifice)'이라고도 하는데 사람의 죗값을 대신 치르기 위해 죽는 제물이기 때문입니다(레14:13). 제물의 흘린 피가 사람의 죄를 속하고 그 피 안에 생명이 있음을 말하는 것입니다.

해마다 성전에서 드리는 제사는 이스라엘 백성으로 모든 육체의 생명의 하나님 여호와를 기억하게 하고 그들이 계명을 지켜야 살 뿐만 아니라 약속의 땅에서 장수할 것을 명심하게 한 것입니다.

그들이 가나안 땅에 도착했습니다. 드디어 종착지에 도착한 것입니다. 올 데를 왔으니 한 발도 물러나지 않고 그곳을 고수해야 했지만, 그들이 다른 신에게 제사를 드리고 우상에게 절하는 바람에 진멸을 당하

고 또다시 포로로 끌려가는 신세가 되었습니다.

> "저희가 듣지 아니하므로 내 하나님이 저희를 버리시리
> 니 저희가 열국 가운데 유리하는 자가 되리라"(호9:17)

'유리하는 자가 된다'는 말은 인간의 원형으로 돌아간다는 말입니다. 아담 이후 인간의 원형은 유리하는 자, 목적을 상실한 자입니다.

천 여년 동안 이런 상태를 반복하고 있을 때 예루살렘 성전 앞에 예슈아라는 이가 나타나셨습니다. 그가 성전을 향해서 '너희가 이 성전을 헐라 내가 사흘 동안에 일으키리라'고 말씀하셨습니다.

예루살렘 성전 안에 있는 여호와 이름은 모든 육체의 생명의 하나님이라는 뜻입니다. 예슈아께서 성전을 헐라는 뜻은 이제 하나님은 더 이상 '육체의 생명의 하나님'이 아니라 '영혼의 생명의 하나님'이 되시리라는 것입니다.

성전 된 그 몸이 죽었다가 부활하시면 그 몸 안에 있는 예슈아 이름이 모든 족속 영혼에게 생명을 주시는 하나님의 이름이 될 것이라는 것입니다. 모든 족속의 영혼들로 우주 밖 영계 하늘에 있는 아버지 집으로 돌아가게 하시겠다는 뜻입니다. 그가 하늘에 가서 처소를 예비하면 다시 와서 데려가시겠다는 것입니다.

> "너희는 마음에 근심하지 말라 하나님을 믿으니 또 나
> 를 믿으라 내 아버지 집에 거할 곳이 많도다 그렇지 않

으면 너희에게 일렀으리라 내가 너희를 위하여 처소를
예비하러 가노니"(요14:1~2)
"예수께서 가라사대 내가 곧 길이요 진리요 생명이니 나
로 말미암지 않고는 아버지께로 올 자가 없느니라"(요
14:6)

과거 이스라엘 사람들은 한번도 들어본 적 없는 '아버지 집'이라는 곳
을 말씀하셨습니다. 흙에서 온 육체는 죽어 흙으로 돌아가지만 하나님
에게서 나온 영은 반드시 영계 하늘, 곧 아버지 집으로 돌아가야 한다
는 것입니다. 바로 그 길이 예슈아인 것입니다.

"너희가 성경에서 영생을 얻는 줄 생각하고 성경을 상
고하거니와 이 성경이 곧 내게 대하여 증거하는 것이
로다"(요5:39)

여기 성경 읽는 목적을 분명히 제시하고 있습니다. 바로 영생을 얻기
위함입니다. 영생은 하나님만의 독점물로 하나님이 영원히 누리시는
무제한의 기쁘고 즐겁고 영광스러운 생명을 말합니다. 기쁨, 즐거움,
영광스러움 그 자체가 고정(freeze)된 상태로 영원한 것을 말합니다. 영
생은 그냥 지루하게 영원히 사는 것이 아닙니다.

사람들에게 어느 때 제일 행복하냐고 물으면 어떤 이는 맛있는 음식
을 배 터지게 먹을 때라고 합니다. 만일 배 터지게 먹은 것이 소화되지

않은 상태로 영원하다면 이건 지옥입니다. 어떤 이는 거액 복권을 타면 행복할 것 같다고 합니다. 그런데 그 복권 때문에 얼마나 많은 사람이 망하고 인생이 피폐해졌는지 모릅니다.

성경을 보고 영생을 얻고자 하는 자가 반드시 알아야 하는 이는 예슈아입니다. '성경-영생-예슈아'는 일직선상에 있습니다. 성경을 통해 영생을 얻되 예슈아를 알아야 하는 것입니다.

> "영생은 곧 유일하신 참 하나님과 그의 보내신 자 예수
> 그리스도를 아는 것이니이다"(요17:3)

하나님은 유일하신 분입니다. 하늘과 땅 사이에 하나님 같은 분은 없으십니다. 시간적으로 공간적으로 능력적으로 제한이 없고 그 성품이 완전한 이는 오직 하나님 한 분뿐입니다. 이런 유일하신 하나님이 그 아들로 보내신 예슈아 그리스도를 아는 것이 영생인 것입니다.

무턱대고 하나님 믿으면 영생하는 것이 아닙니다. 하나님은 그와 같은 이가 또 없는 참 유일하신 하나님이라고 알아야 하고 또 그가 보내신 아들도 독생자라고 알아야 하는 것입니다. 곧 유일하신 참 하나님이 자신을 나타내되 아들로 나타내신 분이라고 믿어야 영생인 것입니다.

그런데 지금 많은 교회가 '하나님' 이야기만 하고 '하나님'에 대해서만 설교합니다. 이것이 문제입니다. 하나님의 아들을 제외하고는 하나님을 알 수도 없고, 아들로 말미암지 않고는 아버지 집에 갈 수도 없습니다. 하나님과 아들이 한 분이라는 것을 알아야 영생합니다. 그러면

도대체 예슈아는 누구십니까?

> "태초에 말씀이 계시니라 이 말씀이 하나님과 함께 계
> 셨으니 이 말씀은 곧 하나님이시니라 그가 태초에 하
> 나님과 함께 계셨고 만물이 그로 말미암아 지은 바 되
> 었으니 지은 것이 하나도 그가 없이는 된 것이 없느니
> 라 그 안에 생명이 있었으니 이 생명은 사람들의 빛이
> 라"(요1:1~4)

 '말씀'은 헬라어로 '로고스(λóγος)'인데 '하나님의 자현(自顯)', '하
나님의 자기계시'라는 뜻입니다. 영원 전부터 계신 하나님이 자기를 지
칭해서 말씀이라고 하신 이유는 '언젠가 나타나겠다. 언젠가 보여주겠
다.'라는 뜻입니다.
 말씀은 하나님과 동일합니다. 말씀은 곧 하나님입니다. 이 말은 '하
나님은 말씀이다'가 아니라 '말씀이 하나님이다'라는 것입니다. 쉬운
예로 '김영수는 사람이다.'는 맞습니다. 그러나 '사람은 김영수다.'는
맞지 않는 것과 같습니다.
 말씀은 하나님과 동등한 질이요, 동등한 영광이요, 동등한 방향으로
간다는 뜻에서 말씀을 하나님과 '하나'라고 하는 것입니다. 말씀 안에
생명이 있는데 그 생명이 영생입니다.

> "말씀이 육신이 되어 우리 가운데 거하시매 우리가 그

영광을 보니 아버지의 독생자의 영광이요 은혜와 진리
가 충만하더라"(요1:14)

'말씀이 육신이 되어', '하나님이 육신이 되어', '생명이 육신이 되어'
오신 이가 바로 예슈아이십니다. 예슈아는 여자에게서 사람의 아들로
태어났습니다. 그가 비록 사람같이 태어났고 사람같이 죽는다 할지라
도 그는 생명이십니다.

그가 인자(人子) 곧 사람으로 오신 이유는 사람같이 죽으시기 위함
입니다. 그는 부활을 통해 그가 하나님의 아들 곧 하나님이심을 확증
하십니다.

"살리는 것은 영이니 육은 무익하니라 내가 너희에게
이른 말이 영이요 생명이라"(요6:63)

하나님은 애당초 인간의 육체를 영원히 살리려는 뜻이 없으셨습니
다. 아담이 선악과를 먹고 범죄했기 때문에 육체가 죽게 된 것이 아니고
육체는 모든 생물과 같이 호흡이 끝나면 죽게끔 만드셨습니다. 하나님
이 영원히 살리려는 대상은 육체가 아니라 영(靈, spirit)입니다(슥12:1).

하나님이 우주 안에 여러 가지 피조물을 지으셨지만 그 중 아담만 영
원히 사는 존재로 지으셨습니다. 모든 생물들은 다 죽어 흙으로 돌아가
고 모든 무생물들도 다 나중에 불태워서 없애버릴 것이지만 단 한 가지
영혼만큼은 영원히 살리려 하셨습니다.

예슈아는 그의 말이 '영이요 생명'이라고 하셨습니다(요6:63). 그의 말씀은 입에서 나오자마자 사라지는 소리가 아니라 영 또는 영적이라는 것입니다. 예슈아의 말씀은 영혼에게 생명을 주는 말씀이요, 영인 것입니다.

유대인들은 예슈아의 말씀을 알아듣지 못했습니다. 그들은 '영혼'이라는 말은 들었지만 자신이 영적 존재라고 자각해 본 적이 없습니다. 그들이 받은 율법은 '육체의 예법'이라 그들의 관심은 온통 혈통, 육체에만 있었습니다(요1:13, 히9:10).

그들은 영적인 말씀을 들어본 적도, 영적인 존재로 대우를 받아본 적도 없었던 것입니다. 그러니 예슈아의 하신 모든 말씀은 율법을 거슬리는 말, 부담을 주는 말로 들렸습니다. 거기다가 다음의 말씀은 제자들까지도 혼돈에 빠지게 하였습니다.

> "내 살을 먹고 내 피를 마시는 자는 영생을 가졌고 마지
> 막 날에 내가 그를 다시 살리리니 내 살은 참된 양식이
> 요 내 피는 참된 음료로다"(요6:54~55)

이 말씀을 듣고 많은 제자들이 '어렵도다 누가 이 말씀을 들을 수 있으랴'라고 고개를 저었고 그중 많은 사람이 예슈아를 떠나갔습니다(요6:60, 66). 결국 이 말씀은 예슈아를 죽음에 넘겨주는 결정적인 발언이 되었던 것입니다.

'너희도 가려느냐' 하시는 예슈아의 질문에 베드로는 엉겁결에 '영생

의 말씀이 계시매 우리가 뉘게로 가오리이까'라고 대답하였습니다(요 6:68). 그러나 사실, 그도 알고 대답한 것은 아닙니다. 그 후, 예슈아가 잡히시자 예슈아를 부인한 것을 보면 이것을 알 수 있습니다.

예슈아께서는 십자가에 죽으시며 '다 이루었다'라고 말씀하셨습니다. 도대체 그가 무엇을 하셨다고 이런 말씀을 하십니까? 제대로 정치를 해 본 적이 있습니까? 이스라엘 나라 회복을 위해 싸워 본 적이 있습니까? 예루살렘과 그 근방에서 병 고치고 귀신 쫓고 전도한 것이 고작인데 그가 무엇을 다 이루었다고 하는 것입니까?

첫째, 아버지의 계명 따라 목숨을 다시 얻기 위해 목숨을 버리신 것입니다.

> "아버지께서 나를 사랑하시는 것은 내가 다시 목숨을
> 얻기 위하여 목숨을 버림이라 이를 내게서 빼앗는 자가
> 있는 것이 아니라 내가 스스로 버리노라 나는 버릴 권
> 세도 있고 다시 얻을 권세도 있으니 이 계명은 내 아버
> 지에게서 받았노라 하시니라"(요10:17~18)

예슈아는 자신의 신분과 정체와 방향을 아셨습니다. 그는 역사상 삶의 목적을 알고 태어난 유일하신 분이요, 삶의 목적을 달성한 유일하신 분입니다.

그는 아버지께서 자기를 보내신 목적을 다 이루셨기 때문에 아버지께서 자기를 사랑하신다고 확신하셨습니다. 예슈아는 자신을 보내신

아버지의 목적을 이루시고 당당하게 승리의 깃발을 십자가에서 꽂으신 것입니다.

> "내가 아버지께로 나와서 세상에 왔고 다시 세상을 떠나 아버지께로 가노라 하시니"(요16:28)

둘째, 사망으로 사망 권세자 마귀를 심판하셨습니다(히2:12~15).

셋째, 그 몸에서 나온 구속의 피를 인류에게 뿌리셨습니다.

예슈아 그리스도는 하늘에 오르시고 보좌에 '어린양'으로 앉아 계십니다. 그를 '어린양'이라고 하는 것은 그가 일찍 희생양으로 죽었던 흔적을 가지고 계시기 때문입니다. 그래서 '나는 산 자라 내가 전에 죽었었노라 볼지어다 이제 세세토록 살아 있느니라'고 말씀하신 것입니다 (계1:18).

'보좌에 앉아계신 어린양'이라는 또 다른 하나의 뜻은 그 못자국 난 몸에서 지금도 그의 피가 흘러내리고 있다는 말입니다. 그 몸에서 흐르는 생명의 피는 오늘도 성령으로 생수의 강같이 흘러내리고 있습니다 (요7:38~39, 계22:1~2)

예슈아를 믿는다는 것은 예슈아께서 십자가에서 흘린 그 피를 내 영이 받아 마셨다는 뜻입니다. 말씀이 육신으로 오신 이, 하나님이 육신으로 오신 이, 영이 육체로 오신 이의 흘리신 피 곧 영의 피를 받아 마신 것입니다.

그가 성령을 보내주셨습니다. 성령은 예슈아의 피를 영접하여 그 피로 생명을 얻고, 그 피로 정결함을 받아 거룩하게 된 영혼에 임하십니다. 성령이 임한 자는 하나님의 목적대로 살아야 합니다. 다시 말해 목적 있는 삶을 사는 것입니다.

기독교인에게 '당신은 무엇을 위해 사느냐?'고 물으면 처음 은혜 받았을 때는 대부분 영생을 위해 산다고 말합니다. 그런데 세월이 지나면서 많은 사람들이 삶의 목적을 잃어버립니다. 그런 사람들 대부분은 세상으로 돌아가고 교회는 다녀도 종교인으로 전락합니다.

영생이라는 삶의 목적은 변할 수 없습니다. 가난이나 적신이나 곤고나 환난이나 죽음이 온다 할지라도 이 목적은 변할 수 없습니다. 사람은 가난하다가도 죽고, 부유하다가도 죽고, 편안하다가도 죽고, 고생하다가도 죽고, 무병장수하다가도 죽습니다. 누구나 다 죽습니다. 문제는 죽음 후에 영혼이 영생하느냐? 멸망하느냐? 이것이 문제입니다.

누가 나에게 '당신은 왜 사느냐?'고 묻는다면 나의 대답은 간단합니다. '영생하기 위해서입니다!' '아니, 그렇게 매일 장시간 기도하는 것이 힘들지 않습니까?' 나의 대답은 '영생하기 위해서입니다!' '좀 적당히 하지 뭘 그리 진리, 진리 하십니까?' 대답은 간단합니다. '영생하기 위해서입니다!'

나는 예슈아를 믿자 내 생애의 목적이 확실해졌다는 사실로 행복합니다. 과거에는 왜 살아야 하는지, 무엇을 위해 살아야 하는지 모르고 살았습니다. 그러다 보니까 일이 뜻대로 안 되고 사는 게 힘들어지면 죽어버릴까 하는 생각이 들었습니다. 이제 나는 절대 죽을 수도, 좌절할 수도 없습니다. 어떤 고난과 고통도 능히 초월할 수 있는 것은 내 삶의 목적은 하늘에 계신 아버지 집에 가서 영생하는 것이기 때문입니다.

그럼, 이런 사람들은 어떻게 살아야 합니까?

> "그러므로 내가 너희에게 이르노니 목숨을 위하여 무엇을 먹을까 무엇을 마실까 몸을 위하여 무엇을 입을까 염려하지 말라 목숨이 음식보다 중하지 아니하며 몸이 의복보다 중하지 아니하냐 공중의 새를 보라 심지도 않고 거두지도 않고 창고에 모아들이지도 아니하되 너희 천부께서 기르시나니 너희는 이것들보다 귀하지 아니하냐 너희 중에 누가 염려함으로 그 키를 한 자나 더할 수 있느냐 또 너희가 어찌 의복을 위하여 염려하느냐 들의 백합화가 어떻게 자라는가 생각하여 보라 수고도 아니하고 길쌈도 아니하느니라 그러나 내가 너희에게 말하노니 솔로몬의 모든 영광으로도 입은 것이 이 꽃 하나만 같지 못하였느니라 오늘 있다가 내일 아궁이에 던지우는 들풀도 하나님이 이렇게 입히시거든 하물며 너희일까보냐 믿음이 적은 자들아 그러므로 염려하여 이르기를 무엇을 먹을까 무엇을 마실까 무엇을 입을까 하지 말라 이는 다 이방인들이 구하는 것이라 너희 천부께서 이 모든 것이 너희에게 있어야 할 줄을 아시느니라 너희는 먼저 그의 나라와 그의 의를 구하라 그리하면 이 모든 것을 너희에게 더하시리라 그러므로 내

일 일을 위하여 염려하지 말라 내일 일은 내일 염려할
것이요 한 날 괴로움은 그날에 족하니라"(마6:25~34)

예슈아는 동전 한 푼 없이 다니시면서 어떻게 이런 말씀을 하실 수 있었을까요? 그는 아버지 품속에서 나오셨기 때문에 아버지가 어떤 분이신지를 아시기 때문입니다.

'공중의 새도 먹이시고 들에 백합화도 입히시는 아버지신데 어찌 자기 자녀들을 먹이시지 않겠느냐? 너희는 목숨을 위해서 무엇을 먹을까 무엇을 입을까 염려하지 말라.'는 것입니다. 아들의 피를 흘려 영혼에 생명을 주신 이가 육체에 필요한 것을 주시는 것은 일도 아닙니다.

'그럼, 목사님은 전혀 걱정이 없습니까?'라고 묻는 분들이 있습니다. 육체를 위해서 무엇을 먹을까 마실까 하는 염려를 접은지 34년이 지났습니다. 예슈아를 만난 후, 물질 때문에 한번도 염려해 본 적이 없습니다. 심지어 교회를 지을 때도 한번도 걱정해 본 적이 없습니다. 하나님은 항상 미리 미리 넉넉히 채워주셨습니다.

매일 끊임없이 근심하고 걱정하는 것은 나도 기필코 아버지 집에 돌아가 영생해야 하고 내게 맡겨주신 자도 하나도 떨어뜨리지 않고 다 데리고 돌아가는 것입니다. 저의 근심은 신령한 근심입니다.

"우리가 항상 예수 죽인 것을 몸에 짊어짐은 예수의
생명도 우리 몸에 나타나게 하려 함이라 우리 산 자
가 항상 예수를 위하여 죽음에 넘기움은 예수의 생명

이 또한 우리 죽을 육체에 나타나게 하려 함이니라"(고
후4:10~11)

바울의 염려는 어떡하면 예슈아를 죽인 것, 곧 십자가를 자기 몸에 짊
어지는 것이었습니다. 그가 고의적으로 환난과 결박과 죽음이 있는 곳
에 뛰어든 것은 거기서 생명이 나오기 때문입니다.

성도 여러분! 새해를 맞이하여 삶의 목적을 다시 한번 분명하게 하시
기 바랍니다. 만일 영생이 분명하다면 오직 그것을 위해서만 살면 되
는 것입니다.

무생물은 무생물대로 있으라 하신 하나님의 말씀대로 지금도 있습
니다. 생물은 생물대로 생육하고 번성하라 하신 말씀대로 지금도 열심
히 번성하고 있습니다. 사람은 사람대로 번성하고 다스리라는 말씀대
로 지금도 번성하며 문화 문명을 발전시키고 있습니다. 만물이 다 하나
님의 목적대로 되고 있습니다.

가장 큰 문제는 영혼입니다. 예슈아의 피로 살아난 영혼입니다. 영
혼이 영혼의 목적대로 살지 못하고 있는 사실이 가장 큰 문제입니다.
은혜를 받았다 하면서도 세상인과 똑같이 먹고 마시고 번성하는 것밖
에 모르는 영혼들, 짐승같이 사는 영혼들이 문제입니다. 열심히 돈 벌
어 자식을 일류학교에 보내려고 동분서주하는 이들을 보면 너무 안타
깝습니다.

하나님이 사람을 영적 존재가 되게 하시고 그것도 모자라서 아들의
피를 흘려서라도 살려내 산 영혼이 된 것을 알았다면, 영혼이 영혼답게

살아야 하지 않습니까? 마지막 아담, 예슈아처럼 살아야 하는 것이 아닙니까? 생령 된 나! 예슈아의 피로 거듭난 나 영혼은 이제부터 하나님의 목적대로 살려고 작심하시기 바랍니다.

이른 아침 뉴욕 맨해튼 출근길 풍경은 활기차다 못해 살벌하기까지 합니다. 수많은 사람들이 눈에 불을 켜고 오직 앞만 보고 쏜살같이 걸어 갑니다. 얼마나 시간이 없으면 걸어가면서 먹습니까? 삶의 목적도 모른 채 경쟁에 뒤처질까봐 미친 듯이 달려갑니다. 그가는 길이 유대인 대학살 '홀로코스트' 현장 같은 줄 모르는 채 달려갑니다.

우리는 이런 자들의 발걸음을 멈추게 하고 삶의 목적을 알려줘야 합니다. '당신의 육체는 곧 죽습니다. 육체를 위해서 사는 것은 헛짓입니다.'라고 알려줘야 합니다.

나는 헬스장(gym)에 가서 다른 사람들과 같이 열심히 운동합니다. 그러나 나에게는 그들과 다른 목적이 있습니다. 그들은 썩어져 버릴 육체를 위해서 이를 악물고 용을 쓰지만, 나는 복음중재로서의 육체를 위해서 애를 씁니다. 나는 나 영혼이 아버지 집에 돌아가기 위해, 맡겨진 영혼들을 하나도 놓치지 않고 데려가기 위한 목적을 가지고 내 육체를 사용하는 것입니다.

심한 고통을 참아가며 그 육체를 건강하게, 볼품 있게 만들려고 극장도 안 가고 파티도 안가고 죽을힘을 다해 기를 쓰는 사람들을 보면 가소롭기까지 합니다.

나는 기회가 있을 때마다 그들에게 복음을 전합니다. '당신의 육체는 죽어서 흙으로 돌아갈 것이고 당신의 영혼은 아버지 집에 돌아가서 영생해야 합니다. 그것이 바로 당신이 살아있는 목적입니다.'라고 말입니다.

만약에 모든 사람이 이것을 다 안다면 법도, 정치도 그리 복잡할 필요가 없습니다. 안전유지를 위한 교통경찰 정도만 필요할 것 같습니다. 하늘나라에 가서 영생할 자가 죄를 짓겠습니까? 강도질하겠습니까? 사기 치겠습니까? 그럴 수 없습니다. 돈을 벌려고 시간과 몸을 탕진하는 일도 하지 않을 것입니다.

저는 1월이면 뼈아픈 과거가 생각납니다. 우리 언니가 1월 14일에 자살을 했습니다. 그가 고등학생 때였는데 그가 고민한 것이 '왜 사느냐?' 입니다. 무엇 때문에 어려운 삶을 연장하는지를 고민하다가 자살한 것입니다. 만약에 누군가 그에게 '이생이 다가 아니다. 죽고 난 다음 생에는 아버지 집에 가서 영생하는 것이다. 그 목적을 놓고 살아야 된다.'라고 알려주었더라면, 그가 죽지 않았을 것입니다. 그리고 지옥에 가지 않을 것입니다. 생각하면 생각할수록 너무 가슴이 아픕니다.

영생이 삶의 목적으로 확고하게 서 있는 사람은 무엇을 먹을까 무엇을 입을까 염려하지 않습니다. 하루를 살아도 아버지 집에 가서 영생하기 위해, 이틀을 살아도 아버지 집에 가서 영생하기 위해 삽니다. 가난에 처해도, 고난을 당해도 영생을 포기하지 않습니다.

우리 손에 쥐고 있는 모든 것을 내려놓고 이 세상 떠날 때가 곧 옵니다. 나 영혼이 내 육체 떠날 때, '너는 내가 지은 목적대로, 내가 피뿌려 낳아준 목적대로 잘 살았느니라.'라는 칭찬과 함께 주님이 받아주시는 영혼이 되어야 합니다.

한 순간이라도 방황하지 말고 한 시간이라도 허비하지 말고 오로지 나 영혼이 아버지 집에 가서 영생하는 목적을 이루시는 여러분들 되시기를 바랍니다. 할렐루야!

삶의 목적

성경본문 (신30:19~20, 요5:39~40)

하나님은 영생하시는 분이다.
그는 시작도 끝도 없이 항상 살아계시고
기쁘고 즐겁고 영광스런 생명을 영원히 누리시는 분이다.

신앙은 영생을 삶의 목적으로 삼음이요,
신앙생활은 차라리 죽을지언정 영생을 위해 사는 생활이다.

과거 세대보다 훨씬 더 발전된 세상에 살지만
세계적으로 자살자의 수는 증가하는 추세인데
이는 태어날 때부터 삶의 목적을 아는 자가 없음이니
인생의 모순이다.

성경은 하나님의 목적에 대해 기록된 책이라
이를 아는 자는 목적이 이끄는 삶을 살 수 있으니
창세 때 하나님은 무생물들에게는 있으라(창1:3),
생물들에게는 번성 충만하라(창1:20~22),
사람에게는 생육 번성 충만 다스리라고 명하신바(창1:28)
만물들은 오늘도 그 목적대로 열심히 수행하고 있으나
아담 곧 생령에게 주신 명령수행에 차질이 생겼으니(창2:17)
마귀에게 속아 먹지 말라 명하신 선악과를 먹고 동산에서 쫓겨남으로
인류는 유리방황했으니, 이는 삶의 목적상실에서 연유한다(창3:4~6, 24).

430년간 종살이 하던 이스라엘의 출애굽은
그 조상 아브라함에게 언약하신 대로 됨이요(창15:13),
야곱의 서원대로 됨이니 곧 아비 집으로 돌아감이라(창28:21)
그러나 그들이 40년 간 광야를 유리하다 엎드러져 죽음은
혹독한 환경을 못 이겨 방향감각을 잃고
애굽으로 돌아가려 함이었다(민14:4~33).

성소는 '여호와=육체의 생명의 하나님'을 기억하게 하고(민27:16)
율법은 살기 위해 생명을 택하라고 명령하였으나(신30:19~20)

그들이 듣지 않으므로 열국 중에 유리하는 백성이 되었다(호9:17).

예슈아께서 성전을 헐면 사흘 동안에 일으키리라 하심은
성전 된 자기 육체의 죽음과 부활로(요2:19~20)
여호와 모든 육체의 생명의 하나님이 아닌
예슈아 모든 영혼의 생명의 하나님이 되시려 함이니
그는 태초에 계신 말씀, 하나님 안에 있는 생명이
육체로 오신 바 된 하나님의 아들이심이라(요1:14)
성경에서 영생을 얻으려는 자는 예슈아를 알아야 하고(요5:39, 17:3)
그의 말씀이 영을 살리는 말씀, 곧 영으로 알아야 하나(요6:63)
이를 알아듣지 못한 자들에 의해 그는 죽음에 넘겨지셨다.

그는 죽으시며 다 이루었다 하셨으니(요19:30)
① 아버지의 계명 따라 목숨을 다시 얻기 위해 목숨을 버리심(요10:17~18).
② 사망으로 사망권세자 마귀를 심판하심(히2:14, 요일3:8).
③ 구속의 피를 뿌리사 인류로 마시고 살게 하심이다(요6:54, 엡1:7).

그는 부활승천하사 보좌에 앉으신 어린양이시니
일찍 죽으셨으나 세세토록 산 자이심이라(계1:18)
성령은 예슈아 피로 살아난 영혼, 산 자에게 들어오사(고후4:11)
아버지 집에 가서 영생하고자(요14:2)
목적이 이끄는 삶을 살게 하시는바
그리스도인은
다시는 짐승처럼 살지 않고, 문화인같이 살지 않고,
생령답게 살려 하는바
목숨을 위하여, 몸을 위하여 염려하지 않고(마6:25~34)
길을 잃고 허우적거리는 인생들에게 삶의 목적을 분명히 알게 하려
예슈아 죽인 것을 몸에 짊어지고 나아가는 자들이다(고후4:10~11).

오! 주여,
모든 인류가 삶의 목적을 올바로 안다면
이 세상엔 법도, 범죄도, 테러도, 자살도 없을 텐데…
2014년 새해를 맞이한 우리들
더 이상 헛짓도, 허송세월도 하지 않게 하옵소서.
영생이 목적으로 이끌어 가는 한 해가 되게 하옵소서. 아멘.

2

삶의 목표

요한복음 11:25~26, 빌립보서 3:7~14

하나님은 소망의 하나님이십니다(롬15:13). 그는 영원 전부터 약속하신 영생을 소망으로 주시고(딛1:2), 자기 소망을 하나님께 두고 사는 자에게 생명의 부활을 주시는 분입니다(딤전4:10, 히9:28).

신앙은 부르심의 소망을 알고 하나님께 소망을 두는 것입니다. 그 소망을 '산 소망'이라고 합니다(벧전1:3). 신앙생활은 과거를 뒤로 하고 앞의 것을 잡으려고 좇아가는 생활입니다.

새해가 되면 '소원 성취하세요.'라는 인사를 주고받습니다. 대개 노인들의 소원은 아프지 않고 건강하게 살다가 편안히 생을 마치는 것입니다. 이에 비해 젊은이들은 소원이 많습니다. 애주가는 '올해는 반드시 술을 끊으리라', 애연가는 '올해는 반드시 담배를 끊으리라.'고 결심하며 목표를 세웁니다. 또 어떤 이는 '올해는 반드시 다이어트에 성공하리라.'고 다짐합니다. 그렇지만 작심삼일로 끝나는 경우가 대부분입니다.

자, 목적과 목표에 대해서 알아봅시다. 목적(purpose, aim)은 궁극적으로 도달하고자 하는 것인데 추상적입니다. 그에 비해 목표(mark, target, goal)는 실현가능한 것으로 구체적이며 현실적입니다.

예를 들어 올림픽에 나아가 금메달을 따서 국가에 영광을 돌리고자 하는 자는 금메달이라는 목적이 있습니다. 이를 위한 체력단련, 기술연마, 지옥훈련 등과 같은 것이 그 목표에 해당합니다. 또 일류학교 진학이 목적인 학생은 하루 몇 시간동안 공부하는 목표가 있습니다. 또 1억불 수출을 목적으로 하는 사업가는 성공기업 벤치마킹이나 경영기술 습득, 세미나 참석과 같은 실질적인 목표를 세웁니다.

이렇게 원대한 목적을 설정하고 구체적인 목표를 실천하여 성공하는 사람도 있습니다. 그런데 대부분 실패하는 이유는 목적은 좋아도 목표를 달성하지 못하기 때문입니다.

> "너희가 성경에서 영생을 얻는 줄 생각하고 성경을 상고하거니와 이 성경이 곧 내게 대하여 증거하는 것이로다"(요5:39)

성경은 엄청난 목적을 제시하고 있습니다. 성경이 우리에게 가르쳐준 삶의 목적은 영생입니다. 삶의 목적이 영생이라면 그 목표는 예슈아가 되어야 합니다.

예슈아라는 목표를 달성하면 영생이라는 목적을 달성할 수 있습니다. 예슈아라는 목표를 제쳐놓고 영생이라는 목적을 달성할 수 있는 길은 전혀 없습니다. 그래서 예슈아께서 '나로 말미암지 않고는 아버지 집에 올 자가 없다.'라고 말씀하신 것입니다(요14:6).

하나님이 흙으로 사람을 지으시고 그 코에 생기를 불어넣어 생령이 되게 하셨습니다. 흙으로 만들어진 육체는 죽으면 흙으로 돌아가고, 하나님 속에서 나온 영은 육체와 분리될 때, 하나님 품속으로 돌아가 영생하도록 지으신 것입니다.

하와는 뱀의 사주를 받아 하나님이 금하신 선악과를 먹고 그 남편 아담에게도 주어 먹게 했습니다. 범죄한 그들의 육체는 몇 백 년을 더 살았지만, 그들의 영은 하나님께로 돌아갈 길이 막혀버렸습니다. 마귀와 함께 지옥 불에 던져질 운명에 처했습니다(마25:41). 지옥 불에 던져져 영원토록 고통과 공포의 형벌을 받는 것을 둘째 사망이라고 합니다(계 20:6, 14).

전인류가 이런 상황에 처해 있는 가운데 하나님은 아브라함에게 예언하셨습니다.

> "...네 자손이 이방에서 객이 되어 그들을 섬기겠고 그들은 사백 년 동안 네 자손을 괴롭게 하리니 그 섬기는 나라를 내가 징치할찌며 그 후에 네 자손이 큰 재물을 이끌고 나오리라 너는 장수하다가 평안히 조상에게로 돌아가 장사될 것이요"(창15:13~15)

예언대로 아브라함은 장수하다가 죽어 가나안 땅에 장사되었습니다. 그 후손 야곱도 죽을 때, 자기 시신을 그 아비 어미의 묘실에 장사해 달라고 유언했습니다(창49:29~30). 그 후손 요셉도 110세에 죽으면서 자기 해골을 조상 땅에 데려가 줄 것을 부탁했습니다(창50:25). 아브라함, 이삭, 야곱, 요셉 그들의 소원은 한결같이 장수하다가 죽으면 조상 묘에 묻히는 것이었습니다.

그 후손 이스라엘이 애굽에서 종살이 하고 있었습니다. 하나님이 모세를 보내서서 그들에게 '네 조상 아브라함과 이삭과 야곱에게 약속하신 땅으로 돌아가라.'고 말씀하셨습니다.

이스라엘은 여러 가지 이적을 통해서 하룻밤 사이에 전격적으로 애굽에서 나왔습니다. 그후 광야에서 불기둥과 구름기둥이 그들을 인도했습니다. 아비 집으로 돌아가는 목적을 가지고 행진하는 그들에게 불기둥과 구름기둥은 이스라엘 자손의 목표물이 된 것입니다.

여호와 이름을 둔 언약궤를 만든 다음에는 언약궤가 불기둥과 구름기둥을 대신하여 목표물이 되었습니다.

광야에서는 이스라엘 열두지파가 성소를 중심으로 그 사면에 각 세 지파씩, 삼열종대로 장막을 쳤습니다. 매일 성소를 바라보며 그들은 약속의 땅으로 돌아간다는 목적을 상기했습니다.

출애굽한 사람이 장정만 60여만 명, 여자와 아이까지 합하면 거의 200만 명이 되었습니다. 그런데 그들이 하나님을 믿지 않고 원망하므로 단 두 명을 제외하고는 다 광야에 엎드려져 죽었습니다.

성경은 이를 '그 몸이 매장되지 못하면 낙태된 자가 저보다 낫다'고 기록하고 있습니다(전6:3). 객사(客死)는 추악한 죽음, 최고의 저주임을 말하고 있는 것입니다. 한국 사람들도 객사를 굉장히 흉측한 일로 여깁니다. 언약궤라는 목표물을 두고 그를 따라가며 조상 땅에 묻히리라는 약속을 가진 이스라엘이 그 땅에 매장되지 못하는 것이야 말로 최고의 저주였습니다. 차라리 낙태된 것이 나을 뻔한 것입니다.

지금도 이스라엘 사람들은 죽어 그 시신이 예루살렘 땅에 묻히기를 소망한답니다. 전세계에 흩어져 살고 있는 유대인들도 마찬가지입니다. '예루살렘 전기'라는 책을 보니 예루살렘 근방이 공동묘지화가 되고 있다고 합니다. 예루살렘 근방에 점점 묘역이 늘어나고 있다는 것입니다. 묘지 값이 예루살렘에 가까울수록 금값이라고 합니다.

부활을 믿는 바리새인들은 메시아가 와서 심판하는 날, 예루살렘 성전터 가까이 묻혀 있는 사람이 제일 먼저 일어난다는 믿음을 갖고 있었다고 합니다.

이런 믿음을 갖고 있는 예루살렘에 예슈아가 나타나 '이 성전을 헐라 내가 사흘 동안에 일으키리라' 하셨습니다(요2:19). 그의 말씀을 들은 유대인들은 아연실색하였습니다. 성전은 이스라엘 사람들에게 삶의 목표요, 삶의 중심이었습니다. 그러므로 성전의 소멸은 그들이 죽은 후 영혼이 돌아갈 곳을 상실했다는 것을 의미하기 때문입니다. 거기다가 다음 말씀은 그들을 더욱 황당하게 하였습니다.

"예수께서 가라사대 나는 부활이요 생명이니 나를 믿는 자는 죽어도 살겠고 무릇 살아서 나를 믿는 자는 영원히 죽지 아

니하리니 이것을 네가 믿느냐"(요11:25~26)

사람에게서 태어나 사람같이 먹고 사람같이 자고 사람같이 죽을 자가 이런 말을 하다니 이건 그들이 도저히 받아들일 수 없는 황당한 이야기였습니다.

그러나 예슈아는 죽어 썩었던 몸이 변해서 살아나는 것을 말한 것이 아니라, 썩지 않는 영의 몸의 부활을 말씀하신 것입니다(고전15:44).

그는 분명히 '인자가 죽었다가 사흘 만에 다시 살아나리라'고 말씀하셨습니다(막8:31). 인자(人子)는 '사람의 아들'이라는 뜻으로 하나님의 아들이 사람으로 오신 것을 말합니다. 그가 사람으로 오신 이유는 사람에게 목표가 되기 위함이었습니다. 인간은 하나님같이 될 수는 없지만 예슈아 같이 될 수는 있는 것입니다.

그리스도인은 예슈아의 인격도 닮아야 되고 삶도 닮아야 하지만 예슈아처럼 죽었다가 다시 살아나야 합니다. 이것이 바로 그리스도인들이 반드시 달성해야 할 최우선의 목표입니다. 이 목표는 예슈아를 하나님의 아들이시요, 사람의 아들로 보는 이에게 주어지는 것입니다.

예슈아께서 나사로 무덤에 가셨을 때는 죽은 지 이미 나흘이 되어서 그 몸이 부패되어 진물이 흘러나오고 악취가 나고 있었습니다(요11:39). 현대의학과 과학으로도 부패된 세포는 다시 살리지 못합니다. 2천 년 전 죽은 나사로를 다시 살릴 가능성은 전무합니다.

예슈아께서 나사로의 무덤 앞에 나타나셨습니다. 그가 '나사로야 나오라.'고 명령하시자 죽었던 나사로가 얼굴이 수건에 싸인 채, 수족이 베로 동인 채로 걸어 나왔습니다(요11:43~44).

그는 도대체 누구시길래 이런 이적이 일어난 것입니까? 그는 하나님 안에 계시던 말씀이 육체로 오신 분입니다. 그 말씀 안에 생명이 있었습니다(요1:4). 그 육체는 사람의 몸으로 태어나서 사람같이 죽는 날이 있다 할지라도 그 육체의 질은 영이요, 생명이었던 것입니다.

예슈아께서 '나는 부활이요, 생명'이라고 말씀하신 이유는 그가 사람같이 나서 사람같이 죽고 사람으로 부활할 것이기 때문입니다. 그리하여 자신이 생명이요, 하나님이라고 입증하시겠다는 것입니다.

예슈아 이전 어느 선지자도 부활에 대해 말한 적이 없었지만 그는 여러 각도로 부활에 대해 말씀하십니다.

> "선한 일을 행한 자는 생명의 부활로, 악한 일을 행한 자는 심
> 판의 부활로 나오리라"(요5:29)

전인류는 누구든지 부활한다는 것입니다. 흙으로 만들어진 육체는 숨이 지면 흙으로 돌아가지만, 영은 부활합니다. 믿는 자만 부활하는 것이 아니라 불신자도 부활합니다. 혹자는 생명의 부활로, 혹자는 심판의 부활, 곧 사망의 부활로 나옵니다. 사도 바울은 이것을 의인의 부활과 악인의 부활이라고 말했습니다(행24:15).

부활은 실재입니다. 사람이 악몽을 꾸어도 육체적으로는 고통을 느끼지 않지만 부활은 관념도 환상도 아닙니다.

"죽은 자의 부활도 이와 같으니 썩을 것으로 심고 썩지 아니할 것으로 다시 살며 욕된 것으로 심고 영광스러운 것으로 다시 살며 약한 것으로 심고 강한 것으로 다시 살며 육의 몸으로 심고 신령한 몸으로 다시 사나니 육의 몸이 있은즉 또 신령한 몸이 있느니라"(고전15:42~44)

육의 몸이 있는가 하면 영으로 된 몸이 있습니다. 영의 몸은 영원히 존재하는 몸으로 살아있는 육체가 감각이 있는 것처럼 감각이 있습니다. 편함도 아픔도 뜨거움도 느낄 수 있습니다.

생명의 부활, 의인의 부활로 나오는 사람은 영생에 들어가고 심판의 부활, 악인의 부활로 나오는 사람은 지옥불에 던져지는 것입니다. 심판의 부활을 통해 지옥에 가는 것보다 차라리 부활하지 않는 게 낫습니다.

부활은 하나님의 경륜이요, 창조원리입니다. 하나님의 창조원리를 부정하고 반대하고 피할 사람은 아무도 없습니다. 모든 만물은 창조원리대로 되어지는 것입니다. 다만 인간은 생명의 부활과 심판의 부활 중 하나를 선택할 뿐입니다. '나는 생명의 부활, 의인의 부활을 택하고, 그를 위해 살 것입니다.' 하고 작정하는 것이 믿음입니다.

예슈아께서 장로들과 서기관들에게 잡혀가 죽을 것과 그의 부활에 대해 말씀했을 때, 베드로는 '주여, 죽지 마소서.'라고 만류했습니다. 이에 예슈아께서는 '사단아 내 뒤로 물러가라. 내가 죽지 않으면 어떻게 아버지 뜻이 이루어지리요.'라고 책망하셨습니다(마26:54). 아버지의 뜻이기 때문에 그는 죽겠다는 것입니다. 아버지 뜻을 이루기 위해서 그는 자기가 죽음에 넘겨지도록 모든 환경과 조건들을 스스로 조성하시고 결국은 죽임을 당하게 되었습니다.

예슈아께서 십자가에 못 박혀 죽으시며 '다 이루었다'라고 선포하셨습니다. 그는 무엇을 다 이루셨습니까?

첫째, 그는 소망을 아버지께 두고 다시 목숨을 얻기 위해 목숨을 버리셨습니다. 하나님의 창조원리를 이루신 것입니다.

> "아버지께서 나를 사랑하시는 것은 내가 다시 목숨을 얻기
> 위하여 목숨을 버림이라 이를 내게서 빼앗는 자가 있는 것
> 이 아니라 내가 스스로 버리노라 나는 버릴 권세도 있고 다
> 시 얻을 권세도 있으니 이 계명은 내 아버지에게서 받았노라
> 하시니라"(요10:17~18)

예슈아는 자기 스스로 목숨을 버리셨습니다. 그의 제자가 팔고, 정권자들의 모함에 의해서 죽으신 것이 아닙니다. 그는 열두 영도 더 되는 천사를 부르면 얼마든지 죽음을 면할 수 있으셨습니다. 하지만 그렇게 하지 않으셨습니다(마26:53). 그는 목숨을 내려놔야 생명의 부활을 얻는 법칙을 아신 것입니다. 그래서 그는 담대히 죽으신 것입니다.

둘째, 첫째 아담에게 죄를 짓게 한 사망권세자 마귀를 심판하셨습니다.

셋째, 그는 죽음으로 인류의 죗값 사망을 갚아주시고 그 피를 전인류에게 뿌리셨습니다. 그 피 한 방울 받은 영혼에게 산 소망이 있게 하신

것입니다. 썩지 않고 더럽지 않고 쇠하지 않는 기업, 산 소망을 주신 것입니다(벧전1:3~4).

그는 자기의 일을 마치시고 죽으셨고 아버지께서는 그를 사흘 만에 죽은 자 가운데서 일으키셨습니다.

구약시대에도 죽었던 사람들 중 살아난 사람이 있었습니다. 그러나 그들의 육체는 다시 죽었습니다. 예슈아께서 살리신 나사로도 다시 죽었습니다. 그러나 예슈아는 다시는 죽지 않는 몸으로 부활하신 것입니다. 그런 부활은 처음이기 때문에 그의 부활을 '잠자는 자들의 첫 열매'라고 하는 것입니다(고전15:20).

이스라엘 사람들은 그들의 죽은 몸이 조상 무덤에 안치되는 것을 원했습니다. 그러나 예슈아의 부활로 인해 그 무덤은 빈 무덤이 되었습니다. 이제 무덤은 더 이상 필요 없다는 메시지입니다.

여기서 다시 한번 생각해봅시다. 예슈아는 말씀이 육신이 되어 오신 몸, 다시 말해 100퍼센트 영의 몸으로 오셨기 때문에 부활시 영의 몸 그대로 부활하신 것입니다. 부활 전과 후에 달라진 것은 그 몸에 못자국이 있고, 그 몸에 피가 없다는 사실입니다.

> "기록된바 첫 사람 아담은 산 영이 되었다 함과 같이 마지막 아담은 살려주는 영이 되었나니 그러나 먼저는 신령한 자가 아니요 육 있는 자요 그 다음에 신령한 자니라 첫 사람은 땅에서 났으니 흙에 속한 자이거니와 둘째 사람은 하늘에서 나셨느니라"(고전15:45~47)

첫 사람 아담은 전인류를 말하고 마지막 아담은 예슈아를 말합니다. 인간은 100퍼센트 신령한 자가 아닙니다. 땅에서 난 자, 흙으로 되어 죽어 썩어질 육 있는 자입니다. 그러나 예슈아는 흙과 무관하고 썩어짐과 무관한 하늘에서 온 신령한 자라는 것입니다.

예슈아는 여자의 몸에서 태어났던 그 몸이 죽었다가 100퍼센트 그대로 부활하신 것입니다. 다만 손과 발에 인류의 죗값을 갚으신 흔적을 가지신 것이고 그 몸에서 빠져나간 것은 피밖에 없습니다.

사람은 흙으로 된 몸이 있고 몸 안에 영이 있습니다. 흙으로 된 몸은 죽으면 흙으로 돌아갑니다. 부활시 흙의 몸이 영의 몸으로 변하는 것이 아닙니다. 그 영이 영의 몸으로 변하는 것입니다(고전15:44).

주님이 오늘 공중재림 하셨다고 가정합시다. 만일 믿음이 아주 좋던 사람이 어제 죽어서 무덤에 안치되었다고 합시다. 그러면 그 시신이 무덤에 있을까요? 아니면 시신이 살아나서 빈 무덤이 될까요? 시신은 그대로 무덤에 있습니다. 그 영혼이 부활해서 공중으로 올라가는 것입니다. 이것이 예슈아와 사람의 차이입니다.

'믿는 자는 죽어도 살겠고 살아서 믿는 자는 영원히 죽지 않는다.'는 예슈아의 말씀과 같이 믿는 자는 영이 죽지 않습니다. 믿는 사람은 예슈아의 피를 받는 순간 생명을 가진 영이 된 것입니다. 부활시 그 영이 신령한 육체가 되어 생명의 부활을 통해 하늘로 올라가는 것입니다.

우리 그리스도인들은 자기 시신이 매장되던 화장되던 상관없이 영의 몸의 부활을 믿습니다. 죽는 순간 나 영혼과 내 육체는 더 이상 관계가 없는 것입니다. 이것이 진정한 믿음이 되어야 생명의 부활을 삶의 목표로 놓고 살 수 있습니다.

하늘에 오르신 예슈아 그리스도께서는 보좌에 앉아 산 자와 죽은 자의 심판주가 되셨습니다(딤후4:1). 그는 어린양, 곧 일찍 죽임을 당한 흔적을 가진 몸으로 살아 계십니다. 그가 아버지께 성령을 받아 예슈아 이름으로 보내셨습니다(행2:33).

성령은 누가 받습니까? 예슈아의 피로 영이 살아난 자가 받습니다. 성령을 받은 사람은 새로운 삶의 목표를 달성하기 위해 삽니다.

여러분들의 삶의 목표는 무엇입니까? 정말, 생명의 부활입니까? 그것이 입술의 고백으로만 끝나선 안됩니다. 그 목표를 이루기에 합당한 삶이 동반되어야 합니다. 차라리 죽을지언정 오로지 그 목표를 향해 달음질쳐야 합니다.

올림픽 금메달을 목표로 하고 사는 선수들의 삶을 보면 사람이 할 일이 못 됩니다. 체조선수는 네다섯 살부터 혹독한 훈련을 받습니다. 스케이트선수는 어릴 적부터 평생 땅에서 걸어다닌 시간보다 스케이트화를 신고 빙판 위에서 지낸 시간이 더 많을 정도로 훈련합니다.

바울은 예슈아의 부활을 알았고 인간의 조직을 깨달은 사람이었습니다. 그는 어찌하든 예슈아 그리스도의 죽으심을 본받아 생명의 부활에 이르려 하나님이 위에서 부르신 부름의 상을 푯대로 하고 달음질쳤습니다. 그의 부활의 복음은 그가 이른 세계에 센세이션을 일으켰습니다.

바울이 죽은 자의 부활에 대해 전하자 유대인들에게는 백성을 미혹케 한다는 송사를 받았고, 이방인들에게는 미친 사람 취급을 받았습니다. 그 때문에 감옥에 갇히기까지 하였지만, 그는 그의 뜻을 전혀 굽히지 않았습니다. 그는 오직 한 길을 갔습니다.

언젠가 주 예슈아께서 천사들의 호령과 나팔소리와 함께 공중에 나타나실 때, 부활의 푯대를 향해 달린 자들의 이름을 부르실 것입니다. 바울은 그 때, 자기 이름이 불릴 것을 위해 전심전력한 것입니다. 이를 위해 해가 되는 것은 그 무엇이든 다 배설물같이 버렸습니다. 자기의 족보도, 지식도, 의로운 행위도 다 미련 없이 버렸습니다. 오로지 부활이라는 하나의 목표를 위해서 목숨까지라도 버리기로 작정한 것입니다.

그리고 자신의 발목을 잡는 과거의 부끄러운 일들을 털어버리기로 했습니다. 스데반을 비롯해 그리스도인들을 잔해한 일들까지 다 주님께 맡기기로 했습니다. 후회로 얼룩진 과거를 예슈아의 피에 다 묻어버린 것입니다.

그는 그와 같은 삶의 목표를 가진 자들에게 '부지런하고 게으르지 말라, 무엇이든 참으라'고 권면합니다(롬12:11). 또한 '약속을 기업으로 받은 자를 본받으라.'고 했습니다(히6:12). '내가 그리스도를 본받은 것 같이 너희도 나를 본받으라.'고 했습니다(고전11:1). 이는 바울이 예슈아를 본받으려 얼마나 애를 썼는지 감이 잡히는 대목입니다.

피겨 여왕이라고 칭함 받는 김연아 선수가 처음으로 올림픽에 나가서 기자들과의 인터뷰할 때, '나의 영웅은 미셸 콴이라는 미국 피겨선수인데, 나는 그 여자를 본받고 그 여자같이 되기 위하여 그 여자만 연구하고 그 여자가 하는 대로 해왔다.'고 말했습니다. 그러더니 결국 김연아는 올림픽에서 퀸이 되었습니다.

예슈아 그리스도는 우리의 멘토이십니다. 또한 영생을 목적으로 오로지 첫째 부활을 삶의 목표로 하고 산 믿음의 선배들을 본받아 살아야 합니다. 그 대표적인 믿음의 선배가 바울입니다.

> "사랑하는 자들아 우리가 지금은 하나님의 자녀라 장래에 어떻게 될 것은 아직 나타나지 아니하였으나 그가 나타내심이 되면 우리가 그와 같을 줄을 아는 것은 그의 계신 그대로 볼 것을 인함이니 주를 향하여 이 소망을 가진 자마다 그의 깨끗하심과 같이 자기를 깨끗하게 하느니라"(요일3:2~3)

심판의 부활, 둘째 사망을 피해서 영생의 나라에 갈 목적을 이루려면 첫째 부활, 생명의 부활에 참예하는 자가 되어야 합니다. 이를 위해 예슈아가 깨끗한 것같이 우리도 성결해야 하는 것입니다. 과거 범죄하고 실수했다 할지라도 모든 것을 뒤로 하고 앞에 있는 것을 잡으려고 달음박질하시기 바랍니다.

장기적인 경제침체 때문에 요즘 유럽의 젊은이들은 자기 삶의 목표를 상실했다고 말합니다. 자신을 봐도 미래를 봐도 아무 것도 보이지 않는다는 것입니다. 우리는 경기가 좋든 나쁘든 변하지 않는 목표가 있습니다. 첫째 부활! 생명의 부활입니다.

여러분! 나에게 변함없는 삶의 목표를 제시해 주시고 이를 위해 사는 방법을 구체적으로 가르쳐 주시는 주님께 너무 감사하지 않습니까? 때가 가까우면 가까울수록 예슈아 그리스도와 그의 삶을 나의 목표로 삼고 사시기 바랍니다.

내 삶의 중심과 초점이 흔들리지 말아야 합니다. 양궁선수가 조준할 때, 과녁이 점같이 보이면 절대로 못 맞춘다고 합니다. 보름달만하게 보여야 과녁에 적중한다고 합니다. 생명의 부활만이 나의 목표가 되어야 영생에 들어갈 수 있습니다. 이 목표를 가진 사람은 세상 것이 보이지 않습니다.

여러분은 새해에 어떤 소원을 가지고 계십니까? 내 자녀, 내 가족 모두 예슈아가 삶의 목표가 되고 생명의 부활이 되어야 합니다. 이 목표만큼은 반드시 달성하시기 바랍니다. 우리는 언제든지 세상 떠날 준비가 돼 있어야 합니다. 세상에 발목 잡힌 것들이 많은 사람들은 하늘로 올라가기 어렵습니다.

우리의 발목을 잡는 것들이 무엇입니까? 죄악으로 물든 우리의 과거입니다. '너 과거야, 너는 여기 있어라. 나는 간다.' 하고 소리쳐 결별을 고하고 성결한 삶을 살기 바랍니다. 또 무슨 일을 당하든지 참고 기다리면서 부지런히 주의 복음을 전하고 영혼 살리는 일하기를 바랍니다. 우리 모두 주님 오시는 날, 정결한 그리스도의 신부의 지체로 들림 받으시기를 축원합니다. 할렐루야!

삶의 목표

설교요약

성경본문 (요11:25~26, 빌3:7~14)

하나님은 소망의 하나님이시다(롬15:13).
그는 영원 전 약속된 영생을 소망으로 주시고(딛1:2)
소망을 그에게 두고 사는 자에게 생명의 부활로 갚아 주시는 분이다(딤전4:10).

신앙은 부르심의 소망을 알고 하나님께 소망을 둠이요(엡1:18, 딤전4:10),
신앙생활은 전에 일은 뒤로 하고 오직 앞의 것을 잡으려 좇아가는 생활이다(빌3:13).

목적은 추상적으로 궁극적으로 도달하고자 하는 것이고
목표는 구체적으로 현실에서 해야 할 일이라
성공을 꿈꾸는 자는 목적에 도달하기 위해
실현가능한 목표를 향하여 죽을힘을 다하는바
성경은 영생을 삶의 목적으로 가진 자에게
예슈아 그리스도를 삶의 목표로 삼도록 제시하고 있다(요5:39).

육 있는 영, 곧 생령 아담이 마귀에 속아 범죄한바(창2:17, 3:4~6)
전인류는 육체는 죽어 흙으로(창3:19)
영은 지옥불 곧 둘째 사망에 빠지게 되었다(마25:41, 계20:6).

아브라함의 축복은 장수하다 죽어 가나안에 돌아가 장사됨이요(창15:15),
후손 야곱, 요셉도 죽어 유골이 조상묘에 장사될 것을 유언한바(창50:5, 25),
430년 종 되었던 이스라엘의 출애굽도 약속의 땅으로 돌아감이었디(출3:8).

애굽을 떠나자 불기둥이, 광야에 이르자 언약궤가,
여호와 이름 있는 성소가 푯대가 되어 그들을 인도하였으나
원망하던 자들은 다 광야에서 엎드러져 죽었으니(민14:27~29)
그 몸이 매장되지 못하는 최고의 저주를 받음이라(전6:3)
지금도 세계각지에 흩어져 살고 있는 이스라엘은
죽어 그 유골이라도 예루살렘 근처에 묻히고 싶어하는바(전6:3)
예루살렘 지역은 점점 공동묘지화 되어 가고 있다.

예슈아께서 너희가 성전을 헐면 내가 사흘 동안에 일으키리라 하심은
성전 된 자기 육체의 죽음과 부활로(요2:19~21)

48 구원의 길 I

여호와 이름이 아닌 예슈아 아버지 이름으로(요5:43)
흙의 몸이 아닌 영의 몸으로 다시 살게 하려 하신바(고전15:42)
그는 태초에 말씀이 사람으로 오사 죽으시고 부활하심으로(요1:1~4, 14)
사람의 실천가능한 목표가 되려 하심이라(마16:21, 요11:25~26).
생명의 부활 – 의인의 부활(요5:29)
심판의 부활 – 악인의 부활에 대해 가르치셨다(행24:15).

그는 죽으시며 다 이루었다 하셨으니(요19:30)
① 소망을 아버지께 두고 다시 목숨을 얻기 위해 목숨을 버리심(요10:17~18).
② 죄의 원흉 사망권세자 마귀를 심판하심(히2:14, 요일3:8).
③ 구속의 피를 뿌리사 인류에게 산 소망이 있게 하심이다(벧전1:3).

그는 부활의 첫 열매라 그 무덤은 빈 무덤이 되었으니(고전15:23, 마28:6)
그 몸이 100퍼센트 말씀 곧 영이 육신 되어 오심을 증거하나(요1:1~2, 14)
사람은 죽어 육신은 흙으로 돌아가고, 영은 부활하는바
육의 몸이 있은즉, 신령한 몸이 있음이다(고전15:42~47).

그는 하늘보좌에 앉으신 어린양이시라
일찍 죽었다가 살아나신 흔적을 가지고 계시고(계5:9)
예슈아 이름으로 오신 성령은 산 자에게 들어오사(고후4:11)
삶의 목표를 예슈아 곧 생명의 부활에 두게 하신다.
그리스도인은 주 예슈아께서 두 번째 나타나시는 날(히9:28),
위에서 부르시는 부름의 상을 얻기 위하여(빌3:7~14)
과거에 한 일을 다 예슈아 피에 묻고
앞의 것을 잡으려고 좇아가는 자니
핍박을 받고 쇠사슬에 매일지언정(행26:7, 28:20)
유익하던 모든 것을 배설물같이 버리고
부지런함과 오래 참음으로
주와 믿음의 선진들을 본받아(고전11:1, 히6:12)
자신을 깨끗케 지키려고 몸부림치는 자다(요일3:2~3).

오! 주여,
양궁 선수 눈에 보름달만큼 큰 과녁이 보이듯,
우리 눈에 오직 어린양 예슈아만 보이게 하옵소서.
죽었다가 살아나신 흔적이 우리 삶의 목표가 되게 하소서. 아멘.

3

나의 현주소

창세기 3:9~10, 베드로후서 3:7~13

하나님은 무소부재(無所不在)하신 분입니다(렘23:24). 그는 아니 계신 곳도, 아니 계신 시간도 없으십니다(욥11:8, 시139:8). 그의 눈은 어디서든지 항상 감찰하시므로 어느 누구도 하나님의 눈을 피할 자가 없습니다(잠15:3, 암9:2~4).

신앙은 언제 어디서나 하나님의 목전에 있다는 것을 알고 나의 현위치를 스스로 밝히는 것입니다(사38:3). 신앙생활은 불타는 우주로부터 나 영혼의 구원을 위해 새 하늘과 새 땅을 향하여 질주하는 생활입니다(벧후3:7~13).

우리는 영생을 삶의 목적으로, 생명의 부활을 삶의 목표로 설정했습니다. 그렇다면 삶의 목적과 목표를 달성하기 위해 먼저 나의 현재 위치를 알아야 합니다.

GPS(Global Positioning System, 범지구 위치결정시스템, 범지구 위성항법시스템)는 미국 국방부에서 개발한 군사장비로 인공위성이 보낸 정보를 수신하여 위치를 파악하는 시스템입니다. 원래는 대륙간 탄도미사일이나 무인비행기 등 군사적 용도로 사용되었는데, 지금은 민간에서 차량 내비게이션이나 비행기와 선박의 자동항법조종장치로 사용하고 있습니다.

요즈음은 스마트폰을 가지지 않은 사람이 거의 없습니다. 스마트폰 사용자는 언제 어디서든 자기 위치가 노출되고 있다는 사실을 알아야 합니다. 그리 유명한 사람이 아닐지라도 스마트폰을 통해 오고가는 정보들이 모두 통신사 서버에 저장됩니다. 유사시에 정부에서 필요하면 그 정보를 열람할 수 있습니다.

얼마 전만 해도 GPS 위성이 24개였는데 지금은 더 늘었다고 합니다. 이런 첨단기술로 세계인의 일거수일투족을 감시하고 모든 정보를 축적하고 있는 것입니다. 운전할 때 내비게이션을 사용하려면 기본적으로 내 위치를 알려줘야 인공위성에 연결되어 안내를 받을 수 있습니다.

모든 시스템이나 문화문명은 알든 모르든 성경의 원리를 따라가고 있습니다. 이렇게 개명한 세상에 누가 그 케케묵은 성경을 믿느냐고 힐문합니다. 그러나 모든 문명이 성경의 원리를 모방하고 있다는 사실을 알아야 합니다. 알든 모르든 그 원리를 따라 시스템을 개발하고 실생활에 적용하고 있는 것입니다.

성경은 무엇에 대하여 쓰여 있는 책입니까? 한마디로 '너는 어디에 있느냐?'라는 하나님의 질문 앞에 전인류는 대답할 의무를 가지고 있음을 알려주는 책입니다.

에덴동산에서 아담이 범죄한 다음 하나님의 음성을 듣고 나무 사이에 숨었습니다.

> "여호와 하나님이 아담을 부르시며 그에게 이르시되 네가 어디 있느냐 가로되 내가 동산에서 하나님의 소리를 듣고 내가 벗었으므로 두려워하여 숨었나이다"(창3:9~10)

이렇게 해서 하나님과 인간의 대화는 재개되었고 하나님은 인류를 인도하시기 시작합니다. 마치 내비게이션에 자기 위치를 입력하여 안내를 받듯이, 아담이 자신의 위치를 고백하자 그때부터 하나님이 적극 개입하십니다.

> "가라사대 누가 너의 벗었음을 네게 고하였느냐 내가 너더러 먹지 말라 명한 그 나무 실과를 네가 먹었느냐 아담이 가로되 하나님이 주셔서 나와 함께하게 하신 여자 그가 그 나무 실과를 내게 주므로 내가 먹었나이다"(창3:11~12)

하나님의 추궁을 받자 아담이 하와에게 죄를 전가하였습니다. 하나님께 추궁 받은 하와는 '뱀이 꾀므로 먹었나이다.'라고 뱀에게 전가했습니다. 하나님은 뱀에게는 추궁하지 않으시고 다만 선고하십니다.

"…네가 이렇게 하였으니 네가 모든 육축과 들의 모든 짐승
보다 더욱 저주를 받아 배로 다니고 종신토록 흙을 먹을지
니라 내가 너로 여자와 원수가 되게 하고 너의 후손도 여자
의 후손과 원수가 되게 하리니 여자의 후손은 네 머리를 상
하게 할 것이요 너는 그의 발꿈치를 상하게 할 것이니라 하
시고"(창3:14~15)

이때로부터 창세 전에 작정된 인류 구원에 대한 작전이 본격적으로
시작된 것입니다. 뱀은 마귀요, 사단입니다(계12:9). 하늘에서 하나님
을 반역했을 때 그를 사단이라 하고, 인간을 꾈 때 그를 마귀라고 합니
다. 그는 영계 하늘에서 천사로 지음 받았는데 '하나님과 같이 되리라.'
고 마음을 먹으므로 사단이 된 것입니다.

"너 아침의 아들 계명성이여 어찌 그리 하늘에서 떨어졌으며
너 열국을 엎은 자여 어찌 그리 땅에 찍혔는고 네가 네 마음
에 이르기를 내가 하늘에 올라 하나님의 뭇별 위에 나의 보좌
를 높이리라 내가 북극 집회의 산 위에 좌정하리라 가장 높은
구름에 올라 지극히 높은 자와 비기리라 하도다 그러나 이제
네가 음부 곧 구덩이의 맨 밑에 빠치우리로다"(사14:12~15)

여기 계명성은 천사를 별로 비유한 말입니다. 계명성 곧 루시퍼는 원
래 루시엘이라는 굉장히 아름답고 재주가 많은 천사장으로 지음받았

습니다(겔28:12~19). 그런데 그가 '내가 하늘에 올라 나의 보좌를 높이리라'는 마음을 먹자 하나님은 그를 더럽게 여겨 큰 날의 심판 때까지 음부에 가두셨습니다.

음부(陰府)에 대해서는 신학자들 간에 논란이 많습니다. 대부분 신학자들은 사람이 죽으면 가는 곳을 음부라고 생각합니다. 음부에 대한 해석이 잘못되는 바람에 실제로 음부를 빠져나가지 못하는 큰 문제가 생기게 되었습니다.

그렇다면 성경이 정의하는 음부는 어디를 말할까요?

첫째, 음부는 제한된 공간으로 우주를 말합니다.

> "태초에 하나님이 천지를 창조하시니라 땅이 혼돈하고 공허
> 하며 흑암이 깊음 위에 있고 하나님의 신은 수면에 운행하
> 시니라"(창1:1~2)

우주는 한정된 공간으로 그 끝이 물로 싸여 있습니다. '수면에 신이 운행한다'는 말은 우주를 싸고 있는 그 물 위를 천사가 운행하고 있는 것을 말합니다. '신(神, god)'은 '성신'이 아니고 천사인 것입니다. 이를 '영원한 결박'이라고도 합니다. 다시 말해 범죄한 마귀와 그의 사자들이 음부를 벗어나지 못하도록 하나님의 천사들이 경비를 보고 있는 것입니다.

> "또 자기 지위를 지키지 아니하고 자기 처소를 떠난 천사들

을 큰 날의 심판까지 영원한 결박으로 흑암에 가두셨으며"
(유6)

둘째, 우주는 어두운 구덩이입니다. 음부는 빛 한 점 없는 캄캄한 곳
입니다.

> "땅이 혼돈하고 공허하며 흑암이 깊음 위에 있고 하나님의
> 신은 수면에 운행하시니라"(창1:2)
> "하나님이 범죄한 천사들을 용서치 아니하시고 지옥에 던
> 져 어두운 구덩이에 두어 심판 때까지 지키게 하셨으며"(벧
> 후2:4)

실제로 우주에서 찍은 사진을 보면 우주는 어둡습니다. 태양이 더 가
까우니까 태양빛이 작열할 것 같지만 그렇지 않습니다. 대기권 안에는
미세한 먼지가 태양빛을 반사하여 하늘이 밝아 보이지만 대기권 밖 하
늘은 칠흑같이 어둡습니다.

셋째, 우주는 시한적 존재입니다. 우주는 앞으로 확 줄어들어 불덩이
가 될 것입니다. 이것이 바로 지옥입니다.

> "이제 하늘과 땅은 그 동일한 말씀으로 불사르기 위하여 간
> 수하신 바 되어 경건치 아니한 사람들의 심판과 멸망의 날까
> 지 보존하여 두신 것이니라"(벧후3:7)

여기 '하늘과 땅'은 창세기 1장 1절의 하늘과 땅입니다. 이를 요한계시록 21장 1절에서는 '처음 하늘과 처음 땅'이라 합니다. 물리학자들에 의하면 현 우주의 지름은 약 160억 광년이라고 합니다. 그런데 우주는 지금도 광속으로 팽창하고 있다고 합니다.

우주의 팽창 자체가 무서운 징조입니다. 풍선도 자꾸 불면 결국 터져버립니다. 입자물리학에서는 질량이 임계치를 초과하면 갑자기 축소한다고 합니다. 성경은 이미 '하늘은 종이축 말리듯이 떠나간다.'고 예언하고 있습니다(계6:14). 앞으로 하나님이 말씀으로 '불사르라' 하실 때, 우주는 축소되면서 불덩이가 될 것입니다.

> "그러나 주의 날이 도적같이 오리니 그날에는 하늘이 큰 소리로 떠나가고 체질이 뜨거운 불에 풀어지고 땅과 그 중에 있는 모든 일이 드러나리로다 이 모든 것이 이렇게 풀어지리니..."(벧후3:10~11)

전자, 양자 등 가장 작은 입자까지 모든 체질이 뜨거운 불에 풀어집니다. 심지어 빛의 입자까지 파괴되고 소멸되어 깜깜절벽 불못이 되는데 그것이 바로 지옥인 것입니다.

> "사망과 음부도 불못에 던지우니 이것은 둘째 사망 곧 불못이라 누구든지 생명책에 기록되지 못한 자는 불못에 던지우더라"(계20:14~15)

음부가 불못에 던져진다는 말은 음부가 불못에 흡수되어 불덩어리가 되는 것을 의미합니다. 요한계시록 19장 20절에는 '유황불 붙는 못'이라고 기록되어 있습니다. 유황이 타면 그 온도가 자그만치 섭씨 6천도 정도나 된다고 합니다.

> "만일 네 손이 너를 범죄케 하거든 찍어 버리라 불구자로 영생에 들어가는 것이 두 손을 가지고 지옥 꺼지지 않는 불에 들어가는 것보다 나으니라 만일 네 발이 너를 범죄케 하거든 찍어 버리라 절뚝발이로 영생에 들어가는 것이 두 발을 가지고 지옥에 던지우는 것보다 나으니라 만일 네 눈이 너를 범죄케 하거든 빼어버리라 한 눈으로 하나님의 나라에 들어가는 것이 두 눈을 가지고 지옥에 던지우는 것보다 나으니라 거기는 구더기도 죽지 않고 불도 꺼지지 아니하느니라"
> (막9:43~48)

예슈아처럼 지옥을 강조하신 분이 없습니다. 그는 지옥에 대해 너무나 잘 알고 계십니다. 만물을 창조하실 때 그는 말씀으로 계셨고 지은 것이 하나도 그가 없이는 된 것이 없습니다(요1:3). 영계 하늘도 예슈아가 지으시고 우주도, 음부도 예슈아가 지으셨습니다. 그러니 그가 지옥에 대해 얼마나 잘 아시겠습니까? 그러니까 '너희들 지옥이 얼마나 무서운지 아느냐? 눈이 범죄하면 눈을 빼고라도 지옥엔 가면 안 돼! 손이 범죄하면 손을 자르고라도 지옥엔 가면 안 돼! 거기는 구더기도 죽지 않고 불도 꺼지지 않는 곳이다.'라고 말씀하신 것입니다.

흙으로 된 몸은 숨 끊어지는 순간 그것으로 끝입니다. 그러나 영(靈)은 부활합니다(요5:29). 부활한 몸은 영원한 몸으로 감각을 가지게 됩니다. 음부(우주)가 불탈 때 거기를 빠져 나가지 못하면 둘째 사망, 곧 '산 채로' 유황불 붙는 못에 던지우는 것입니다.

혹자는 '아니, 하나님은 사랑이라며, 왜 지옥을 만들었느냐?'고 힐문합니다. 하나님은 빛만 지으신 것이 아니라, 어두움도 지으셨습니다. 하나님은 영계 하늘도 지으시고 음부도 지으셨습니다. 하나님은 창세 전 가지신 그의 목적대로 만물을 창조하셨습니다.

> "또 왼편에 있는 자들에게 이르시되 저주를 받은 자들아 나
> 를 떠나 마귀와 그 사자들을 위하여 예비된 영영한 불에 들
> 어가라"(마25:41)

지옥은 '마귀와 그 사자들을 위해' 예비된 곳입니다(마25:41). 사자(使者)들이란, 사단이 타락했을 때 함께 타락한 하늘의 천사 삼분의 일과 영적 존재로 지음 받은 아담의 후손인 불신자까지 다 포함하는 것입니다.

모든 인류는 다 아담의 후손입니다. 조상 아담의 죄를 유전받은 인류는 죗값 사망 때문에 지옥형벌을 면치 못하게 되었습니다. 그래서 '아담 안에서 모든 사람이 죽었다'고 기록하고 있는 것입니다(고전15:22).

하나님이 유황불 심판에서 인류를 구원하기 위해 그림자 같은 사건

을 벌이십니다. 소돔과 고모라에서 롯의 가족을 이끌어낸 사건이 그 한 예입니다.

소돔성의 멸망을 앞두고 롯의 가정에 두 천사가 나타납니다. 천사는 '여호와께서 이 성을 멸하실 터이니 너희는 일어나 이곳에서 떠나라'고 경고했습니다(창19:14). 롯이 이 말을 가족들에게 전하자 사위들은 농담으로 여겼습니다.

하나님이 아브라함을 생각하사 자비를 베푸셨습니다. 천사들은 롯의 가족들의 손을 이끌어 성 밖으로 이끌어 냈습니다(창19:16). 그리고 '돌아보거나 들에 머물지 말고 산으로 도망하라.'고 말했습니다. 다음 날 아침, 소돔과 고모라에는 예언한 대로 유황 연기가 옹기점 연기같이 치솟았습니다(창19:28). 이것이 바로 인류 구원의 모형입니다.

> "여호와께서 하늘 곧 여호와에게로서 유황과 불을 비같이 소돔과 고모라에 내리사 그 성들과 온 들과 성에 거하는 모든 백성과 땅에 난 것을 다 엎어 멸하셨더라"(창19:24~25)

이스라엘 자손이 애굽에서 430년 동안 종살이를 하고 있었을 때 하나님은 모세를 보내 이스라엘을 이끌어내셨습니다. 그날을 유월절이라고 합니다(출12:2~42).

이스라엘 자손들에게 '양의 피를 문설주에 바르고 아침까지 한 사람도 문 밖에 나가지 말라.' 하시고 그 밤에 애굽의 장자와 생축의 처음 난 것을 다 치셨습니다. 명령을 듣고 그대로 행한 사람들에게는 죽음이 넘어갔습니다. 죽음이 돌격하려다가 피를 보고 넘어갔기 때문에 유월절(逾越節)이라고 말합니다. 그 밤에 애굽 전역에 죽음이 이르지 않은 집이 한 집도 없었지만 양의 피를 바른 집은 죽음을 피할 수 있었습니다.

하나님은 그들에게 "너희는 그것을 이렇게 먹을찌니 허리에 띠를 띠고 발에 신을 신고 손에 지팡이를 잡고 급히 먹으라 이것이 여호와의 유월절이니라"고 말씀했습니다(출12:11). 떠날 준비를 하고 양고기를 먹되 선 채로 머리와 정강이와 내장까지 다 급히 먹으라고 하셨습니다.

그들이 한 밤에 갑작스레 나오게 되었는데 그날이 애굽의 종살이 430년을 마치는 날 밤이었습니다. 이 밤을 '여호와의 밤'이라고 합니다(출12:41~42). 만일 하나님이 '한 달 동안 준비하라.' 또는 '일주일 동안 준비하라.' 하셨다면 이것저것 준비하느라고 정신없었을 것입니다. 갑자기 나오는 바람에 양식도 준비할 시간이 없었습니다. 그래서 발효되지 못한 떡 반죽덩이만을 가지고 급히 떠났습니다. 이것이 바로 세상 임금 밑에서 종살이 하는 인류가 구원받는 모형입니다.

이 사실을 그들 대대로 잊지 않게 하기 위해 성소를 짓게 하셨습니다. 성소에서 드리는 제사 중 가장 중심적인 제사가 유월절 제사입니다.

그 성전 앞에 예슈아가 나타나 '너희가 이 성전을 헐라 내가 사흘 동안에 일으키리라' 하셨습니다. 그가 말하는 성전은 손으로 지은 성전이 아니라 성전 된 자기 육체를 가리켜 말씀하신 것이었습니다. 그가 죽었다가 사흘 만에 다시 살아날 몸을 말씀하신 것입니다.

성전을 헐 때 여호와 이름을 폐하고 예슈아 아버지 이름이 있는 성전을 세우시겠다는 것입니다. 그때는 '여호와의 밤이 아니라 예슈아의 날, 인자의 날'이 되는 것입니다(눅17:22). 여호와의 밤에는 이스라엘이 양의 피를 바른 집 안에 있을 때, 육체의 죽음이 피해갔습니다. 그런데 인자의 피를 영혼에 바른 사람은 영의 죽음이 피해가는 것입니다. 과거에는 장자를 멸하는 밤이었지만 이제는 모든 믿지 않은 영혼을 멸하는 것입니다. 그 말씀 때문에 유대인들의 원한을 사고 결국 죽음에 넘겨지십니다.

그는 죽으시는 순간 '다 이루었다' 하시고 '내 영혼을 아버지 손에 부탁하나이다'라고 말씀하셨습니다(눅23:46). 그는 무엇을 다 이루셨다는 것입니까?

첫째, 자기 영혼이 음부에서 구속받기 위해 아버지께 자기 목숨을 맡기셨습니다. 시편 49장 15절에 '하나님은 나를 영접하시리니 이러므로 내 영혼을 음부의 권세에서 구속하시리로다' 하신 예언을 이루셨습니다.

예슈아께서는 이 세상을 음부라고 말씀하셨습니다.

> "...내가 이 반석 위에 내 교회를 세우리니 음부의 권세가 이
> 기지 못하리라"(마16:18)

음부는 교회가 세워지는 곳, 곧 이 세상입니다. 아버지는 아들을 음부의 권세에서 구속하실 예정이 있었습니다. 그래서 그는 자기 영혼을 아버지께 맡기신 것입니다.

둘째, 자기 지위, 처소를 떠난 마귀를 심판하셨습니다(요일3:8, 유6).

그는 하나님이 금하신 선악과를 '먹어도 죽지 않는다'고 속였던 거짓의 아비, 거짓말쟁이입니다. 하나님의 형상을 닮은 인류를 속여 하나님에 대해 앙갚음을 하려 했던 자입니다.

셋째, 구속의 피뿌림을 받은 영혼들로 하여금 그 피를 생명으로 받아 이 세상을 떠날 준비를 하게 하셨습니다.

예슈아 그리스도는 마지막 아담으로 오셔서 첫 아담의 죄를 가지고 죽으시므로 아담에게 하신 '네가 먹으면 정녕 죽으리라'는 말씀을 이루셨습니다(창2:17, 고전15:45).

유월절 양의 피를 바른 집은 장자가 죽지 않을 뿐더러 급히 애굽을 떠날 준비를 해야 했습니다. 이제 예슈아 그리스도의 피를 바른 영혼은 생명을 보존할 뿐 아니라 언제라도 세상 떠날 준비를 해야 하는 것입니다.

예슈아는 여인의 몸을 통해 나셨지만 아버지 품속에 계셨던 말씀이 육신으로 오신 하나님의 아들이십니다(요1:14). 그가 사망으로 사망권세를 멸하시고 인류를 속량해 주셨습니다(히2:14). 그는 썩을 수 없는 몸이기에 음부에 버림을 당하지 않으셨습니다. 그는 음부에 속할 수 없는 분이시기 때문에 부활하셨습니다. 예슈아 그리스도는 하늘보다 높으시고 음부보다 깊으신 분입니다. 그는 우주 하늘보다 높은 곳에 계신 분이었는데 음부의 맨 밑, 산 뿌리까지 내려가 죽으시고 부활하시고 하늘에 오르신 것입니다. 할렐루야!

그는 하늘보좌에 앉아계십니다. 성경은 그의 눈이 불꽃 같다고 말하고 있습니다(계1:14). 눈이 꼭 예쁠 필요는 없지만 눈에는 반드시 빛이 있어야 합니다. 생명이 있는 사람은 그 눈이 반짝거립니다. 주님의 눈

빛이 얼마나 강한지 상상이 갑니까? 그 눈으로 전세계를 꿰뚫어 보고 계십니다. 지금 수많은 인공위성이 전세계 70억 인구를 감시하고 있다는데, 주님은 그 불꽃 같은 눈으로 전인류의 마음과 생각까지 다 감찰하십니다.

성령은 지금 믿는 자 속에 들어오셔서 '너는 지금 어디 있느냐?'라고 묻고 계십니다. 우리는 이 물음에 반드시 대답해야 합니다.

욥기 17장 13절에 "내 소망이 음부로 내 집을 삼음에 있어서 침상을 흑암에 베풀고"라고 했습니다. 우리는 예슈아 믿기 전에 이 땅에 내 집을 마련하고 여기서 영원히 살고 싶어 했습니다. 주님은 '어리석은 자여 오늘 밤에 네 영혼을 도로 찾으리니 그러면 네 예비한 것이 뉘 것이 되겠느냐'라고 말씀하셨습니다(눅12:20).

음부는 앞으로 꺼지지 않는 영영한 불이 될 것입니다. 이런 우주를 영원히 내 집으로 삼고 싶습니까? 나의 현주소를 아는 그리스도인은 하시라도 이곳을 빠져나가려 하는 자입니다. 신자라고 하는 자들이 세상사람들과 조금도 다르지 않게 사는 것은 자기 현주소를 모르기 때문입니다.

지금 우리가 발붙이고 있는 이 땅은 우리가 영원히 살 곳이 아닙니다. 병이 들든, 사고를 당하든, 나이 들어 늙든 어차피 우리는 이 세상을 떠날 것입니다. 우리가 영원히 살 곳은 하늘에 있는 아버지 집입니다.

어떤 사람이 아버지 집에 들어가 영생할 수 있을까요? 이 땅에 사는 동안 '나의 현주소는 불타버릴 우주입니다.'라고 고백하는 사람입니다. 그리고 이스라엘이 한밤중에 황급히 애굽을 떠난 것같이, 어느 날 갑자기 예기치 않은 날에 이 세상을 떠날 것을 대비하고 그때를 준비하는 사람입니다.

현재 우리는 어디에 있습니까? 예수복음교회에서 예배를 드리고 있습니다. 그나마 예수복음교회에서 예배하고 있다는 것은 큰 축복입니다. 왜 그렇습니까? 교회라고 다 같은 교회가 아닙니다. 요한계시록 2장 13절 이후에 성령께서 교회들을 책망하는 말씀이 나옵니다.

"네가 어디 사는 것을 내가 아노니 거기는 사단의 위가 있는
데라 네가 내 이름을 굳게 잡아서 내 충성된 증인 안디바가
너희 가운데 곧 사단의 거하는 곳에서 죽임을 당할 때에도 나
를 믿는 믿음을 저버리지 아니하였도다 그러나 네게 두어 가
지 책망할 것이 있나니 거기 네게 발람의 교훈을 지키는 자
들이 있도다 발람이 발락을 가르쳐 이스라엘 앞에 올무를 놓
아 우상의 제물을 먹게 하였고 또 행음하게 하였느니라 이와
같이 네게도 니골라당의 교훈을 지키는 자들이 있도다 그러
므로 회개하라 그리하지 아니하면 내가 네게 속히 임하여 내
입의 검으로 그들과 싸우리라"(계2:13~16)

성령이 지금 한탄하시고 질책하시는 대상은 교회입니다. 교회는 유황불 내리는 소돔성을 떠난 롯 가족이 다다른 소알성과 같은 곳입니다.

"그 사람들이 그들을 밖으로 이끌어낸 후에 이르되 도망하

여 생명을 보존하라 돌아보거나 들에 머무르거나 하지 말고 산으로 도망하여 멸망함을 면하라 롯이 그들에게 이르되 내 주여 그리 마옵소서 종이 주께 은혜를 얻었고 주께서 큰 인자를 내게 베푸사 내 생명을 구원하시오나 내가 도망하여 산까지 갈 수 없나이다 두렵건대 재앙을 만나 죽을까 하나이다 보소서 저 성은 도망하기 가깝고 작기도 하오니 나로 그곳에 도망하게 하소서 이는 작은 성이 아니니이까 내 생명이 보존되리이다 그가 그에게 이르되 내가 이 일에도 네 소원을 들었은즉 너의 말하는 성을 멸하지 아니하리니"(창19:17~21)

그리스도인은 롯의 가족같이 예슈아 이름을 영접하자마자 아버지 집을 향해 달려가는 자입니다. 교회는 소알성 같은 중간목적지인 셈입니다. 예슈아의 피를 바른 교회에 피신한 우리 영혼은 항상 이 세상을 떠날 준비가 되어 있어야 합니다. 할렐루야!

그런데 오늘날 원수들이 가장 많이 역사하는 곳이 교회입니다. 악령들은 세상 사람들은 상관치 않습니다. 괜히 잘못 건드렸다가 '천부여 의지 없어서 손들고 옵니다.' 하고 하나님께 돌아갈까봐 내버려 둡니다. 그렇지만 불타는 우주를 빠져나가 아버지 집으로 가려는 그리스도인들의 덜미를 잡으려고 온갖 궤계를 다 씁니다.

교회 안에 '니골라당'(계2:6), '발람의 교훈'(계2:14)이라는 것이 있습니다. 소위 세속신앙, 기복신앙, 번영신학, 해방신학, 현실구원 등이 다 니골라당의 교훈입니다. 예슈아를 믿으면 현실구원이 이뤄진다는 것이 니골라당과 발람의 교훈이고 사단의 가르침입니다.

그런 교회는 전도 안 해도 모여듭니다. 오히려 목사가 '우리 교회 그만 오세요.'라고 신사적으로 말할 정도입니다. 그것이 올바른 말인 것 같습니까? 아닙니다! 목사는 그렇게 말하면 안 됩니다. 교회에 영혼들이 넘쳐 터질 지경이 된다 할지라도 내게 주신 자 하나도 땅에 떨어지지 않고 마지막 날에 살리려고 붙잡고 늘어져야 합니다. 교회도 성도도 다 그렇게 해야 합니다.

이 땅에서 잘되는 것이 삶의 목표라고 말하는 것은 하나님과 원수 되는 것이요, 마귀의 궤계입니다. 마귀의 목표는 할 수만 있으면 택한 자라도 물고 늘어져서 음부에서 함께 멸망당하게 하는 것입니다.

우리는 성령의 음성을 들어야 합니다. 귀 있는 자는 '네가 어디 있느냐?' 하실 때, 항상 '내가 여기 있나이다.'라고 떳떳이 말할 수 있는 곳에 있어야 합니다. '내가 술집에 있나이다.', '내가 도박장에 있나이다.', '내가 백화점 명품 코너에 있나이다.' 하면 안 되겠지요? 그런 곳은 우리가 있을 곳이 아닙니다.

예슈아의 피가 영혼에 있는 자라면 언제든지 미련없이 세상 떠날 준비가 되어 있어야 합니다. 주님께서 '네가 어디 있느냐?' 하실 때 조금도 거리낌없이 '내가 여기 준비되어 있나이다. 항상 대기하고 있습니다. 나 영혼 받아 주옵소서.'라고 고백할 수 있어야 합니다. 우리의 현주소는 불타버릴 우주입니다. 하시라도 떠날 수 있도록 준비하는 생활이 우리의 신앙생활입니다.

문제는 지옥을 무서워하지 않는 것입니다. 왜 신앙생활에 변화가 없는 줄 아십니까? 지옥을 무서워하지 않기 때문입니다. 그런 자들은 잡혀 먹기로 작정된 금수(禽獸)와도 같습니다. 주인은 닭을 잡으려고 물을 끓이고 있는데 닭들은 자기들끼리 모이를 빼앗아 먹으려고 싸웁니다. 기차는 무서운 속도로 달려오고 있는데 만취한 자가 철로에 누워있다면 얼마나 안타깝습니까? 주님은 언제 오실지 모르는데 아직도 정신 차리지 못하는 것은 지옥을 무서워하지 않기 때문입니다.

동서고금(東西古今) 믿음의 사람의 특징은 다 지옥을 무서워합니다. 말씀 그대로 살려고 하는 사람은 다 지옥을 무서워합니다.

저는 매일 지옥을 의식하고 삽니다. '목사님은 구원의 확신이 없으신가 보다.' 할지 모르지만 저는 예슈아의 피를 영접한 사람이고 성령이 내 안에 예슈아의 피가 있음을 증거하시므로 하나님을 아바 아버지라고 부르고 있습니다. 그것을 뼈가 녹아질 정도로 절감하는 사람입니다.

저는 세상에서 살 날이 얼마 남지 않음을 절감합니다. 생명의 임계치를 초과해 버린 것 같습니다. 그러면 그럴수록 정신이 번쩍 납니다. '내가 죽으면 지옥에 안 가고 천국에 갈 수 있는가?' '내가 죽었을 때, 천국이 열릴 것인가?' 하는 생각을 하면 그렇게 무서울 수가 없습니다. 구원의 확신이 없어서 무서운 것이 아니라 저는 지옥 자체를 너무 무서워하기 때문입니다.

지옥은 아무도 가면 안 되는 곳입니다. 그러므로 나도 내 자식도 주위 사람들도 그곳에 가는 것을 그냥 둘 수 없는 것입니다.

저는 매일 지혜와 지식과 자질을 갖춘 사람들을 보내달라고 기도하는데, 그보다 더 중요한 것은 주님이 내게 맡기신 자들 중 하나도 지옥에 안 보내는 것입니다. 그래서 저는 우리 교회를 떠난 사람들이라도 지옥만큼은 가지 않게 해달라고 기도합니다.

우리는 앞으로 '지옥 될 곳'에 있다는 사실을 한순간도 망각해서는 안 됩니다. 빨리 빠져나가야 합니다. 언제든지 주님이 부르실 때 '내가 여기 있나이다.' 하고 준비하고 있어야 합니다. 이 사실을 알면 전도하지 않을 수 없습니다.

전도하기 좋아하는 사람은 없습니다. 말을 붙이면 거절 당할게 뻔하기 때문입니다. 요리 핑계, 조리 핑계 대는 사람을 설득하는 것도 귀찮습니다. 그래도 그 영혼이 지옥에 가면 안 되기 때문에 전도하기 싫어도 합니다. 결과는 주님께 맡기고 최선을 다하려 합니다.

내가 다니는 헬스장(gym)에 다니는 한 노인이 있습니다. 한국전에 참전했다는 그는 배가 남산 만한데 작은 키에 양말은 무릎까지 올려 신고 다닙니다. 행색이 그러다보니 미국사람들끼리도 별로 달가워하지 않는 것 같습니다. 나는 그에게 일부러 가까이 가 인사하고 말을 붙입니다. 한번 우리 교회에 왔었는데 자기는 원래 가톨릭이라며 안 나옵니다. 왜 우리 교회 안 나오냐고 물었더니 '그 교회 사람들은 너무 영적이야.'라고 대답했습니다. 그러면서 자기는 성당에 다니기 때문에 죽으면 천당엘 갈 테니까 걱정하지 말라고 합니다.

그는 생긴 것 하고는 어울리지 않게 매일 소설책을 봅니다. 왜 그리 소설책을 열심히 읽느냐고 물었더니 할 게 없어서 본답니다. 그럼, 성경은 얼마나 읽었느냐고 물으니, 욥기 몇 장 읽은 게 다라고 합니다. 그래서 '성경에는 영생의 말씀이 있는데 왜 읽지 않느냐? 네가 이런 식으로 살면 지옥에 갈 수 있다. 우리 교인들은 1월 한 달 동안 성경통독 한 번 이상씩을 하는데, 당신은 책벌레니까 충분히 읽을 수 있다. 이번 달에는 성경을 봐라.'고 권했더니 막 웃습니다. '만일 네가 성경을 읽으면 김치하고 밥을 갖다 줄 게.'라고 말하자 그렇게 해보겠다고 했습니다. 목요일에 만날 약속을 하고 김치와 밥을 싸가지고 갔는데, 헬스장에 오질 않았습니다. 순간 그 영혼이 참 불쌍하다는 생각이 들었습니다.

그의 겉모습은 아무 가치가 없어 보였습니다. 국가에서 주는 연금으로 겨우 사는 것 같습니다. 나이도 많고 생김새도 못생기고 옷차림도 누추하고 행동도 경망스럽지만 그도 영혼입니다. 어떡하든지 그 영혼을 구원하려고 하는 것은 한 영혼도 불타는 우주에 남으면 안 된다는 간절한 마음 때문입니다.

하나님이 '네가 어디 있느냐?'고 물으실 때 '내가 여기 있나이다.' 하고 떳떳하게 대답할 수 있는 곳에 있어야 합니다. 더 이상 부끄러운 짓은 종식시켜야 합니다. 교회 안에서는 거룩한 크리스천이지만 교회를 나가면 세상 사람들과 똑같이 살면 되겠습니까? 주님이 이 땅에 다시 오셔서 우리 영혼을 부르실 날이 오기 전에 회개하고 정신차려야 합니다.

이런 말씀을 들으면서도 아무 감동이 없는 사람을 보면 가슴을 치며 통곡하고 싶습니다. 왜 이렇게 알아듣지 못합니까? 왜 예슈아의 말씀을 믿지 않습니까? 우리는 모두 불타는 우주로부터 탈출해야 합니다. 지옥이 믿어지지 않습니까? 지옥은 언젠가 이루어질 실제입니다.

우리는 하시라도 떠날 준비를 하고 있어야 합니다. 언제 어디서 누구를 만나든 예슈아 믿고 구원받으라고 복음을 전해야 합니다. 끝까지 구령(救靈)의 열정이 식어서는 안 됩니다. 땅에 있는 우리의 장막 집이 무너질 때, 하늘에 있는 영원한 집에 들어가는 자 되시기를 예슈아 이름으로 축원합니다.

나의 현주소

성경본문 (창3:9~10, 벧후3:7~13)

하나님은 무소부재(無所不在, omnipresence)하신 분이다(렘23:24).
그는 아니 계신 곳, 아니 계신 시간이 없으시고(시139:8, 암9:2~4)
그의 눈으로 항상 감찰하시는 분이다(잠15:3).

신앙은 언제 어디서든지 하나님의 목전(目前)에 있음을 알고(사38:3)
나의 현위치를 밝힘이요,
신앙생활은 불타는 우주로부터 나 영혼이 구원받기 위하여
새 하늘과 새 땅을 향하여 질주하는 생활이다(벧후3:7~13).

군사장비로 쓰던 범지구위치결정기구인 GPS(Global Positioning System)는
민간에게도 광범위하게 사용되고 있는바
이제 전인류는 자기를 숨길 자가 없게 되었으나
자기 현위치를 알림으로 길 찾는데 도움을 얻기도 한다.

성경은 '네가 어디 있느냐?'는 하나님의 질문 앞에 전인류가 있음을 알게 하는바
하나님의 무소부재를 망각한 아담이 범죄하였으나(창2:17, 3:4~6, 15)
자기의 현위치를 직고함으로 마귀의 손아귀에서 벗어날 길이 열렸다.

뱀, 마귀, 사단은 동일 인물로(계12:9)
영계하늘에서 범죄하여 음부로 떨어진 천사장 루시퍼라(사14:12~15)
음부는 말씀으로 지은 바 된 처음 하늘과 땅, 곧 우주이니(창1:1, 계21:1)
① 제한된 공간(창1:2), ② 어두운 구덩이/흑암(창1:2, 벧후2:4) ③ 시한적 존재라
그 동일한 말씀으로 불사르라 할 때(벧후3:7)
꺼지지 않는 유황불 못, 곧 지옥이 될 곳인바(막9:48, 계19:20, 20:14)
마귀와 그 사자들을 위해 예비된 영영한 불이다(마25:41).

천사를 보내 유황불 내리는 소돔에서 롯의 가족을 탈출하게 한 것도,
모세를 보내 장자가 몰살하는 애굽에서 이스라엘을 탈출하게 한 것도
다 인류구원의 모형이라
유월절 밤에 양의 피를 바르고 죽음을 면한 자들이 급히 떠난 일을
성소는 그들 자자손손 두고 두고 기억하게 하였다(출12:1~42).

예슈아께서 성전을 헐면 사흘 동안에 일으키리라 하신바
성전 된 자기 육체의 죽음과 부활로(요2:19~20)
여호와 이름이 아닌 예슈아 아버지의 이름으로(요5:43)
애굽의 장자가 아닌 전인류 영혼을 멸하고(요3:16)
양의 피가 아닌 인자의 피를 바른 영혼을 구원하려 하심이다.

그는 죽으시며 다 이루었다 하였으니(요19:30)
① 영혼이 음부에서 구속받기 위해 아버지께 목숨을 내놓으심(시49:15).
② 자기 지위, 처소를 떠난 마귀를 심판하심(요일3:8, 유6).
③ 구속의 피뿌림 받은 영혼들로 우주를 떠날 준비하게 하심이다(엡1:7).

그는 그 몸이 음부에 버림당하지 않고 다시 살아나사(행2:31)
하늘보좌에 앉으셨으니 그 눈이 불꽃 같으신 이시라(계2:18)
그의 눈을 피할 자는 아무도 없다.

그가 보내신 성령은 그 피로 구속받은 영혼 깊은 곳에서
항상 '네가 어디 있느냐?'고 물으신다.

그리스도인은 자기 현위치를 밝히 드러내되
당당하게 밝힐 수 있는 곳에 있기 노력하는바
발람의 교훈, 니골라당, 곧 세속신학, 번영신학,
해방신학, 현실구원이 판치는 교회를 기피하며(계2:12~24),
음부의 권세가 미치지 않는 교회를(마16:18)
소알성으로 알고 달려 모이는 자니(창19:22)
전에는 음부를 내 집으로 삼으려던 어리석은 자나(욥17:13)
지금은 위로 향한 생명길을 가기 위하여
지옥 될 세상을 하시라도 떠날 준비하는 자임이라(잠15:24).
미련 없이, 머뭇거림 없이, 새 하늘과 새 땅을 향하여 전력질주하는 자다.

오! 주여,
우리! 과연 얼마나 지옥을 의식하며 살고 있는지?
'네가 어디 있느냐?'는 주의 음성이 나를 깨우게 하소서.
나! 지옥 될 세상, 지옥 될 우주 안에 살고 있음을
한시라도 잊지 말게 하소서.
내 시야에 들어온 자 그 누구도
지옥 가는 것을 방치하지 않게 하소서. 아멘.

4

의에 거하는 자

베드로후서 3:7~13

하나님은 의로우신 분입니다(시119:137). 그의 말씀이 의롭고, 그의 판단이 의로우며, 그는 의로운 일을 행하시는 분입니다(시119:123, 75, 103:6). 또한 그는 의로운 자를 의롭다 하시고, 그 의로운 대로 갚아주시되 새 하늘과 새 땅에 들어가게 하시는 분입니다(왕상8:32, 벧후3:13).

신앙은 하나님의 의로우심을 인정하고 그에게 의롭다 함을 받아 죽은 후 눈을 떴을 때, 주님의 얼굴 뵙는 것을 소원하는 것입니다. 그리고 신앙생활은 진노의 날에 지옥 될 우주로부터 구원받기 위해 의에 거하는 생활입니다.

"나는 의로운 중에 주의 얼굴을 보리니 깰 때에 주의 형상으

로 만족하리이다"(시17:15)

"하나님의 날이 임하기를 바라보고 간절히 사모하라 그날에
하늘이 불에 타서 풀어지고 체질이 뜨거운 불에 녹아지려니
와 우리는 그의 약속대로 의의 거하는바 새 하늘과 새 땅을
바라보도다"(벧후3:12~13)

우리는 지금 어디에 있습니까? 음부에 있습니다. 음부는 곧 우주입
니다. 우주는 하나님이 범죄한 천사를 심판의 날까지 가둬놓은 거대한
형무소입니다. 이 우주는 언젠가 하나님의 말씀으로 점화되어 영영한
화형장이 될 것입니다(벧후3:9~10, 12). 그렇다면 우리는 이곳을 빠져
나가야 합니다.

이 거대한 우주를 어떻게 빠져나갈 수 있습니까? 이 태양계가 속한
은하계, 또 은하계가 속한 은하단, 또 그 은하단이 속한 초은하단......
이토록 광대한 우주를 어떻게 빠져나갈 수 있단 말입니까? 성경은 의
에 거하는 자는 합법적으로 당당하게 빠져나갈 수가 있다고 말합니다.

'의(righteousness)'는 옳음, 나아가서 옳음의 기준을 말합니다. 이 지
구상에는 수많은 나라, 종족이 살고 있습니다. 그런데 나라마다 종족마
다 옳음의 기준이 다릅니다. 나라마다 법이 다르고 풍속이 다르고 양심
이 다르기 때문입니다.

예를 들면, 무슬림 여자들은 반드시 얼굴을 가리는 부르카를 써야 합
니다. 그것이 여자가 지켜야 할 법이고, 무슬림의 양심 기준입니다. 그
런데 다른 지역에서는 얼굴은 고사하고 거의 온몸을 다 드러내도 전혀

문제가 되지 않습니다. 이것은 각기 다른 양심의 차이를 말하는 것입니다. 이 세상은 각기 다른 자기 나라 법으로 사람을 심판하기도, 형벌하기도 합니다.

그러나 성경은 절대적인 하나님의 의를 말하고 있습니다. 시대와 공간에 따라 변하는 세상의 의가 아닌 영원토록 변함없는 절대 의인 것입니다.

왜 하나님의 의는 절대 의입니까? 하나님은 한 분이시고 유일하신 분이기 때문입니다. 우리는 '하늘님'이라는 지역신을 믿는 것이 아니라 천상천하에 그와 같은 이는 오직 한 분밖에 없는 하나님을 믿는 것입니다. 그분 자체가 의로우시고, 그의 말씀이 의로우며 그의 판단이 의롭습니다.

그가 하신 말씀이 의로우므로 그 말씀을 어긴 자는 불의한 자가 되고, 그에 따른 형벌을 면치 못합니다. 인류의 불행은 이를 경홀히 여기고 죄를 범함으로 시작되었습니다.

에덴동산은 풍요롭고 살기 좋은 이상향이었습니다. 인간에게 이보다 더 좋은 세상은 있을 수 없었습니다. 문제는 거기에 아담이 지켜야 할 하나님의 법이 있었으니, 그것이 바로 선악과 계명입니다.

> "여호와 하나님이 그 사람에게 명하여 가라사대 동산 각종 나무의 실과는 네가 임의로 먹되 선악을 알게하는 나무의 실과는 먹지 말라 네가 먹는 날에는 정녕 죽으리라 하시니라"(창2:16~17)

동산 안에 있던 마귀가 뱀을 타고 아담의 아내 하와를 꾀었습니다 (계12:9). 하나님의 말씀이 법임에도 불구하고, 마귀는 그 실과를 먹어도 '결코 죽지 않는다.'고 하나님의 말씀에 반대되는 말로 하와를 속였습니다.

불의한 마귀의 꾐에 속아 하와는 그 실과를 따먹고 아담에게도 주어 먹게 함으로 그들은 불의한 자가 되었습니다. 그 결과 죄의 삯, 사망이 그 영에 들어왔습니다(롬5:12).

이로써 마귀는 사망권세자가 되었습니다(히2:14). 진 자는 이긴 자의 종이 되는 법, 마귀가 언어전쟁에서 아담을 이겼기 때문입니다(벧후2:19). 그로 인해 인류는 죽기를 무서워하며 일생 사망권세자 아래 매여서 종노릇 하게 되었습니다. 이 모든 일들이 하나님의 계획의 차질이거나 실패가 아닙니다. 하나님의 의도대로 된 것입니다.

다음 성경 구절을 보면 하나님의 의도라는 것을 확연히 알 수 있습니다. 곧 거짓말로 하와를 속여 범죄케 한 뱀에게 하나님은 이렇게 말씀하십니다.

> "내가 너로 여자와 원수가 되게 하고 너의 후손도 여자의 후손과 원수가 되게 하리니 여자의 후손은 네 머리를 상하게 할 것이요, 너는 그의 발꿈치를 상하게 할 것이니라 하시고"(창3:15)

여자의 후손에 의해 마귀가 그 머리에 직격탄을 맞을 것, 곧 심판받을 것을 하나님이 선포하신 것입니다.

> "큰 용이 내어 쫓기니 옛 뱀 곧 마귀라고도 하고 사단이라고
> 도 하는 온 천하를 꾀는 자라 땅으로 내어 쫓기니 그의 사자
> 들도 저와 함께 내어 쫓기니라"(계12:9)

뱀, 마귀, 사단은 동일한 인격입니다. 하늘에서 하나님께 반역했을 때 그를 사단이라 하고, 음부에 갇혀 인간을 꾀었을 때 그를 마귀라고 합니다.

마귀가 음부에 갇힌 이유는 이렇습니다. 그는 유난히 아름답고 재주가 특출나게 지음 받은, 하나님을 찬양하는 천사장이었습니다. 그러다 보니까 마음이 교만해졌습니다. '내가 이 재주와 아름다움을 가지고 왜 하나님만 섬기랴? 내가 내 보좌를 높여서 하나님과 같이 되리라.'는 발칙한 마음을 먹었습니다. 그때 그를 사단(Satan)이라고 합니다. 사단이란 불법자, 항명자, 혁명가란 뜻입니다. 하나님은 그 사단을 더럽게 여겨 큰 심판 때까지 음부에 가두셨습니다.

> "하나님이 범죄한 천사들을 용서치 아니하시고 지옥에 던
> 져 어두운 구덩이에 두어 심판 때까지 지키게 하셨으며"(벧
> 후2:4)

여기서 말하는 지옥은 헬라어로 '타르타루스(Τάρταρος)'인데 쓰레

기 소각장을 뜻하는 '게헨나(γέεννα)'와는 다릅니다. '타르타루스'는 불법자를 심판 때까지 가두는 형무소입니다. '게헨나'는 쓰레기 소각장, 곧 최후의 형장 지옥을 말합니다.

세상에서도 만행을 저지른 범죄자를 생포하려 최선을 다합니다. 그것은 범죄자가 예뻐서 한시라도 더 살려두려는 것이 아니라, 그를 정의의 심판대에 세워 법대로 처벌하려는 것입니다.

> "또 자기 지위를 지키지 아니하고 자기 처소를 떠난 천사
> 들을 큰 날의 심판까지 영원한 결박으로 흑암에 가두셨으
> 며"(유6)

우주는 큰 날의 심판 때까지 범죄한 천사들을 가두어 둔 곳입니다. 그들로 일정한 한계를 벗어나지 못하게 하려고 하나님은 우주 표면을 둘러싼 물 위에 하나님의 신(神), 곧 천사들을 운행하게 하셨습니다(창 1:2). 천사들로 경비를 보게 하신 것입니다.

만약에 아담이 마귀의 꾀임을 받지 않고, 스스로 선악과 계명을 어겼다면 아담도 구원받을 길없이 지옥에 갈 것입니다. 하나님은 인류가 아닌 죄의 원흉이 된 천사를 심판하려 하셨습니다. 그것이 하나님이 우주를 지으시고 에덴동산에 아담과 뱀, 마귀가 있게 하시고, 선악과 계명을 주신 이유입니다.

하나님은 마귀가 하와를 꾀어 선악과를 먹게 할 것을 아셨습니다. 그래서 선악과는 그리 먹음직, 보암직, 탐스럽기까지 한 것이고 또 동산

중앙에 있었던 것입니다. 모든 장치는 하와가 선악과를 먹을 수밖에 없도록 된 것입니다.

> "죄를 짓는 자는 마귀에게 속하나니 마귀는 처음부터 범죄함
> 이니라 하나님의 아들이 나타나신 것은 마귀의 일을 멸하려
> 하심이니라"(요일3:8)

마귀는 죄의 원흉입니다. 그로부터 죄가 시작되었기 때문에 마귀를 심판하고 형벌하기 위한 경륜이 창세 전부터 깔려 있는 것이었습니다.

아담이 범죄하므로 온 인류에게 죄가 들어왔습니다. 죗값 사망 때문에 아담의 후손 전인류는 죽어 그 영이 지옥에 갈 수밖에 없게 되었습니다. 엄밀히 말하면, 지옥에 가는 것이 아니라 지옥 될 우주에 남게 된 것입니다.

이런 상태에서 하나님은 애굽에서 종살이 하던 이스라엘 자손을 이끌어 내시고 그들을 '내 백성'이라고 부르셨습니다. 어떻게 그들은 하나님의 백성이 되었습니까? 그것은 하나님의 입에서 나온 말씀으로 판단의 기준을 삼게 하셨기 때문입니다.

나라마다 민족마다 법이 있고 양심이 있습니다. 이스라엘은 여호와가 주신 율법이 그들의 법이고 양심입니다. 하나님이 그들을 다스리시되 자기 입에서 나온 말씀 즉 율법을 가지고 판단하신다는 것입니다. '의로운 규례'라고도 하는 율법을 그들에게 지켜 행하라 하신 것입니다(신25:1, 시119:62). 이것이 이스라엘의 특수한 점입니다. 율법은 듣는

자가 의로운 자가 아니라 행하는 자가 의로운 자입니다. 그로 인해 의인과 악인이 갈라집니다.

율법의 계명이 무려 613가지입니다. 그 계명들을 다 지킬 때 의인으로 인정받았고, 계명 중 하나만 범해도 악인으로 심판을 피치 못했습니다.

율법을 지켜 의롭다 함을 받은 자에게는 합법적인 권리와 지위가 보장됩니다. 국민에게는 국방 의무, 납세 의무, 교육 의무, 근로 의무 등이 있습니다. 이 의무를 성실히 이행할 때 국가가 합법적인 권리를 보장하는 것과 마찬가지입니다. 이스라엘이 하나님께로부터 복받을 권리를 누리려면 율법을 지켜서 의롭다 함을 받아 의인이 되어야 했던 것입니다.

이를 대대로 잊지 않게 하기 위하여 하나님은 그들에게 성소를 짓게 하셨습니다. 지성소의 언약궤 안에는 여호와 이름과 계명이 새겨진 돌판을 두게 하셨습니다. 하나님의 입에서 나온 말씀을 받아서 새긴 돌판을 담은 궤를 법궤라고 합니다. 법궤를 덮는 판을 판단의 보좌라고 합니다(시122:5). 성소의 기능은 하나님 입에서 나온 판단을 기억하게 하는 것, 의로운 규례를 기억하여 지켜 행하게 하는 것입니다. 이 수많은 계명을 다 지켜야 할 의무 때문에 이스라엘 백성들은 마음이 늘 무거웠습니다.

그 엄중한 경고에도 불구하고 이스라엘의 역사는 법을 어긴 자들의 말로로 점철되어 있습니다. 이스라엘의 범죄는 그들이 가나안에 정착하여 이방인들과 섞여 살면서 더욱 더 심화되었습니다. 선지자들은 하나님을 대신해서 그들의 죄악을 질타하고 회개를 촉구하였습니다.

> "만일 의인이 돌이켜 그 의에서 떠나서 범죄하고 악인의 행
> 하는 모든 가증한 일대로 행하면 살겠느냐 그 행한 의로운
> 일은 하나도 기억함이 되지 아니하리니 그가 그 범한 허물과
> 그 지은 죄로 인하여 죽으리라"(겔18:24)

하나님은 그들의 패역한 행위를 간과하지 아니하시고 재앙과 저주를 퍼부으셨습니다. 그러니 전쟁을 하면 패하고, 포로로 끌려가기를 반복한 것입니다. 그러던 중 한 선지자는 좀 다른 예언을 합니다.

> "가라사대 그가 자기 영혼의 수고한 것을 보고 만족히 여길
> 것이라 나의 의로운 종이 자기 지식으로 많은 사람을 의롭게
> 하며 또 그들의 죄악을 친히 담당하리라"(사53:11)

하나님이 그의 의로운 종을 보내시겠다는 예언입니다. 그 의로운 종이 지식으로 많은 사람을 의롭게 하고 또 그들의 죄악을 친히 담당하리라는 것입니다. 그 의로운 종이 누구란 말입니까?

> "나 여호와가 말하노라 보라 때가 이르리니 내가 다윗에게
> 한 의로운 가지를 일으킬 것이라 그가 왕이 되어 지혜롭게 행
> 사하며 세상에서 공평과 정의를 행할 것이며"(렘23:5)

의로운 종은 다윗의 후손에서 나올 것이라고 했습니다. 의로운 이로서 인류의 죄를 친히 담당하고 세상에서 공평과 정의를 행할 자가 누구겠습니까? 바로 예슈아 그리스도이십니다.

예슈아 그리스도가 예루살렘 성전 앞에 나타나서서 '너희가 이 성전을 헐라 내가 사흘 동안에 다시 일으키리라'고 말씀하셨습니다(요 2:19). 헐면 일으키리라는 성전은 '성전 된 자기의 육체'를 말씀하신 것입니다. 자기 육체가 죽었다가 다시 살아날 때에는 창조에 속하지 아니한 영원한 성전이 일어난다는 것입니다.

손으로 지은 예루살렘 성전 안에는 여호와 이름이 있습니다. 반면에 말씀이 육신으로 오신 성전 안에는 예슈아 이름이 있습니다. 예루살렘 성전 안에는 모세를 통해서 주신 여호와의 말씀, 즉 율법이 있습니다. 반면에 예슈아께서 죽었다가 부활하실 성전 안에는 아버지의 말씀 곧 진리가 있습니다(요2:21, 1:14).

예슈아의 말씀은 유대인들의 반발을 일으켰습니다. 특별히 바리새인들이 크게 반발했습니다. 의로운 처소인 예루살렘 성전을 헐라니 그들이 격분하는 것은 당연했습니다. 거기다가 성전을 허는 것은 율법을 지키면 의롭게 된다는 유대인들의 믿음을 파기하는 것이었습니다.

예슈아께서 사흘 동안에 다시 일으킬 성전에는 율법으로 죄인 된 자들이 믿음으로 의롭다 함을 받는 법, 곧 진리가 있다는 것입니다.

"의에 대하여라 함은 내가 아버지께로 가니 너희가 다시 나를 보지 못함이요"(요16:10)

예슈아께서 죽었다가 부활하여 아버지께로 가면 사람들이 그를 다시 보지 못한다는 뜻입니다. 다시 말해 예슈아가 곧 의라는 말씀입니다. 그는 자기 자신을 의라고 하실 뿐 아니라 자기가 의롭다 한 자가 의인이 된다고 말씀하셨습니다. 또한 그 자신이 의의 처소가 될 것이며, 그의 말씀으로 인하여 의롭다 함을 받는 새로운 법을 발표하신 것입니다. 그 당시에 어느 누구도 그것을 알아들을 수 없었습니다.

그는 성전에서 기도한 세리와 바리새인의 이야기를 예를 들어 설명하십니다(눅18:9~14). 바리새인은 자기는 율법도 잘 지키고, 금식도 십일조도 틀림없이 잘 이행하고 있다고 자랑스럽게 기도했습니다. 그에 비해 세리는 감히 하늘을 우러러 보지도 못하고 가슴을 치며 자기는 죄인이니 불쌍히 여겨달라고 기도했다고 했습니다. 이에 대한 예슈아의 판단은 '세리가 바리새인보다 의롭다 함을 받았느니라'는 것입니다(눅 18:14).

예슈아께서는 죄인이라고 자백한 자를 의롭다고 하신 것입니다. 그는 의인을 부르러 오신 것이 아니라 죄인을 불러 회개케 해서 의인 되게 하려 오셨기 때문입니다(눅5:32). 이는 이스라엘 역사를 완전히 뒤집어 엎는 것입니다. 바리새인들은 더 이상 참을 수가 없었습니다.

바리새인이란 '바리슘 운동하는 자' 곧 '자칭 의인운동하는 자'라는 뜻입니다. 그들은 주전 400년에 출현하여 예슈아 당시 약 5천 명 정도가 있었다고 합니다. 그들이 의인운동을 시작하게 된 이유는 하나님은 의인이 많은 것을 원하신다고 생각했기 때문입니다. 이는 소돔성 멸망의 때로 역사를 거슬러 올라가야 합니다.

바리새인들은 하나님의 요구인 의인 10명이 없어서 소돔성이 멸망하였다고 생각하였습니다(창18:23~33). 그때 의인 50명만 있었어도 소돔성이 멸망당하지 않았을 것 아닌가? 그러면 이제라도 의인운동을 벌여 의인을 많이 배출하면 하나님이 우리 이스라엘 나라를 다시는 망하지 않고 또 회복시키시지 않겠는가? 그 방책으로 그들은 모세의 율법을 더 확대하여 지켰습니다.

예를 들어 안식일을 범하지 않으려면, 해 떨어지는 시각부터 시작하는 안식일을 아직 해가 중천에 떠있는 오후 3시부터 시작하여 금족령을 내렸습니다. 그리고 그를 범하는 자를 가차없이 처벌하였습니다. 이런 식으로 매 율법조항마다 확장하다 보니 백성들은 더욱 도탄에 헤매게 되었습니다. 이 배경을 안다면 '수고하고 무거운 짐 진 자들아 다 내게로 오라 내가 너희를 쉬게 하리라' 하신 예슈아의 말씀이 실감날 것입니다(마11:28).

유대인들은 예슈아를 그대로 두었다가는 의인운동을 망칠뿐 아니라, 이스라엘나라 회복은 영원히 불가능하게 될 것이라고 생각했습니다. 그래서 시시각각 예슈아를 고소해서 제거할 기회만 엿봤던 것입니다. 결국 대제사장들과 모의하여 예슈아를 죽음에 넘겨주게 되었습니다.

예슈아께서는 죽으시면서 '다 이루었다'고 말씀하셨습니다. 그는 무엇을 다 이루셨습니까?

첫째, 아버지의 계명대로 죽으심으로 아버지의 의로우심을 인정하시고, 자신의 의로운 행동으로 그의 의로우심을 확증받으셨습니다(롬 5:18). '아버지여! 아버지의 말씀이 옳고, 판단도 옳으며, 창세 전에 내게 주신 계명도 옳습니다. 그러므로 나는 그 계명대로 죽습니다.'라는 뜻입니다.

성경은 예슈아의 행동을 '의로운 행동'이라 했고 그 행동으로 말미암아 많은 사람이 의롭다 하심을 받게 되었다고 기록하고 있습니다.

> "그런즉 한 범죄로 많은 사람이 정죄에 이른 것같이 의의 한
> 행동으로 말미암아 많은 사람이 의롭다 하심을 받아 생명에
> 이르렀느니라 한 사람의 순종치 아니함으로 많은 사람이 죄
> 인 된 것같이 한 사람의 순종하심으로 많은 사람이 의인이
> 되리라"(롬5:18~19)

하나님은 창세 전부터 말씀을 의로 정하셨습니다. 창세 전부터 하나님은 말씀으로 심판하시고 형벌하시려 작정하셨습니다. 말씀, 곧 그 의가 육체로 오셨으니 그가 하나님의 아들이십니다. 그는 사람같이 오셔서 사람같이 사셨습니다. 그는 죄인들과 같이 사셨으나 그는 전혀 죄를 범할 수 없는 이, 죄와 상관이 없는 이, 죄를 알지도 못하는 하나님이십니다.

> "하나님이 죄를 알지도 못하신 자로 우리를 대신하여 죄를
> 삼으신 것은 우리로 하여금 저의 안에서 하나님의 의가 되게
> 하려 하심이니라"(고후5:21)

예슈아가 죄인같이 십자가에서 죽으신 것은 아버지의 계명에 대한 순종입니다(요10:18). 그러므로 그는 '의'로서 확정되셨습니다. 이를 '의의 확정'이라고 합니다.

둘째, 선악과를 '먹어도 결코 죽지 않으리라'고 속인 마귀가 심판받았습니다. 영원 전부터 존재하시던 말씀, 그 의로 마귀를 정죄하신 것입니다.

셋째, 범죄한 천사들을 심판하고 형벌하는 하나님의 의도에 쓰임 받은 아담과 그 후손들은 예슈아께서 대신 죗값을 감당하심으로 다시 살 기회를 얻게 된 것입니다. 그를 믿어 의롭게 되어 살 수 있게 된 것입니다.

"예수는 우리 범죄함을 인하여 내어줌이 되고 또한 우리를

의롭다 하심을 위하여 살아나셨느니라"(롬4:25)

하나님은 인류의 범죄로 인하여 예슈아를 내어주셨습니다. 의인으로 하여금 불의한 자를 대신하여 죽게 하신 것입니다. 그 의(義)의 한 행동으로 말미암아 많은 사람이 의롭다 하심을 얻게 된 것입니다(롬5:18).

예슈아께서 죽으실 때, 죄인 두 명이 함께 십자가에서 달려 죽었는데 그 중 예슈아만 다시 살아나셨습니다. 두 명의 죄인은 마땅히 받아야 할 형벌을 받은 것이지만, 예슈아는 아버지의 계명을 지키기 위해 또 인류 대신 속죄 제물이 되기 위해 형벌 받으신 것입니다. 하나님은 예슈아를 다시 살리심으로 그의 죄 없음, 그의 의를 확증하셨습니다(히4:15).

예슈아 그리스도는 하늘과 땅의 모든 권세를 가지고 하늘에 올라 판단의 보좌에 앉으셨습니다. 어떤 사람은 자기가 죽어 하늘에 올라갔었는데, 예슈아 그리스도께서 수정같이 맑은 강가에서 낚시를 하고 계시더라고 간증합니다. 그렇지 않습니다.

예슈아 그리스도는 의는 곧 법, 옮음의 기준입니다. 그는 판단의 보좌에 앉아 사람이든 천사든 영적 존재들을 심판하십니다. 그는 앞으로 산 자와 죽은 자, 의인과 악인을 심판하러 오실 것입니다(딤후4:1). 그의 심판으로 의인은 영생에 악인은 영벌인 지옥에 들어갈 것입니다(마 25:46).

그는 믿는 자에게 성령을 보내 주셨습니다. 성령이 오시자 이 세상에 복음이 전파되었습니다. 복음이 삽시간에 예루살렘과 온 유대와 사마리아와 땅 끝까지 퍼져나갔습니다.

유대인들은 엄청난 충격을 받았습니다. 수천 년 동안 율법을 지켜야 의인이 되고 영생한다고 믿었던 그들에게 죄인이 믿음으로 의로워지고 영생할 수 있다는 복음은 천지가 개벽하는 엄청난 소식이었습니다.

"할례자도 믿음으로 말미암아 또는 무할례자도 믿음으로 말미암아 의롭다 하실 하나님은 한 분이시니라 그런즉 우리가 믿음으로 말미암아 율법을 폐하느뇨 그럴 수 없느니라 도리어 율법을 굳게 세우느니라"(롬3:30~31)

할례자도 무할례자도 믿음으로, 유대인도 이방인도 믿음으로 의롭다 함을 받는다는 것입니다. 구약시대에는 할례 받은 유대인들이 율법의 613가지 조항을 다 지킴으로 의롭다 함을 받고 영생에 들어간다고 믿었습니다. 이제는 할례자뿐 아니라 무할례자까지도 믿음으로 의롭다 함을 받을 수 있게 된 것입니다.

> "그리스도 예수 안에 있는 구속으로 말미암아 하나님의 은혜
> 로 값없이 의롭다 하심을 얻은 자 되었느니라"(롬3:24)

구속(redemption)은 '값을 치르고 되사다'는 뜻입니다. '전에 자기 소유였는데, 현재 다른 사람의 소유된 것을 값을 주고 도로 사다.'라는 뜻입니다. 원래 인류는 하나님의 소유였는데, 마귀의 꾐에 빠져 마귀의 소유로 넘어갔습니다. 예슈아께서 그 흘린 피로 값을 치루시고 마귀의 소유된 전인류를 다시 사신 것입니다. 예슈아가 핏값을 치렀다는 소식이 복음이요, 이를 믿는 자가 값없이 의롭다 함을 받는 것이 복음입니다.

죽을힘을 다 써도 율법 지키기가 거의 불가능한데, 다만 믿음으로 된다고 하니 이것이 얼마나 복음입니까? 복음시대에 태어난 우리는 참으로 감사해야 합니다. 이렇게 된 이유는 한 사람이 모든 사람을 대신하여 죽었은즉 모든 사람이 죄와 함께 죽었기 때문입니다(고후5:14). 내가 태어날 때부터 가지고 나온 원죄, 육체로 지은 자범죄 그리고 마음으로 지은 본죄가 이미 예슈아와 함께 죽었다는 것입니다. 하나님은 이를 믿는 자를 의롭다 하시는 것입니다.

사형수들은 살아있는 몸으로 형무소를 나갈 수 없습니다. 사형 받아 죽은 시체는 나갈 수 있습니다. 아담 안의 전인류는 죗값 사망을 가지고 있는지라 죽지 않고는 마귀의 지배에서 벗어날 수 없습니다.

죄인 된 인류가 형장에서 나오는 유일한 길을 예슈아와 함께 사형 받는 것뿐입니다. 사형을 받으면 사망권세자 마귀의 손아귀에서 합법적으로 나올 수 있습니다. 2천 년 전, 자기 영혼이 예슈아와 함께 십자가에 못 박혀 죽었다는 사실을 믿고 그 피를 영접함으로 의롭다 함을 받는 자는 합법적으로 지옥 권세, 음부 권세에서 벗어날 자격을 받는 것입니다.

이스라엘은 애굽 왕의 지배하에 있는 종의 신분이었습니다. 유월절 밤, 하나님의 약속대로 죽음을 피해 어린 양의 피를 바른 집 안에 있었습니다. 애굽 전역에 장자가 죽는 그 밤, 바로가 항복하는 바람에 그들이 애굽에서 나오게 되었습니다. 도망 나온 것이 아니라 합법적으로 나온 것입니다.

우리는 마귀의 사망권세자의 족쇄에 묶여 마귀와 함께 지옥에 갈 자들이었습니다. 그런데 족쇄를 끊고 합법적으로 나올 수 있게 하신 이가 바로 예슈아 그리스도이십니다. 그의 구속으로 말미암아 우리는 죄 사함을 받았고 의로운 신분이 되었으니 믿음으로 말미암은 의입니다.

이 우주, 눈에 보이는 처음 하늘과 처음 땅은 장차 불타버릴 화형장이 될 것입니다. 언젠가는 반드시 이 일이 일어나고 말 것입니다. 너무 끔찍하고 무서운 장소입니다.

이 형장을 빠져나갈 수 있는 유일한 길은 그의 약속대로 예슈아 그리스도의 의에 거하는 것뿐입니다. 예슈아의 구속의 피 안에 나를 감추고 그 의에 거하는 것입니다. 이런 자들만 새 하늘과 새 땅을 볼 수 있는 것입니다.

> "하나님의 날이 임하기를 바라보고 간절히 사모하라 그 날에
> 하늘이 불에 타서 풀어지고 체질이 뜨거운 불에 녹아지려니
> 와 우리는 그의 약속대로 의의 거하는 바 새 하늘과 새 땅을
> 바라보도다"(벧후3:12~13)

1971년 크리스마스 새벽, 한국의 대연각 호텔에서 큰 화재가 났습니다. 한국에서 일어난 최초의 대형화재인데 영화 타워링(The Towering Inferno)의 소재가 될 정도로 세계적인 뉴스거리였습니다. 그 호텔 투숙객 163명이 거의 다 변을 당했습니다.

그날, 그 장면이 하루 종일 TV로 생중계되었습니다. 고층건물에서 빠져 나오지 못하고 창문을 열고 수건을 흔들며 구조를 요청하는 사람들도 있었습니다. 시간이 지날수록 사람들이 하나둘 사라졌습니다.

그런데 어떤 사람이 헬리콥터에서 던져준 밧줄을 붙잡고 구조를 받는 것이었습니다. 모두 다 숨을 죽이며 그 광경을 보고 있었는데, 그는 벌거벗고 있었습니다. 그 모습을 보던 사람들은 민망해 했지만 정작 그 사람은 그런 생각을 할 여유가 없었을 것입니다. 그가 무사히 구조되자 모든 사람들이 다 박수를 치며 기뻐했습니다.

우리의 의나 행동 가지고 불타는 우주로부터 구원받는 것이 아닙니

다. 다만 예슈아 그리스도의 의 안에 거함으로 안전지대로 피할 수 있는 것입니다.

이런 자를 누가 고소할 수 있겠습니까? 하나님이 의롭다 하신 자를 누가 송사할 수 있겠습니까? 마귀도 율법도 송사할 수 없습니다(롬8:2). 나아가 의로우신 하나님도 우리를 재판하거나 형벌하실 것이 없는 것입니다.

그리스도인은 자기 자신에게 전혀 의가 없음을 아는 사람입니다. 오직 예슈아 그리스도의 완전한 의에 편승하는 사람입니다. 자기의를 가지고는 광대한 우주를 빠져나가 영계 하늘에 들어갈 수 없고, 의로운 하나님 앞에 나아갈 수가 없음을 아는 자입니다. 오직 예슈아 그리스도의 의에 편승하여 그 피를 바르고 새 하늘과 새 땅을 바라보는 자격을 갖춘 것입니다.

요즘은 밧줄에 바구니나 방석 같은 것을 매달아 구조합니다. 그 안에 들어가기만 하면 헬리콥터가 움직일 때 안전하게 운송되는 것입니다. 우리는 하나님 아버지께서 의라고 정하신 예슈아 그리스도의 의에 편승해서 날아가는 것입니다.

> "그러면 이제 우리가 그 피를 인하여 의롭다 하심을 얻었
> 은즉 더욱 그로 말미암아 진노하심에서 구원을 얻을 것이
> 니"(롬5:9)

이제 우리에게 남은 일은 마지막 날 하나님의 진노가 쏟아질 때, 불타

는 우주에서 완전히 빠져나가는 것입니다. 아직도 우주가 존재하고 있는 자체가 우리의 구원이 완성되지는 않았다는 증거입니다.

> "곧 우리가 원수 되었을 때에 그 아들의 죽으심으로 말미암
> 아 하나님으로 더불어 화목되었은즉 화목된 자로서는 더욱
> 그의 살으심을 인하여 구원을 얻을 것이니라"(롬5:10)

하나님과 최초로 불목(不睦)했던 자는 마귀입니다. 나는 예슈아 그리스도로 인하여 하나님과 화목하게 되었습니다. 그렇다면 하나님의 원수가 되는 마귀 짓을 다시는 하지 말아야 합니다.

> "간음하는 여자들이여 세상과 벗된 것이 하나님의 원수임을
> 알지 못하느뇨 그런즉 누구든지 세상과 벗이 되고자 하는 자
> 는 스스로 하나님과 원수 되게 하는 것이니라"(약4:4)

세상과 벗이 되지 말라는 것입니다. 세상의 일락과 부와 향락과 명예와 친해지지 말라는 것입니다. 도무지 세상이 좋아하는 것을 같이 좋아하지 말라는 것입니다.

> "옛 세상을 용서치 아니하시고 오직 의를 전파하는 노아와
> 그 일곱 식구를 보존하시고 경건치 아니한 자들의 세상에 홍
> 수를 내리셨으며 소돔과 고모라 성을 멸망하기로 정하여 재

가 되게 하사 후세에 경건치 아니할 자들에게 본을 삼으셨으며 무법한 자의 음란한 행실을 인하여 고통하는 의로운 롯을 건지셨으니 (이 의인이 저희 중에 거하여 날마다 저 불법한 행실을 보고 들음으로 그 의로운 심령을 상하니라) 주께서 경건한 자는 시험에서 건지시고 불의한 자는 형벌 아래 두어 심판 날까지 지키시며 육체를 따라 더러운 정욕 가운데서 행하며 주관하는 이를 멸시하는 자들에게 특별히 형벌하실 줄을 아시느니라 이들은 담대하고 고집하여 떨지 않고 영광 있는 자를 훼방하거니와"(벧후2:5~10)

노아는 대홍수 전에 사람들에게 의를 전파했습니다. 곧 세상 사람들에게 홍수가 있을 것이라는 하나님의 말씀을 전파한 것입니다. 이것은 오늘날 그리스도인들이 명심하여야 할 말씀입니다. 다만 믿음으로 의롭다 함을 받은 자들에게 주시는 말씀입니다.

창세기 19장에는 롯이 소돔에서 살고 있었다는 것은 보여주지만 그가 어떤 사람인지는 기록하고 있지 않습니다. 그런데 베드로후서는 롯을 '무법한 자의 음란한 행실을 인하여 고통하는 의인'이라고 기록하고 있습니다. 또 '이 의인이 저희 중에 거하여 날마다 저 불법한 행실을 보고 들음으로 그 의로운 심령을 상했다.'고 기록하고 있습니다.

우리는 다만 예슈아 그리스도를 믿음으로 의로운 영혼이 되었습니다. 우리는 세상을 보고 개탄할 필요가 없습니다. 마귀에게 속한 세상이 망할 짓을 하는 것은 당연한 것입니다.

그러나 교회 안에서 성도가 여전히 세상과 똑같이 불의한 짓을 하고 있다면 심령이 고통을 받아야 하고 고민하여야 합니다. 이것이 바로 내가 의로운 자가 되었다는 표증입니다.

내가 하나님 보시기에 의인이 되었다는 증거가 무엇이 있나 생각해 보십시오. 믿음으로 의인이 된 것입니다. 다만 아무것도 한 것이 없이 들은 것을 인정한 것밖에 없는데 의롭다고 하신 것입니다. 그렇다면 이 의는 아무 것도 한 것 없이 공짜로 주어진 것입니다. 그래서 나는 천당에 제1번으로 들어간다고 생각할 수 있으나 사실은 그렇지 않습니다.

만약 의로운 심령이 되었다면 세상과 벗이 되는 것을 피할 뿐만 아니라 세상과 원수가 되고 불법한 일에 대해서 고통하고 고민해야 합니다. 저는 저 자신을 위해서도 고민하지만 우리 성도들 중에서 이제 겨우 의에 거하여 안전지대로 가고 있는데 혹이 이것을 포기할까봐 고민합니다.

마지막으로 의로운 자는 의의 처소에 거하는 자입니다(렘31:23). 예슈아 그리스도의 몸이 의로운 처소인 예루살렘 성전을 대신했습니다. 오늘날은 그의 몸 된 교회가 의로운 처소를 내신하고 있습니다.

의로운 처소인 교회 안에 거해야 합니다. 아무리 힘들고 어려워도, 심지어 조롱을 받아도 떠나면 안 됩니다. 의의 처소 안에 있어야만 새 하늘과 새 땅에 들어갈 수 있는 것입니다.

나는 예슈아 피의 밧줄을 붙잡고 있는 자입니다. 그 예슈아의 피의 밧줄을 붙잡고 다만 믿음으로 의롭다 함을 받았고, 의로운 신분이 되었습니다. 마침내 구원을 받으려면 이 상태를 끝까지 지속해야 합니다. 불타는 우주를 빠져나가 아버지 집에 안착할 때까지 아무리 힘들어도 붙잡은 구조 밧줄을 움켜잡아야 합니다. 믿음으로 의롭게 되는 신분을 값없이 받았지만 그 완성은 새 하늘과 새 땅에 발을 디뎌야 이뤄질 것입니다. 차라리 죽을지언정 의에 거하는 자가 되시기를 예슈아 이름으로 축원합니다.

의에 거하는 자

성경본문 (벧후3:7~13)

하나님은 의로우신 분이다(시119:137).
그의 말씀, 그의 판단이 의로우시고(시119:75, 123)
의로운 일을 행하시며(시103:6)
그는 의로운 자에게 그 의로운 대로 갚으시되(왕상8:32)
그의 얼굴을 뵙게 하시는 분이다(시17:15).

신앙은 그를 믿음으로 의롭다 함을 받음이요(롬3:30),
신앙생활은 진노의 날에 구원받기 위해 의에 거하는바(롬5:9, 벧후3:13)
음부(우주)가 영영한 화형장이 될 때 빠져나가기 위함이다.

의(義)란 옳음, 옳음의 기준이라
나라마다, 시대마다 다른바 그 양심도 각각 다르나
성경은 절대의, 곧 유일하신 하나님의 의에 대해 말하고 있는바
아담에게 하나님 말씀을 범하게 함으로 사망을 안겨 준 마귀로(창2:17, 3:4~6)
사망권세자가 되게 하고(히2:14)
하나님의 아들이 여인의 후손으로 와서 사망함으로(창3:15)
하늘에서 반역한 사단을 심판하는 하나님의 의도를 이룸이다(벧후2:4, 유6).

이스라엘을 거룩한 백성이라 함은(출19:6)
하나님의 입에서 나온 말씀, 곧 율법으로 다스림 받는 백성이요(대상16:12),
여호와 이름 있는 성소를 의로운 처소라 함은(렘31:23)
의로운 규례(돌비)가 있는 법궤 위에 판단의 보좌가 있음인바(시122:5)
의로운 자를 의롭다 하고, 악인을 정죄하는 법으로니(신25:1)
계명 중 한 가지만 범해도 죄 중에 죽어야 하는 법이다(겔33:13).

예언대로 많은 사람들의 죄악을 친히 담당하여 의롭게 할(사53:11)
한 의로운 종이 나타나셨으니 곧 다윗의 뿌리에서라(렘23:5)
예슈아께서 성전을 헐면 사흘 동안에 일으키리라 하심은
성전 된 자기 육체의 죽음과 부활로(요2:19~20)
여호와 이름이 있는 의로운 처소를 헐고
예슈아 이름이 있는 의로운 처소를 일으킴으로

의인을 의롭다 하고 악인을 정죄하는 율법을 헐고(신25:1)
죄인을 불러 의롭게 하려 진리로 오신바(막2:17)
그가 의롭다 하는 자가 의로워지는 법이니(눅18:14)
그는 태초에 계신 말씀, 곧 의 자체이심이다(요1:1, 14).

그는 죽으시며 다 이루었다 하셨으니(요19:30)
① 계명대로 죽으시며 아버지만이 의로우심을 인정하시고(요10:18)
　 그 의로운 행동으로 자기의 의로우심을 확정 받으심(롬5:18).
② 죄의 원흉 마귀를 심판하심(요일3:8).
③ 의의 행동으로 많은 사람을 의롭게 하심이다(롬5:18, 벧전3:18).

그의 부활은 그가 의이심을 확증하고(요16:10)
그는 영계 하늘에 있는 판단의 보좌에 앉으셨으니
거기서 의인과 악인을 심판하신다(행24:15, 고후5:10).

성령이 임하자 복음이 삽시간에 전파되었으니
예슈아의 구속을 믿음으로 값없이 의롭다 함을 받는 법이라(롬3:24).
그의 피를 영접하여 심령에 바른 자는 의에 거하는바
모든 장자가 죽는 날, 양의 피를 바르고
합법적으로 애굽에서 해방 받은 이스라엘과 같이
마지막 아담 예슈아와 나 영혼이 죄와 함께 죽었으므로(고후5:14)
영영한 감옥, 우주에서 합법적으로 벗어나게 됨이니
마귀는 송사하지 못하고, 율법은 정죄하지 못하며(롬8:2, 33)
의로운 재판장이신 하나님은 형벌하실 일이 없어졌다(요일2:1).

그리스도인은 예슈아 그리스도의 의에 편승한 자라
마지막 날 불타는 우주에서 구원받기 위해
① 세상과 벗하지 아니함(약4:4, 벧후2:5~6).
② 무법한 행실을 인하여 고통함(벧후2:8).
③ 의로운 처소인 교회에 죽자고 붙어있는 자니
　 영원한 안전지대 새 하늘과 새 땅에 이르기까지다.

오! 주여,
세상이 뭐라고 비웃든, 마귀가 뭐라고 송사하든
나는 예슈아의 핏줄을 끝까지 놓치지 않을 것입니다.
나의 의는 오직 예슈아 피밖에 없습니다. 아멘.

5

죄사함의 은혜

에베소서 1:7

하나님은 자비하시고 은혜로우신 분입니다(출34:6). 그는 아비가 자식을 불쌍히 여김 같이 그에게 나아와 죄를 자복하고 버리는 자를 불쌍히 여기시는 분입니다(시103:13, 잠28:13).

신앙은 자비하시고 은혜로우신 하나님 앞에 돌아와 죄를 고하고 죄사함을 받는 것입니다. 이리해야 하는 이유는 하나님은 죄지은 자는 반드시 형벌하시지만, 그에게 돌아온 자, 자기 죄를 자복하고 버리는 자는 오히려 긍휼히 여기시기 때문입니다.

> "너희는 옷을 찢지 말고 마음을 찢고 너희 하나님 여호와께
> 로 돌아올찌어다 그는 은혜로우시며 자비로우시며 노하기를

더디하시며 인애가 크시사 뜻을 돌이켜 재앙을 내리지 아니
하시나니"(욜2:13)
"하나님이여 주의 인자를 좇아 나를 긍휼히 여기시며 주의
많은 자비를 좇아 내 죄과를 도말하소서"(시51:1)

　신앙생활은 영원한 자비를 얻기 위하여 살아있는 동안, 내 이웃과 형제의 과실을 용서하는 생활입니다(사54:8, 마6:14).
　사람이 죽으면 그 영혼이 육체를 떠납니다. 그때 영혼이 이 죄악 세상, 음부를 빠져나가면 거기가 하늘나라요, 못 빠져나가면 나중에 지옥될 곳, 음부에 남아 있는 것입니다. 그렇기 때문에 죽는 순간이야말로 하나님의 영원한 자비가 필요합니다. 하나님이 나를 정말 불쌍히 여기셔서 나 영혼을 받아주셔야 합니다.
　또한 앞으로 우리가 하나님께 불쌍히 여김 받아야 할 날이 있기 때문에, 이 땅에 살아있는 동안 내 이웃이나 형제를 불쌍히 여기며 그의 과실을 용서해야 하는 것입니다.
　죄 없는 사람은 없습니다. 그런데 그 죄에 대해 용서받았느냐 안 받았느냐는 것은 전혀 다른 문제입니다. 이에따라 운명이 전혀 달라지는 것입니다. 죄를 지었다 할지라도 용서를 받으면 자유인으로 살 수 있습니다. 그러나 용서 받지 못하면 죗값을 치르러 형무소에 수감되거나 사형을 당하기도 합니다. 용서의 유무는 하늘과 땅 차이, 천당과 지옥 차이인 것입니다.
　예슈아께서 제자들에게 가르쳐주신 주기도문의 내용을 보면 하나

님을 위해 세 가지, 또 자기자신을 위해 네 가지, 모두 일곱 가지로 되어 있습니다. 우리 자신을 위한 기도 중 하나가 '우리가 우리에게 죄 지은 자를 사하여 준 것같이 우리 죄를 사하여 주옵소서.'입니다(마6:12).

우리가 예슈아를 믿기 전에는 하나님을 아버지라 부르지도 않았고 기도도 하지 않았는데 이제 하나님을 아버지라고 부르게 되었습니다. 그 아버지에게 기도할 때, '우리의 죄를 사하여 주옵소서'라고 한 것을 보면 우리의 죄는 끝없이 용서를 받아야 하는 것입니다.

> "너희가 사람의 과실을 용서하면 너희 천부께서도 너희 과
> 실을 용서하시려니와 너희가 사람의 과실을 용서하지 아니
> 하면 너희 아버지께서도 너희 과실을 용서하지 아니하시리
> 라"(마6:14~15)

하나님 아버지에게 용서받기 위한 전제가 있는 것입니다. 내가 먼저 내게 죄 지은 자를 용서해 주어야 하는 것입니다. 이는 불신자에게 하시는 말씀이 아니라 그리스도인에게 하시는 말씀입니다. 이렇게 용서는 신앙에 있어서 천당과 지옥을 가르는 중요한 것입니다.

천사와 사람은 다 영적 존재입니다. 천사는 하늘에서 지음 받았고 사람은 우주 안에서 지음 받았습니다. 천사와 달리 사람은 하나님께 죄사함이라는 선물을 받기로 작정하고 지어졌습니다. 그러나 천사는 한번의 범죄도 용서 받지 못합니다.

영계 하늘에서 천사장 루시엘과 천사들이 함께 작당을 했습니다. 루

시엘이 '내가 하나님 같이 되리라 내가 지극히 높은 자와 비기리라'고 했을 때 천사 삼분의 일이 이에 동조한 것입니다.

하나님은 범죄한 천사들을 용서치 않으시고 음부에 가두셨습니다. 큰 날 심판 후 지옥 불에 던지기로 작정하신 것입니다. 이로 하나님의 아들이 와서 그를 심판하시는 계획이 개진(開進)된 것입니다.

아담이 하나님께서 금하신 선악과를 먹은 것은 단순한 죄가 아닙니다. 하와가 선악과를 먹은 동기는 먹어도 결코 죽지 않을 뿐 아니라 먹으면 '하나님과 같이 되리라'라는 마귀의 말에 유혹을 받은 것입니다. 이는 루시엘, 곧 루시퍼가 범죄한 동기와 같습니다. 결국 루시퍼와 하와는 동일한 사단적인 죄를 저지른 것입니다.

하나님은 마음 한번 잘못 먹은 천사는 용서치 아니하시고 형벌을 확정하셨습니다. 그런데 똑같은 죄를 범한 아담은 추궁하십니다. 하나님이 '어찌하여 네가 이리하였느냐' 하시니 아담은 '내가 그 여자 때문에 그리하였나이다'라고 대답했습니다. 그러자 이제 하나님은 하와를 추궁하십니다. 하와는 '뱀이 속여서 내가 먹었나이다'고 변명합니다. 그러나 하나님은 뱀에게는 변명할 기회를 주시지 않고 그냥 '여인의 후손이 너의 머리를 상하게 할 것이요 너는 그의 발꿈치를 상하게 할 것이니라'고 선고하셨습니다.

하나님이 아담과 하와를 에덴동산에서 쫓아내시기 전, 그들에게 가죽옷을 지어 입히셨습니다. 마치 속썩이는 자식을 혼내 주려고 내쫓는 부모가 '야, 인마 이 추운데 외투는 입고 가.' 하는 것같이, 아담과 하와에 대한 하나님의 미련이 보입니다.

"이는 저가 우리의 체질을 아시며 우리가 진토임을 기억하
심이로다"(시103:14)

하나님이 인간에게 은혜 베푸시는 이유는 인간의 체질이 다만 흙, 진
토임을 아시기 때문입니다.

개도 쥐도 흙으로 만들어졌습니다. 사람도 흙으로 만들어졌기 때문
에 사람이 짐승과 별다르지 않음을 하나님은 아십니다. 그래서 하나님
은 앞으로 그들을 용서할 계획을 가지고 가죽옷을 입히신 것입니다.

하나님이 이스라엘을 자기 백성으로 택하셨습니다. 애굽에서 종살
이하던 그들을 해방시켜 광야로 이끌어 내셨습니다. 그들에게 율법을
주시고 그들이 지켜야 할 계명을 주셨습니다. 만일 계명을 범하는 자는
불쌍히 보지 말고 용서 없이 죽이라고 하셨습니다.

"너는 그 여인의 손을 찍어 버릴 것이고 네 눈이 그를 불쌍히
보지 말찌니라"(신25:12)

그러나 그들이 여호와 하나님께 돌아오면 하나님은 그들을 받아주
셨습니다.

"...너희 하나님 여호와는 은혜로우시고 자비하신지라 너희
가 그에게로 돌아오면 그 얼굴을 너희에게서 돌이키지 아니
하시리라 하였더라"(대하30:9)

율법이 있기 전에도 전인류는 아담에게 물려받은 원죄(原罪)가 있습니다. 그 때문에 인류는 아무도 영원한 형벌을 피할 자가 없습니다.

이스라엘에게 율법을 주신 이유는 그들이 계명을 범하고 '나는 죄인'임을 자각한 후 하나님께 돌아오게 하려는 것이었습니다. 그들이 회개하고 돌아오면 하나님은 용서해 주시려는 계획을 가지고 계신 것입니다.

선지자들도 하나님의 뜻을 알게 하려고 노력했습니다.

> "나 곧 나는 나를 위하여 네 허물을 도말하는 자니 네 죄를 기억지 아니하리라"(사43:25)
> "내가 네 허물을 빽빽한 구름의 사라짐 같이, 네 죄를 안개의 사라짐 같이 도말하였으니 너는 내게로 돌아오라 내가 너를 구속하였음이니라"(사44:22)

자비하신 하나님께 돌아가는 표적물로 세워진 곳이 성소입니다. 의인이라고 자부하는 사람이 아니라 '나는 죄인입니다. 나는 죽는 것이 무섭습니다.' 하는 사람이 죄로 인해 죽임 당하기 직전에 살려고 하나님께 서둘러 돌아가는 곳이 성소입니다.

성소의 중심은 속죄소입니다. 이 속죄소를 자비의 보좌(Mercy Seat) 또는 은혜의 보좌라고 합니다(히4:16). 속죄소는 돌비를 담은 궤를 덮고 있는데 이 궤를 언약궤, 증거궤 또는 법궤라고 합니다.

속죄소는 하나님이 죄를 용서해 주시는 곳입니다. 속죄소에 뿌린 대속물의 피를 보고 하나님은 죄를 도말하시고 용서해 주십니다.

제사를 지낼 때 제물은 필수입니다. 황소든지 염소든지 양이든지 제물을 가지고 온 사람은 증인이 되는 제사장 앞에서 제물의 머리에 손을 얹고 '나는 이런 이런 죄를 지었습니다.' 하고 고백합니다. 그러면 그 고한 죄가 제물의 머리로 옮겨지는 것입니다(레16:21). 그 제물을 죽인 후, 그 피를 단에 뿌리고 또 속죄소에 뿌립니다(레5:9, 16:15). 그 제물은 사람들의 죄 때문에 대신 죽은 것입니다. 제물이 대신 죗값을 치렀다는 증거가 바로 제물의 피입니다.

> "또 백성을 위한 속죄제 염소를 잡아 그 피를 가지고 장 안에
> 들어가서 그 수송아지 피로 행함같이 그 피로 행하여 속죄소
> 위와 속죄소 앞에 뿌릴찌니"(레16:15)

속죄제때 두 마리 제물을 씁니다. 그 중 한 마리는 '여호와를 위한' 제물로 죄를 가지고 죽어 속죄하고, 다른 한 마리는 '아사셀을 위한' 제물로 산 채로 광야로 보냅니다(레16:9~10).

> "아론은 두 손으로 산 염소의 머리에 안수하여 이스라엘 자
> 손의 모든 불의와 그 범한 모든 죄를 고하고 그 죄를 염소의
> 머리에 두어 미리 정한 사람에게 맡겨 광야로 보낼찌니 염
> 소가 그들의 모든 불의를 지고 무인지경에 이르거든 그는 그
> 염소를 광야에 놓을찌니라"(레16:21~22)

'아사셀'은 죄를 먹고 사는 괴물로 광야에 산다는 전설이 있었습니다. 제사장이 백성이 고한 죄를 산 제물에게 안수하여 죄를 전가한 후, 광야로 끌고 나가 사람이 없는 곳에 이르면 염소를 놓아줍니다. 그러면 그 염소는 아사셀에게 잡혀 먹혀 다시는 집으로 돌아오지 못합니다. 속죄 제사는 하나님께 고한 죄를 다시는 하나님이 기억하지 않으신다는 표입니다.

성전은 짐승이 대신 죗값을 갚고 죄인이 죄사함 받는 장소입니다. 이스라엘 사람들에게 성전은 단순히 신의 가호를 비는 그 이상의 의미를 가지고 있습니다.

이 성전 앞에 예슈아께서 나타나 '너희가 이 성전을 헐라 내가 사흘 동안에 일으키리라'고 말씀하셨습니다(요2:19). '아니, 하나님께 용서받을 길을 없어지게 하다니, 이런 망할 자는 없애 버려야 한다.' 예슈아의 하신 말씀이 그들에게 혐오를 불러일으킨 것은 당연합니다.

그러나 예슈아께서는 성전을 헐라고만 하신 것이 아니라 '너희가 헐면 내가 사흘 동안에 일으키리라'고 말씀하셨습니다. 그것은 성전 된 자기 육체를 가리켜 말씀하신 것입니다(요2:21).

예루살렘 성전에는 여호와 이름이 있었습니다. 여호와의 계명을 범한 자는 용서치 말고 죽이라고 명령합니다. 그러나 여호와는 자비하시고 은혜로우사 그에게 와서 죄를 자복하는 자의 죄를 용서하시고 도 말하시는 분입니다. 그러니까 죄인이나 제물, 둘 중 하나는 죽어야 합니다.

예슈아께서 성전을 헐라고 하신 것은 이제는 염소나 황소나 양 같은 짐승이 아니라 하나님의 아들이 죄인 대신 속죄 제물이 되시겠다는 뜻입니다.

사실 이스라엘 땅에 있는 양이나 염소들은 억울합니다. 사람이 죄를 지으면 그 죄를 대신해 하루에도 수십, 수백 마리가 그렇게 죽어가니 말입니다.

침례 요한은 예슈아를 보고 '보라 세상 죄를 지고 가는 하나님의 어린 양이라'라고 소리쳤습니다(요1:29). 예슈아 스스로도 자기를 대속물이라고 말씀하셨습니다.

> "인자가 온 것은 섬김을 받으려 함이 아니라 도리어 섬기려
> 하고 자기 목숨을 많은 사람의 대속물로 주려 함이니라"(마
> 20:28)

그가 자기를 가리켜 인자(人子), 곧 사람의 아들이라고 말씀하셨습니다. 그는 본디 하나님의 아들, 곧 하나님이심에도 불구하고 사람이 지은 죄를 대신 갚는 제물 되기 위해 사람으로 오셨기 때문입니다.

하나님은 죄를 벌하시지, 죄인을 벌하기 원치 않으십니다. 하나님은 죄의 원흉 마귀의 범죄는 용서치 아니하시고 끝내 벌하시지만 사람의 죄는 사하기 원하십니다.

> "예수께서 배에 오르사 건너가 본 동네에 이르시니 침상에
> 누운 중풍병자를 사람들이 데리고 오거늘 예수께서 저희의

믿음을 보시고 중풍병자에게 이르시되 소자야 안심하라 네
죄사함을 받았느니라 어떤 서기관들이 속으로 이르되 이 사
람이 참람하도다 예수께서 그 생각을 아시고 가라사대 너희
가 어찌하여 마음에 악한 생각을 하느냐 네 죄사함을 받았느
니라 하는 말과 일어나 걸어가라 하는 말이 어느 것이 쉽겠
느냐 그러나 인자가 세상에서 죄를 사하는 권세가 있는 줄을
너희로 알게 하려 하노라 하시고 중풍병자에게 말씀하시되
일어나 네 침상을 가지고 집으로 가라 하시니 그가 일어나 집
으로 돌아가거늘 무리가 보고 두려워하며 이런 권세를 사람
에게 주신 하나님께 영광을 돌리니라"(마9:1~8)

예슈아께서 어떤 중풍병자가 병상에 누워있는 것을 보셨습니다. 그
중풍병자에게 믿음이 있는 것을 보시고 '소자야 안심하라 네 죄사함을
받았느니라'고 말씀하셨습니다.

그곳에 서기관들이 있는 것을 예슈아는 다 아셨습니다. 서기관은 율
법사로 사람들이 율법을 지키는지 범하는지에 항상 초미의 관심을 가
지고 살펴보는 자들입니다. 그들이 예슈아를 따라다니며 그의 발언, 행
적을 유심히 지켜보는 이유는 혹 송사할 기회를 포착하려는 것이었습
니다. 예슈아는 그것을 뻔히 아십니다. 자신의 발언이 그들에게 어떤
반응을 일으킬지 너무 잘 아셨습니다.

서기관들은 예슈아의 말씀에 대해 '아니, 사람으로서 어찌 죄사함을
받았다는 말을 할 수 있단 말인가? 까다로운 절차를 다 밟고 제물이 죽

어야 받는 것이 죄사함인데, 어찌 사람이 되어 그런 말을 한단 말인가? 이것은 죄를 사하시는 하나님의 권위에 대한 도전이다. 참람하다!'라고 생각했습니다.

예슈아께서는 그들의 생각을 아시고 '네 죄사함을 받았느니라 하는 말과 일어나 걸어가라고 하는 말중에 어느 것이 쉽겠느냐?'라고 물으셨습니다. 죄사함 받았다고 말하는 것이 더 쉬운 일 같지만 이스라엘의 역사와 정서를 안다면 이건 위험천만한 발언인 것입니다. 그럼에도 그런 말씀을 하신 것은 인자가 온 목적, 곧 죄사하는 권세를 행하려 하나님이 사람으로 오셨기 때문입니다.

인자는 말씀이 육신이 되어 오신 이, 곧 하나님이 사람으로 오신 이를 말합니다. 그는 본질적으로 하나님의 품속에 계시던 말씀, 곧 하나님이십니다. 그런데 그가 여인의 몸을 통해서 사람으로 오신 것입니다. 세상에 인생들의 노고가 얼마나 중다한지 시찰하러 오신 것이 아닙니다. 죄 때문에 지옥에 갈 인류 대신 그가 죽음으로 죄를 속하러 오신 것입니다.

'소자야, 네 죄사함 받았으니 침상을 들고 일어나 걸어라.'하신 그의 말씀대로 중풍병자가 일어나서 걸었습니다. 예슈아의 말씀대로 일어나서 걷는 것을 보니 그의 말씀대로 죄사함을 받은 것입니다. 이를 지켜보던 사람들이 하나님께 영광을 돌렸습니다.

예슈아께서는 병자들을 볼 때 늘 불쌍히 여기셔서 고쳐주셨지만, 그보다 더 중요하게 여기신 것은 그들의 영혼이 죄사함 받는 것이었습니다. 예슈아는 자기자신이 육체 있는 인간들을 불쌍히 여긴 자비하신 하나님이심을 보여주신 것입니다.

과연 누가 예슈아를 가장 많이 사랑할 수 있는가에 대해 말씀하십니다(눅7:36~50). 그는 동네에서 유명한 죄인인 한 여자에 대해 말씀하십니다. 어쩌면 창녀이지 싶습니다.

예슈아께서 어느 바리새인 집에 있다는 소문을 듣고 그녀는 그 집으로 들어갑니다. 당시에 그런 여자는 바리새인의 집에 감히 가까이 갈 수 없었습니다. 그런데 용기를 내어 자기가 가지고 있는 가장 소중한 향유 옥합을 가지고 들어갑니다. 들어가자마자 예슈아 앞으로 가서 그 앞에 무릎을 꿇습니다. 가지고 온 향유를 예슈아의 몸에 붓습니다. 그리고는 그의 발에 눈물을 흘리며 그 머리털로 발을 닦습니다.

그를 보고 있던 바리새인들은 속으로 '저 예슈아라는 자는 저런 여자가 자기 발을 만지는 것을 놔두는 것을 보니, 분명 선지자도 아니다.'라고 생각했습니다. 바리새인들은 죄인과는 동석도 하지 않고, 음식도 같이 먹지 않습니다. 그들 생각엔 예슈아가 최소한 선지자만 되었어도 저 여자가 죄인인 것을 알았어야 했기 때문입니다.

그때 예슈아께서 베드로에게 말씀하십니다. '어떤 두 사람이 빚을 졌는데 한 사람은 오백 데나리온을 졌고 어떤 사람은 오십 데나리온을 졌다. 두 사람이 다 갚을 능력이 없는고로 주인이 불쌍히 여겨 둘 다 탕감해 주었다. 그 둘 중에 어떤 사람이 빚 탕감해 준 사람을 더 사랑하겠느냐'고 물으셨습니다.

베드로가 '많이 탕감 받은 자가 더 사랑할 것입니다.'고 말하자, 예슈아께서 '맞다. 저의 많은 죄가 사하여졌기 때문에 저의 사랑함이 많은 것이다.'라고 하셨습니다. 적게 사함 받은 자는 적게 사랑하고 많이 사함 받은 자는 많이 사랑한다는 것입니다.

여러분! 여러분들은 예슈아를 많이 사랑하십니까? 적게 죄 짓고 적게 사함 받으면 적게 사랑하는 것입니다. 많이 죄 짓고 많이 사함 받으면 많이 사랑합니다.

어떤 사람은 '왜 그리 목사님은 믿음이 대단합니까?' 하고 묻습니다. 믿음이 안 자라고 예슈아를 많이 사랑하지 않는 이유는 죄를 적게 사함 받았기 때문입니다. 저는 누구보다도 그 여자의 마음을 알 것 같습니다. 바울이 자신을 죄인 중에 괴수, 만물의 찌끼, 벌레라고 하였는데, 나는 진정으로 그가 표현한 것 하나하나가 다 나를 말하는 것이라 느낍니다. 이런 자가 주님을 사랑하는 것은 너무 당연한 것입니다. 그러다보면 형제까지도 사랑할 수 있는 것입니다.

> "너희는 스스로 조심하라 만일 네 형제가 죄를 범하거든 경계하고 회개하거든 용서하라 만일 하루 일곱 번이라도 네게 죄를 얻고 일곱 번 네게 돌아와 내가 회개하노라 하거든 너는 용서하라 하시더라"(눅17:3~4)

경계라는 말은 경고하라는 말입니다. 죗값이 얼마나 무섭다는 것을 알려주라는 것입니다. 율법은 '죄인 즉 죽음'을 말합니다. 율법을 죄와 사망의 법이라고 하는 이유입니다. 수천 년 동안 율법은 그것을 가르쳐 주며 시행하게 한 것입니다. 율법을 아는 만큼 죄를 아는 것이고 율법의 권세를 인정하는 것만큼 죗값 사망을 무서워하는 것입니다.

그러나 하나님은 자비하신 분이기 때문에 그에게 돌아와 자기의 죄를 고하는 자를 불쌍히 여기십니다. 그가 가져온 제물로 죗값을 대신 치르게 하시고 죄를 사해 주십니다. 그래서 예슈아께서 '나는 율법을 폐하러 온 것이 아니라 온전케 하러 왔다.'고 하신 것입니다.

저는 성경을 읽을 때 창세기부터 읽으라고 권합니다. 옛날에는 '쪽복음'이라고 해서 복음서 한 권만 들고 다녔습니다. 그런데 '쪽복음'만 읽어선 안됩니다. 왜냐하면 예슈아가 누구시고 그가 하신 일이 무엇이며, 그 일이 나에게 어떤 은혜가 되었는지 알려면 율법의 무시무시한 시대를 지나가야 하기 때문입니다.

율법을 통해서 죄가 얼마나 무서운 것인지 알아야 합니다. 율법에는 용서라는 법이 없습니다. 죄인이 죽든 제물이 죽든 죗값은 반드시 죽음으로 치러야 하는 것이 율법입니다. 하나님이 자비로우시기 때문에 사람 대신 제물이 죽는 법을 만드신 것입니다. 이것이 바로 하나님의 은혜입니다.

알고 보면 율법은 선한 법입니다. 율법은 죄인들을 붙잡아 예슈아 그리스도에게 인계하는 법입니다. 그래서 율법을 몽학선생이라고 하는 것입니다.

예슈아께서 '나는 고난을 받고 죽임을 당할 것이다'라고 예언하신 대로 잡혀가 죽게 되었습니다. 그가 죽음을 피하려고 하셨으면 얼마든지 피할 수 있었음에도 그는 일체 반항하지 않으셨습니다. 마치 도살장에 끌려가는 양같이 사슬에 묶여 뭉치에 맞아 가면서 묵묵히 골고다 언덕을 오르셨습니다.

양이 죽을 때는 일절 소리를 내지 않는다고 합니다. 개를 잡을 때는 온 동네방네가 시끄럽습니다. 그런데 양은 죽을 때 콕 죽는다고 합니다. 어느 교회에서 실제로 양을 잡아 봤다고 합니다. 정말로 양이 아무 소리 내지 않고 죽는 것을 보고 모든 사람들이 다 울었다고 합니다.

십자가에 못 박히신 예슈아는 원망 한 마디, 불평 한마디 하지 않으셨습니다. 그를 처형하는 자들은 온갖 희롱을 다하며 그를 최대로 괴롭혔습니다. 그와 함께 달린 강도까지도 조소했습니다. '네가 메시아냐? 그러면 너도 살고 나도 살려 보라.'고 야유했습니다. 그럼에도 예슈아께서는 '아버지여, 저들의 죄를 사하여 주소서. 저들이 알지 못하고 그리하나이다.'라고 기도하셨습니다. 그러고는 '다 이루었다'고 말씀하신 후 운명하셨습니다. 그는 무엇을 다 이루셨습니까?

첫째, 아들이 대신 죽음으로 아버지가 마음 놓고 인류를 용서하실 수 있는 길을 터주신 것입니다.

둘째, 마귀를 심판하심으로 하나님같이 되려는 자의 결국을 판례(判例)로 남기셨습니다.

셋째, 그 구속의 피로 인류를 위한 영원한 속죄를 단번에 이루셨습니다(히10:10).

> "또 저희 죄와 저희 불법을 내가 다시 기억지 아니하리라 하셨으니 이것을 사하셨은즉 다시 죄를 위하여 제사드릴 것이 없느니라"(히10:17~18)

하나님은 이제 인류에게 망각의 은총을 마음껏 베푸시게 된 것입니다. 아들의 피를 보면 인류의 죄를 기억하지도, 형벌하지도 않게 되셨습니다.

망각(忘却)은 건망증하고 다릅니다. 건망증은 잠시 잊어버리는 것을 말합니다. 그러나 망각은 완전히 싹 잊어버리는 것입니다. 전혀 생각이 나지 않는 것을 말합니다. 기억이 나는 것을 참는 것이 아니라 아예 기억이 나지 않는 것입니다. 인류의 죗값을 아들이 치렀기 때문에, 하나님은 아들의 피 묻은 영혼을 볼 때, 전혀 죄가 생각나지 않으신다는 말입니다. 이래서 은혜이고, 이래서 복음입니다.

예슈아 그리스도는 자기 일을 다 마치셨고 아버지는 그를 살려 하늘 보좌에 앉히셨습니다. 그는 일찍 죽임을 당한 흔적, 곧 자기 죄가 아니라 인류의 죄를 가지고 죽은 흔적을 가진 어린양으로 보좌에 앉아계십니다. 그래서 그 보좌를 은혜의 보좌(Mercy Seat)라고 하는 것입니다. 그가 망각의 은총의 보좌에 앉아 계심으로 그의 피를 힘입고 그 앞에 나아오는 자의 어떤 죄도 묻지 아니 하시는 것입니다.

예슈아께서 승천하신지 몇 날이 못 되어 성령을 보내주셨습니다. 이때로부터 유대인이든지 헬라인이든지 야만인이든지 모든 족속에게 복음이 전파되기 시작했는데 그 내용은 '네 죄사함 받았으니 믿으라.'는 것입니다. 2천 년 전, 내가 태어나기도 전, 어떤 죄를 짓기도 전에 하나님의 아들이 나의 죗값을 치르셨다는 것을 사실로 받아들이라는 것입니다. 다시 말해 '네 죄가 속함 받았으니 믿으라. 그리하면 네 죄가 사함 받으리라.' 이것이 복음입니다.

베드로도 '너희가 회개하고 예수 이름으로 침례를 받으면 죄사함을 얻으리라.'고 전했습니다(행2:38). 바울도 '너희가 그 이름을 힘입어 죄사함을 얻으리라'고 했습니다(행10:43).

복음의 핵심은 '죄사함'입니다. 예슈아 믿으면 팔자 고치고, 예슈아 믿으면 번영하는 것이 아니라 예슈아 믿으면 죄사함 받는 것입니다. 하나님의 망각의 은총을 힘입는 것입니다. 죄사함이 예슈아를 믿는 절대적 동기여야 합니다.

누구든 나를 아는 사람은 다 나에 대한 어떤 선입관을 가지고 있습니다. 부모는 부모대로, 형제는 형제대로, 친구는 친구대로, 선생님은 선생님대로 다 선입관을 가지고 있습니다. 그래서 나를 보면 곧 그 선입관이 컴퓨터보다 더 빠른 속도로 드르륵 떠오릅니다. 그래서 나는 나를 아는 사람 앞에 언제나 떳떳하게 나아갈 수 없습니다.

그러나 천상천하의 단 한분! 하늘에 계신 우리 아버지에게는 떳떳하게 나아갈 수 있습니다. 하늘에 계신 우리 아버지 앞에 어린양의 피를 힘입고 나아가는 것입니다. 비록 '나는 마땅히 지옥에 갈 죄인이지만, 나는 당신이 내 죄를 지고 나 대신 죽으신 것을 믿습니다. 다만 그 피를 힘입고 당신 앞에 나왔사오니 내 죄를 사하여 주옵소서.'라고 할 수 있는 것입니다. 이것이 믿음입니다.

믿는 사람도 여전히 실수하고 죄를 짓습니다. 그 때문에 부끄러워하고 두려워합니다. 그렇다고 자포자기하고 지옥에 갈 수는 없습니다. 그럴 때 오직 생각나는 것은 예슈아의 피입니다. 뻔뻔스럽지만 그 피를 힘입고 아버지 앞에 나아갑니다. 그 앞에 나아가 자복하고 통회하며 용서를 빕니다.

그러면 자비하신 아버지께서는 나의 과실을 '용서 못할 죄'로 여기지 않으시고 '못난 짓'으로 여겨 주십니다. '용서 못할 죄'와 '못난 짓'과는 다른 것입니다. 하나님이 우리 아버지이시기 때문에 자기 자녀가 못난 짓을 했다고 지옥 형벌을 내리시지 않고 용서해 주십니다. 이것이 은혜입니다.

오늘도 우리는 예슈아의 피를 힘입고 아버지 앞에 나왔습니다. 하늘에 계신 우리 아버지는 우리를 받아주시고 만나주시니 감사할 뿐입니다.

믿는 자의 행복이 무엇입니까? 하나님 아버지 앞에서 언제나 떳떳한 것입니다. 오늘도 실수한 것, 못난 짓 한 것을 미주알고주알 다 아뢸 수 있는 것입니다.

나는 모태에 잉태될 때부터 잘못됐습니다. 나는 태어나지 말아야 할 인생이 태어났습니다. 죄의 유전자를 가지고 태어났으니 당연히 못된 짓을 했어야 하고 당연히 실수했어야 하는 존재입니다. 개가 개짓하고 쥐가 쥐짓하는 것은 당연한 것처럼 죄인으로 태어나 죄인짓한 건 너무나 당연합니다. 나의 체질이 다만 진토일 뿐임은 아버지께서는 아십니다.

하나님 아버지는 우리의 진정한 참회를 들으시면 우리의 죄를 기억하시지 않으십니다. '그래, 네가 잘못했지? 그래, 그러면 이제부터 다시는 실수하지 말아라.' 하시며 타일러 주십니다. 그 앞에 나아가 다 쏟아놓으면 말로 못할 자유를 느낍니다.

어쩌다 내가 어떤 사람에게 내 부끄러운 일을 다 털어놨다 합시다. 얼마 후, 그를 만났을 때 아마 전과는 다를 것입니다. 뭔가 자유스럽지 않을 것입니다. 혹 그가 나를 어떻게 생각할까 하는 염려로 그의 눈치를 보게 될 것입니다. 이것이 사람과 하나님의 차이입니다.

사람은 남의 죄를 망각할 능력이 없습니다. 이해하려고 하는 것이 고작입니다. 그러나 우리 하나님 아버지는 다르십니다. 내 부끄럼을 말하면 말할수록, 내 속내를 쏟으면 쏟을수록, 나는 이상하게 자유를 느낍니다. 이는 하나님이 망각의 은총을 베풀어 주셨기 때문입니다.

하나님이 죄를 탕감하신 것입니다. 죄를 기억치 않으시는 것입니다. 마치 글씨 교정할 때, 화이트(수정액)로 칠해 지워버리는 것처럼, 예슈아의 피로 우리 죄를 깨끗이 지워버리는 것입니다. 완전한 망각이 사람에게는 불가능해도 하나님에게는 가능합니다. 하나님이 자비하신 우리 아버지이시기 때문에 가능한 것입니다. 이를 위해 아들이 죽기까지 하시고 그 피를 흘리시기까지 하신 것입니다.

죄사함의 은혜를 받은 그리스도인에게 의무가 있습니다. 아버지께서 우리의 죄를 사하신 것같이 나도 형제의 죄를 사하여야 하는 것입니다. 여기에 아주 중요한 단서가 있습니다.

> "우리가 우리에게 죄 지은 자를 사하여 준 것같이 우리 죄를
> 사하여 주시옵시고"(마6:12)
> "And forgive us our debts, as we have forgiven our debt-
> ors"

우리가 우리 형제의 죄를 용서해야 아버지도 우리의 죄를 용서하신 다는 것입니다. 만일 우리가 하나님 아버지의 용서를 받았다고 하면서 우리 형제의 죄를 용서하지 않으면 아버지도 우리의 죄를 용서하지 않 으신다는 것입니다(마6:14~15).

예슈아께서 비유를 들어 설명하셨습니다. 임금이 그 종들과 회계하 는 이야기를 천국에 비유하여 말씀하십니다. 어떤 사람이 일만 달란트 빚을 졌습니다. 빚 갚을 능력이 없는 것을 본 주인이 그를 불쌍히 여겨 빚을 탕감해 주었습니다. 그 종이 풀려나 길을 가다 자기에게 백 데나 리온의 빚진 자를 만났습니다. 그가 그의 목을 잡고 빚 갚으라고 다그 치다 못해 옥에 가두어 버렸습니다.

이 소식을 임금이 들었습니다. 그를 불러 '이 악한 종아 네가 빌기에 내가 네 빚을 전부 탕감하여 주었지 않았느냐? 내가 너를 불쌍히 여긴 것과 같이 너도 네 동관을 불쌍히 여기는 것이 마땅치 아니하냐?' 하고 노발대발한 나머지 빚을 다 갚도록 그를 옥에 가두었다고 했습니다(마 18:27~34).

동관은 영어로 fellow, fellow worker인데 동류라는 것입니다. 급이 같 다는 것입니다. 큰 빚을 탕감 받은 빚쟁이가 자기에게 좀 손해 끼친 자 를 용서하지 못한 것에 대한 임금의 책망입니다. 예슈아께서 이 비유를 통해 말씀하시고자 한 것은 이것입니다.

"너희가 각각 중심으로 형제를 용서하지 아니하면 내 천부께 서도 너희에게 이와 같이 하시리라"(마18:35)

여러분은 하나님께서 나의 원죄, 본죄, 자범죄, 이전의 죄, 현재까지의 무수한 죄를 다 용서하셨다고 믿으십니까? 예슈아께서 십자가에 죽으시는 순간 전인류는 다 속죄 받았습니다. 그리고 그 피를 받아들임으로 죄사함의 은총을 받았습니다.

하나님이 내 죄를 용서하시고 싹 잊어버리신 것같이 우리도 형제, 이웃의 죄를 잊어버려야 합니다. 물론 기억의 기능 자체를 없애기는 어렵습니다. 그러나 그것을 가지고 정죄하거나 원수시하거나 비방하면 내가 받은 하나님의 용서를 무효로 만드는 행위가 되는 것입니다. 그렇다면 그런 자가 구원받는다는 것입니까? 못 받는다는 것입니까? '옥졸에게 붙이니라' 곧 감옥에 가둔다는 말이니, 구원받지 못 한다는 것입니다(마18:34).

처음에 은혜 받고 신앙생활 시작할 때는 어린아이같이 마냥 기쁘고 즐겁고 행복하기만 합니다. 목사님을 봐도, 형제님들을 봐도 다 예뻐보입니다. 그런데 세월이 가면서 교회에서 직분도 받고 여러 가지 일도 하고, 여러 교인들과 관계를 맺어 가면서 점점 변해갑니다. 얼굴에 기쁨이 없어집니다. 어떤 교인을 보면 얼굴을 돌립니다. 어떤 교인이 이리 오면 저쪽으로 피해 갑니다. 급기야는 교회를 떠나기까지 합니다. 형제를 용서하지 못해 벽이 생긴 것입니다.

사실, 알고 보면 아무 것도 아닙니다. '글쎄, 그날 우리가 무국을 끓이자고 했는데 우리한테 말도 하지 않고 자기 맘대로 된장국을 끓였어. 아니, 자기가 뭔데 자기 맘대로 한데?' 하며 거품을 뭅니다. 저는 이런 이야기를 들을 때마다 너무 마음이 아픕니다. 아니, 그것이 무슨 대수입니까? 그가 나에게 침을 뱉었습니까? 똥물을 퍼부었습니까? 하나님은 아들을 죽일 만큼 우리의 큰 죄를 다 용서하셨는데 우리는 별것 아닌 것을 용서하지 못합니다.

성도들 중 실수를 한 경우, 저도 정도에 따라 직분을 박탈하기도 합니다. 그러나 미워서 그런 것이 아닙니다. 그가 죄를 뉘우치고 하나님 앞에나 교회 앞에 떳떳한 사람으로 다시 시작할 수 있도록 감독자로서 내린 조치일 뿐입니다.

저는 진실로 오늘 죽어도 우리 교인 중 한 사람에게도 혐의를 가진 사람이 없습니다. 과거에 교인 몇 십 명을 끌고 나간 사람도 있었고, 교회를 흔들어서 큰 위기에 처하게 한 사람들도 있었습니다. 그때는 그들이 너무 원망스러웠고 그것 때문에 죽고 싶을 정도였습니다.

그럴 때, 아버지 앞에 엎드립니다. '아버지여, 나로 저들의 허물을 용서하게 해주옵소서. 저들이 알지 못하고 그러하나이다.' 한바탕 대성통곡하며 기도하고 나면, 사실은 사실대로 기억하지만, 마음에 아픔이나 미움은 싹 사라져버립니다.

누가 나의 자존심을 상하게 했거나 나를 괴롭힌 기억이 있다면 자비하신 아버지 앞에 나아가 엎드리시기 바랍니다. '나는 이 일 때문에 마음이 너무 불편하고 괴롭습니다. 너무나 큰 상처를 받았습니다. 누구, 누구가 너무 밉습니다. 어떡하면 좋습니까?'

한참을 그러다 보면, 세미한 음성으로 하시는 말씀을 들을 것입니다. '나는 내 아들을 죽이기까지 네 죄를 사했느니라.' 주님의 음성을 듣는 순간 '아버지여, 이 죄인을 용서하여 주옵소서.' 하고 통곡하고 맙니다.

이젠 시험이니 상처니 하는 못된 단어는 아예 머리에서 지워버리기 바랍니다. 어떤 나쁜 기억이 떠오른다 할지라도 그건 그저 실수이니 용서하리라고 결단하시기 바랍니다.

은혜 받는 순간, 나는 남을 정죄하고 심판할 권리를 박탈당했습니다. 오로지 나에겐 용서할 의무만 있는 것입니다. 그래서 우리 형제간의 삶이 행복해야 합니다. 교회생활이 행복해야 합니다. 누구라도 편견이나 선입견 없이 허그하고 누구든지 사랑하는 사이가 되어야 합니다.

우리 은혜 받은 자들에게 모든 사람을 불쌍히 여기는 마음이 있어야 합니다. 불신자는 '아버지여, 저가 알지 못하고 지옥으로 가고 있으니 저를 불쌍히 여겨 주옵소서.' 하고 기도해야 합니다. 또 믿음이 적어서 항상 쓰러지고 자빠지는 사람은 '아버지여, 아직 저가 깨달음이 적어서 그렇사오니 불쌍히 여겨 주옵소서.' 또 인격적으로 미숙한 사람은 '저가 부족해도 교회에 붙어서 살려 하오니 불쌍히 여겨 주옵소서.' 하고 기도해야 합니다. 또 가난한 중에도 충성하려 애쓰는 형제가 있으면 '아버지여, 저가 진리 말씀대로 살려고 고난을 자초하고 있으니 불쌍히 여겨 주옵소서.' 진심으로 아버지께 기도해야 합니다.

우리는 하나님 아버지의 자비하심을 따라 용서받은 자들입니다. 우리는 서로 한 피 받아 한 형제 된 자들입니다. 우리 형제자매끼리 서로 용서하고 서로 불쌍히 여겨야 합니다.

이 세상 떠날 때, 우리는 그 어떤 사람의 혐의라도 마음에 품은채 떠나면 안 됩니다. '아버지여, 내 영혼을 받아 주시옵소서.' 할 때, 아버지가 큰 팔로 받아주시는 영혼이 되시기를 바랍니다. 할렐루야!

죄사함의 은혜

성경본문 (엡1:7)

하나님은 자비하시고 은혜로우신 분이다(출34:6).
그는 풍부한 자비로 긍휼히 여기시고(애3:32),
그에게 돌아와 죄를 자복하고 버리는 자를(대하30:9, 잠28:13, 욜2:13)
아비가 자식을 긍휼히 여김 같이 긍휼히 여기신다(시103:13).

신앙은 그를 믿어 죄사함의 은혜를 받음이요(엡1:7),
신앙생활은 마지막 날 영원한 자비를 얻기 위하여(사54:8, 눅23:46)
이웃과 형제의 과실을 용서하는 생활이니(마6:12-15)
인간사회에서도 용서라는 문제는 중대한 문제로
용서 받느냐, 못 받느냐의 차이는 지옥과 천당 차이임이다.

인간이 하나님에게서 받은 최고의 선물은 죄사함이니
하나님 같이 되리라고 범죄한 천사는(사14:14)
용서치 아니 하시고 심판하사 지옥불에 던지시나(벧후2:4)
동일한 죄를 범한 아담의 죄는 덮어주시려(창2:17, 3:5)
가죽옷을 지어 입히신바(창3:21)
이는 인간의 체질이 다만 진토임을 아심이다(시103:14).

율법은 계명 범하는 자를 불쌍히 보지 말 것(신25:12),
용서 없이 죽이라 명하고(신13:8-10),
성소는 죄인이 하나님께 돌아가는 표적물로(대하30:9, 사44:25)
돌아오는 자의 허물을 도말하고 기억치 아니하는 장치니(사43:25)
여호와께 드리는 제물의 피는 속죄소(Mercy Seat)에 뿌리고
머리에 손 얹어 고한 죄는 제물이 지고 광야 아사셀에게로 가는바
다시는 기억함이 없게 하심이다(레16:15, 21-22, 26).

예슈아께서 성전을 헐면 사흘 동안에 일으키리라 하심으로
유대인들의 큰 반발을 일으키셨으나
그는 성전 된 자기 육체의 죽음과 부활로(요2:19-20)
여호와 이름이 아닌 예슈아 자비하신 아버지의 이름으로(요5:43)
죄인 아니면 제물이 죽어야 하는 법을 폐하고(히10:9)

죄인 아닌 하나님의 아들이 인자 되어 오사(요1:1, 14, 고후5:21)
죄인 대신 속죄양으로 죽으려 하심인바(마20:28, 요1:29)
병인을 고치시기 전에 먼저 죄사함부터 선포하셨으나(마9:1-5)
그 죄사함의 은총은 아무나 받지 못하고
예슈아를 많이 사랑하는 자,
자기의 많은 죄가 탕감 받음을 아는 자만 받는다(눅7:36-50).

그가 죽으시며 다 이루었다 하셨으니(요19:30)
① 알지 못하고 하나님의 아들을 죽이는 자까지도 불쌍히 여기시고
　　용서하시려는 자비하신 아버지의 뜻을 이루어 드림(눅23:34).
② 죄의 원흉 마귀를 심판하심(요일3:8).
③ 영원한 속죄를 이루사 피 뿌림 받은 영혼들의 죄를 사하시고
　　다시는 기억치 않기로 하심이다(히9:12, 10:17-18).

그는 부활승천하사 은혜의 보좌에 앉으셨으니(히4:16)
일찍 죄 때문에 죽은 흔적을 가지신 어린양이시라(계5:9).
그가 보내신 성령이 오시자 복음이 전파되었으니
예슈아의 피로 말미암은 구속, 곧 죄사함의 복음이다.

그리스도인은 헤아릴 수 없이 많은 죄를 탕감 받은 자로서
다른 이의 과실을 용서할여야 할 의무를 가진 자니(눅17:3)
하루에 일곱 번, 일흔에 일곱 번,
아니 무한정으로 용서하여야 하는바(마18:21-35)
알지 못하고 실수하는 자들을
마치 아비가 자식을 불쌍히 여김 같이 불쌍히 여김으로요,
그렇지 아니하면 천부께서도 자기의 과실을 용서치 않으심을 앎이다.

오! 주여,
우리에게 불쌍히 여기는 마음을 주소서.
알지 못하여 지옥행렬 따라가는 불신자들,
깨닫지 못하여 믿음이 연약한 자들,
애써 죽자고 복종하는 자들까지도…
우리, 아주 작은 일로 시험 들지 않게 하옵시고
형제들의 실수를 서로 용납하게 하옵소서.
우리 모두 마지막 날, 영원한 자비의 품에 안기기 원합니다. 아멘.

6

대속의 사랑

고린도후서 5:11~21

하나님은 사랑이십니다(요일4:8). 하나님은 자기희생을 통해 그의 사랑을 나타내주시고, 그는 자기희생을 통해 하나님의 사랑을 나타낸 자를 그 사랑의 나라로 데려가시는 분입니다(요일4:9, 골1:13).

신앙은 그 사랑을 액면 그대로 받아들이는 것이며, 신앙생활은 나를 사랑하사 나 대신 죽으신 이를 위해 사는 생활입니다(고후5:15).

기독교의 신앙은 신의 대속을 믿는 것입니다. 대속은 영어로 're-demption'이라고 하는데 '대신 값을 치르다'라는 뜻입니다. 하나님이 왜 인간의 죄를 대속해 주십니까? 그를 통해 자기의 사랑을 나타내려 하신 것입니다.

조선시대에는 '매품팔이'라는 제도가 있었다고 합니다. 죄인이 맞아야 할 곤장을 '매품팔이'가 대신 맞아주고 그 대가를 받는 것입니다. 주로 가난한 선비들이 그 일을 했다고 하는데, 그렇게 번 돈 몇 푼으로 가족의 끼니를 이었다고 합니다.

또 흥부와 놀부 이야기가 있습니다. 아우 흥부는 가난하고 형 놀부는 부자입니다. 어느 날 죄를 저지른 놀부에게 관가에 출동하라는 소장이 왔습니다. 이제 옥에 갇히든지 곤장을 맞든지 해야 하는 지경에 처한 것입니다. 그때 착한 아우 흥부가 악한 형 놀부 대신 관가에 가서 곤장을 맞았다는 이야기입니다. 이게 대속입니다.

성경은 하나님의 사랑 이야기입니다. 하나님이 인류를 사랑하사 독생자를 대속물로 내주시고 살리신 눈물겨운 이야기입니다.

창세 때 하나님이 흙으로 사람을 지으시고 생기를 그 코에 불어 넣어 생령(아담)이 되게 하셨습니다. 그리고 아담의 갈비뼈로 하와를 지으셨는데, 하와에게도 영을 불어 넣지 않으셨습니다. 아담 하나에게만 영을 불어넣으셨습니다. 이는 경건한 자손을 얻고자 하심이었습니다.

> "여호와는 영이 유여하실찌라도 오직 하나를 짓지 아니하셨
> 느냐 어찌하여 하나만 지으셨느냐 이는 경건한 자손을 얻고
> 자 하심이니라..."(말2:15)

'경건한 자손'이란 마지막 아담으로 오실 하나님의 아들을 말합니다 (고전15:45). 마지막 아담이 와서 첫 아담의 죗값을 대신 치러주려 하신 것입니다. 성경은 인류의 죄를 하나님의 아들이 대신 치를 예정이 창세

이전부터 있었음을 말하고 있습니다.

아담이 에덴동산에 있던 마귀의 꾐에 빠져 하나님이 금하신 선악과를 먹은 아내의 말을 듣고 선악과를 먹었습니다. 이로 인해 아담 안에서 모든 사람이 죽었습니다(고전15:22). 아담의 죄 때문에 그에 속한 전 인류의 영이 죽은 것입니다.

하나님이 지으신 첫 사람 아담이 범죄한 것은 하나님의 계획에 차질이 온 것이 아닙니다. 하나님의 예정대로 되어진 것입니다. 그래서 하나님은 아담은 하와에게, 하와는 뱀에게 죄를 전가할 기회를 주셨으나 뱀(마귀)에게는 마지막 선고만 하신 것입니다.

> "내가 너로 여자와 원수가 되게하고 너의 후손도 여자의
> 후손과 원수가 되게 하리니 여자의 후손은 네 머리를 상하
> 게 할 것이요 너는 그의 발꿈치를 상하게 할 것이니라 하
> 시고"(창3:15)

아담과 하와를 에덴동산 밖으로 내쫓으실 때에 가죽옷을 지어 입히셨습니다(창3:21). 여기에 인류에 대한 하나님의 연민이 보입니다.

죄인의 속성은 자기밖에 모르는 양상으로 나타났습니다. 가인은 하나님이 자기의 제사는 받지 않으시고, 동생 아벨의 제사를 받으신 것에 대해 원한을 품었습니다. 그러다가 어느 순간 동생을 돌로 쳐 죽였습니다. 그리고는 '네 아우가 어디 있느냐?'라는 하나님의 물음에 '내가 내 아우나 지키는 자입니까?' 하고 시치미를 뗐습니다(창4:8~9).

하나님이 아브라함을 부르셨습니다. 무자한 그가 백세 되었을 때, 아들을 낳게 하셨습니다. 그리고 그를 시험하십니다. '네 사랑하는 독자 이삭을 데리고 모리아 산으로 가서 그를 번제로 드리라'고 명령하셨습니다(창22:2). 이는 청천벽력 같은 명령이었습니다.

그러나 아브라함은 믿음이 있었습니다. 그가 이삭을 데리고 모리아 산으로 가는데 이삭이 묻습니다. '아버지여, 불과 나무는 있거니와 번제할 어린 양은 어디 있나이까?' 하자 '아들아, 번제할 어린 양은 하나님이 자기를 위하여 친히 준비하시리라'고 답했습니다(창22:7~8).

하나님이 지시하신 곳에 이르러 아브라함이 그곳에 단을 쌓고 칼로 아들을 잡으려 하자 하나님이 '아브라함아, 아브라함아, 그 아이에게 손을 대지 말라 네가 네 아들 네 독자라도 내게 아끼지 아니하였으니 이제야 네가 나를 경외하는 줄을 아노라'고 말씀하셨습니다(창22:12). '경외'란 높은 분을 몹시 공경하면서 사랑하는 것을 말합니다.

하나님은 아브라함의 눈을 열어 수풀에 걸려 있는 수양 한 마리를 보게 하셨습니다. 수양은 하나님이 친히 준비하신 희생양이었던 것입니다. 아브라함이 그 수양을 가져다가 아들을 대신하여 번제로 드렸습니다. 하나님이 희생양을 친히 준비하신 일로 인해 그 땅 이름을 '여호와 이레'라고 했습니다(창22:13~14). 이는 하나님이 인류를 위해 희생양을 준비하실 것에 대한 예표였던 것입니다.

하나님의 예언대로 이스라엘 자손이 애굽에 들어가 종살이를 하게 되었습니다(창15:13, 출1:8~11). 430년이 되는 날, 하나님은 약속대로 이스라엘을 애굽 왕으로부터 이끌어내십니다(창15:14, 출12:41).

그날이 유월절 밤입니다. 애굽 전역에 장자와 생축의 초태생이 다 죽임 당하는 큰 사건이 일어났습니다. 하나님은 모세를 통해 '양의 피를 집 문 좌우 설주와 인방에 바르고 아침까지 한 사람도 자기 집 문 밖에 나가지 말라.'고 명령하셨습니다. 말씀대로 어린 양의 피를 문설주에 바른 이스라엘 자손은 다 죽음을 면했습니다. 여기서 하나님은 대속에 대한 규례를 발표하십니다.

> "너는 무릇 초태생과 네게 있는 생축의 초태생을 다 구별하여 여호와께 돌리라 수컷은 여호와의 것이니라 나귀의 첫 새끼는 다 어린 양으로 대속할 것이요 그렇게 아니하려면 그 목을 꺾을 것이며 너의 아들 중 모든 장자 된 자는 다 대속할찌니라"(출13:12~13)

모든 장자는 다 양으로 대속하라는 것입니다. 거기다가 나귀의 첫 새끼까지도 대속하라는 것입니다. 그러니 양은 얼마나 억울합니까? 사람은 양을 먹여주고 보호해 주니 사람을 위해서는 그렇다 할지라도 나귀를 위해서까지 왜 양이 죽어야 합니까? 어쩔 수 없습니다. 문제는 양이 양으로 태어난 것입니다.

하나님은 이스라엘에게 가나안 땅에 들어가서도 대대로 유월절을 기억하여 지키라고 명령하셨습니다.

> "이스라엘 자손으로 유월절을 그 정기에 지키게 하라 그 정

기 곧 이달 십사일 해질 때에 너희는 그것을 지키되 그 모든
율례와 그 모든 규례대로 지킬찌니라"(민9:2~3)

유월절은 무슨 날입니까? 애굽에서 나올 때 장자가 죽었어야 하는데
희생양이 대신 죽고 그들이 살아났다는 것을 기억하는 것입니다. 이것
도 모자라서 하나님은 레위인을 세우셨습니다.

"이스라엘 자손 중 모든 처음 난 자 대신에 레위인을 취하고
또 그들의 가축 대신에 레위인의 가축을 취하라 레위인은 내
것이라 나는 여호와니라"(민3:45)

이스라엘은 제사장 나라입니다(출19:30). 이스라엘 전체가 행해야
할 직무는 하나님을 섬기는 일입니다. 그런데 그들 중 한 지파인 레위
인을 구별하여 그들이 대표로 회막에서 섬기는 일을 전무하게 했습니
다(출19:6). 그 때문에 백성들은 회막에서 봉사를 하지 않아도 됐던 것
입니다.

레위인은 아브라함이 이삭 대신 하나님이 준비하신 양으로 희생을 드
린 것과 또 출애굽시 유월절 밤에 장자 대신 양이 희생한 것을 기억하게
하였습니다. 이스라엘의 역사는 양이 다른 짐승을 대신하고, 양이 사람
을 대신하고, 레위인이 다른 사람을 대신하는 역사로 볼 수 있습니다.

"잣나무는 가시나무를 대신하여 나며 화석류는 질려를 대신

하여 날 것이라 이것이 여호와의 명예가 되며 영영한 표징이
되어 끊어지지 아니하리라 하시니라"(사55:13)

"내가 금을 가져 놋을 대신하며 은을 가져 철을 대신하며 놋
으로 나무를 대신하며 철로 돌을 대신하며 화평을 세워 관원
을 삼으며 의를 세워 감독을 삼으리니"(사60:17)

선지자 이사야가 하고자 하는 말은 앞으로 어떤 의인이 와서 악인을
대신할 것이라는 것입니다.

"그가 찔림은 우리의 허물을 인함이요 그가 상함은 우리의
죄악을 인함이라 그가 징계를 받음으로 우리가 평화를 누리
고 그가 채찍에 맞음으로 우리가 나음을 입었도다"(사53:5)

성전은 제사가 끊어지지 않고 드려지는 곳이었습니다. 그 대표되는
제사가 유월절 제사입니다. 언젠가 짐승도 아니고, 레위인도 아니고,
의인이 와서 악인을 대신할 때까지 희생제사는 그렇게 계속 드려진 것
입니다.

이 성전 앞에 예슈아라는 이가 나타나 '너희가 이 성전을 헐라 내가
사흘 동안에 일으키리라'고 말씀하셨습니다(요2:19). 그는 성전 된 자
기 육체의 죽음과 부활을 가리켜 말씀하신 것입니다. 이는 여호와 이름
이 있는 성전 대신 예슈아 이름이 있는 성전을 세우시겠다는 뜻입니다.
그뿐 아니라 레위인이 이스라엘 백성 대신 섬기던 것을 이제는 인자가

전인류를 대신해서 자기 목숨을 가지고 아버지를 섬기겠다는 뜻입니다(마20:28). 나아가서는 짐승이 사람 대신 죽었던 것을 이제는 하나님의 아들이 죄인 대신 죽으시겠다는 뜻입니다.

예슈아는 사람 중에 나서 사람같이 사셨습니다. 그는 하나님 안에 계시던 말씀이요, 하나님의 본체이십니다(요1:1~2, 빌2:6). 그가 사람으로 나타나셨기 때문에 그를 인자(人子)라고 하는 것입니다. 겉으로 보기에는 사람 중 하나일 뿐입니다. 하나님의 아들이 사람으로 오신 것은 자기 목숨을 많은 사람의 대속물로 주시려는 것입니다.

> "인자가 온것은 섬김을 받으려 함이 아니라 도리어 섬기려
> 하고 자기 목숨을 많은 사람의 대속물로 주려 함이니라"(마
> 20:28)

전인류는 다 아담의 후손입니다. 전인류는 아담 안에서 하나이며 아담에게서 유전된 죄로 죽었습니다. 다시 말해 모든 사람은 한 사람도 예외 없이 그 영 안에 죄와 죗값 사망을 가지고 있습니다(롬5:12). 육체만 떨어져 나가면 영은 지옥에 가서 그 죗값을 갚아야 합니다. 절간에서 태어나 한번도 세상에 나가 보지 못하고 절간에서 죽었다 할지라도 그 영은 죄를 가진 아담의 영으로 죗값을 갚아야 합니다.

예슈아는 여자의 후손으로 오셨습니다(창3:15, 계12:5). 그는 남녀가 동침하여 낳은 아담의 씨가 아닙니다. 여인이 하나님의 씨(말씀의 씨)를 받아 마지막 아담으로 오신 것입니다. 그는 사람으로 태어나 사람이

먹는 양식을 먹고 똑같은 공기를 마시고 살았다 할지라도 사람과 같지 않습니다. 그는 본질이 다릅니다. 그가 사람으로 오신 것은 육체로 하실 일이 있기 때문입니다.

모든 육체는 태어난 날이 있고 죽는 날이 있습니다. 육체는 매 맞으면 아프고 피를 다 흘리면 죽습니다. 그의 몸은 사람처럼 죽어 흙으로 돌아갈 육체가 아닙니다. 본질이 말씀이요, 죄와 상관없는 영의 몸인 것입니다.

예슈아는 자기 몸을 대속물로 내어주려 오신 것입니다. 대속물(sacrifice)이란 남의 죄를 대신하여 죽는 제물을 말합니다. 그는 죄와 상관없이 말씀이 육신이 되어 오신 하나님의 아들입니다. 그는 죄를 알지도 못하시는 분입니다(고후5:21). 예슈아는 인류의 죄를 대속하기 위해 오신 하나님의 어린양이십니다(요1:29, 마20:28).

예슈아께서는 십자가에 달려 죽으시면서 '다 이루었다!'라고 말씀하셨습니다. 그는 무엇을 다 이루셨습니까?

첫째, 독생자를 내어주신 아버지의 사랑을 나타내셨습니다(마27:46, 요일4:10). 그가 죽으시며 '엘리 엘리 라마 사박다니'라고 하셨는데, 이는 '나의 하나님, 나의 하나님, 어찌하여 나를 버리셨나이까?'라는 뜻입니다. 그 말씀은 '아버지여, 어찌하면 아버지는 인류를 이처럼 사랑하실 수 있습니까?' '아들을 이렇게 희생하시면서까지 저 원수 같은 인류를 사랑하십니까?'라는 감탄문입니다.

사람이 사람을 대신하여 죽는다 해도 그 죽음이 다른 사람의 죄를 대신 갚을 수 없습니다. 오직 예슈아만이 죄인 대신 죽는 대속물이 되실 수 있습니다. 죄 없으신 하나님의 아들이 죄인을 대신하여 죽는 죽음이야말로 최고의 희생입니다.

> "의인을 위하여 죽는 자가 쉽지 않고 선인을 위하여 용감히
> 죽는 자가 혹 있거니와 우리가 아직 죄인 되었을 때에 그리스
> 도께서 우리를 위하여 죽으심으로 하나님께서 우리에게 대
> 한 자기의 사랑을 확증하셨느니라"(롬5:7~8)

만일 사람이 선인을 위해 죽는다면 '아주 좋은 일을 했어!' 하고 칭찬할 것입니다. 만일 의인을 위해 죽었다면 '아주 훌륭한 일을 했어!' 하며 칭찬할 것입니다. 그러나 죄인 대신 죽은 사람을 누가 알아주겠습니까? 죄인을 위해 대신 죽을 수 있는 이는 오로지 예슈아 그리스도 한 분밖에 없습니다. 죄인을 위해 아들을 내어줄 수 있는 이는 오로지 하나님밖에 없으십니다. 그래서 '과연 아버지는 사랑이십니다!'라고 감탄하신 것입니다.

둘째, 그 과정에서 질투의 화신 마귀를 심판하셨습니다. 마귀는 하나님이 아담에게 에덴동산을 다스리는 권세를 주시자 이를 시기하여 죄를 짓게 한 자입니다.

셋째, 죄 없으신 이가 인류의 죄를 대신 갚으셨습니다. 자기 몸을 과녁으로 삼으시고 그 몸에 인류의 죄를 못박으신 것입니다. 유월절 양그리스도께서 희생이 되신 것입니다.

"너희는 누룩 없는 자인데 새 덩어리가 되기 위하여 묵은 누룩을 내어버리라 우리의 유월절 양 곧 그리스도께서 희생이 되셨느니라"(고전5:7)

죽은 지 삼일 만에 아버지는 아들을 다시 살리시고 그를 사랑의 아들의 나라로 옮기셨습니다(골1:13). 하늘나라는 누가 갈 수 있습니까? 예슈아의 사랑을 알고 자기를 희생한 자입니다. 그 사랑 때문에 자기를 희생한 적이 없으면 갈 수 없는 곳이 사랑의 아들의 나라입니다. 사랑의 아들의 나라는 자기를 희생하며 아버지의 사랑을 나타낸 자가 가는 나라입니다.

지금 그는 하늘보좌에 앉으셔서 사랑으로 다스리고 계십니다. 하늘나라는 왜 꼭 가야 됩니까? 거기에는 오로지 사랑만 있기 때문입니다. 사랑하는 이들끼리 모여서 영원토록 사랑하는 곳이 하늘나라입니다.

거기서부터 성령이 오셨습니다. 성령은 믿는 자로 하여금 그리스도의 사랑에 감동되게 하십니다. 그리스도의 사랑의 높이와 넓이와 깊이를 알게 하십니다. 그 사랑이 나를 몰아붙입니다. 예슈아께서는 공생애 내내 아버지의 사랑에 감동되어 있었습니다. 아버지의 사랑 그대로를 나타내주셨습니다. 그의 고난 자체가 아버지의 사랑의 분량입니다.

성령이 오시자마자 복음이 전파되기 시작했습니다. 복음이 무엇입니까? 한마디로 '예슈아 그리스도 나 대신 죽으셨다!'입니다. 구약시대에는 이스라엘 대신 양이 죽었고, 레위인이 백성 대신 하나님을 섬겼습니다. 복음은 하나님이 나 대신 죽으신 것입니다.

일란성 쌍둥이 가운데 형이 살인을 저질러 검찰의 추격을 받고 있다고 가정합시다. 형은 가문을 이어야 하고 부모를 봉양해야 하기 때문에 그 아우가 자진하여 형의 죄를 뒤집어쓰고 사형을 당하게 되었다고 합시다. 그러면 그 형이 잠이 오겠습니까? 하물며 만물을 창조하신 하나님이 나 대신 죄인이 되어 그 참혹한 십자가에서 죽임을 당하셨다면 어찌하겠습니까? 그는 죄를 알지도 못하는 분이요, 하나님과 동일한 영광을 누리시는 분입니다.

　십자가형이 얼마나 끔찍한지 아십니까? 육체의 고통은 말할 것도 없고 최고의 불명예를 쓰고 죽는 형이 십자가형입니다. 십자가에 달리기 전, 이미 온몸은 채찍으로 찢겼고, 몽치로 맞아 멍들어 있습니다. 옷을 발가벗기고 팔을 벌리게 한 후, 큰 못으로 살과 뼈를 뚫어 나무에 박습니다. 살이 찢기고 뼈가 으스러지는 고통 외에 뚫린 못 자국에서 피가 흘러내리면서 혈압이 점점 내려가고 호흡이 압박을 받는다고 합니다. 상상을 초월하는 고통이 장장 6시간이나 계속됩니다.

　그리스도가 나 대신 매 맞으셨습니다. 그리스도가 나 대신 상하셨습니다. 그리스도가 나 대신 징계 받으셨습니다. 그리스도가 나 대신 찔리셨습니다. 그리스도가 나 대신 죽으셨습니다. 모두가 나 때문입니다. 이것이 복음입니다. 이것이 하나님의 사랑입니다.

　만일 우리가 그리스도의 희생을 안다면, 만일 우리가 그 사랑을 받은 자라면 우리는 가만히 있을 수 없을 것입니다.

　　"그가 우리를 대신하여 자신을 주심은 모든 불법에서 우리를

구속하시고 우리를 깨끗하게 하사 선한 일에 열심하는 친 백
성이 되게 하려 하심이니라"(딛2:14)

선한 일은 무엇을 말합니까? 그리스도께서 나 대신 죽으셨으니 나 또
한 그 대신 사는 것입니다. 내가 살아있는 목적은 나의 꿈 때문도 아니
요, 내 가족의 행복도 아닙니다. 그리스도의 사랑을 나타내는 일을 하
는 것입니다.

사명은 믿음이 특출한 사람만 받는 것이 아닙니다. 그리스도가 나 대
신 죽으셨다는 것을 믿는 사람은 누구든지 사명을 받았다고 알아야 합
니다. 이런 사람이 바로 그리스도인입니다.

"...다시는 저희 자신을 위하여 살지 않고 오직 저희를 대
신하여 죽었다가 다시 사신 자를 위하여 살게 하려 함이니
라"(고후5:15)

바울 서신을 보면 이념이나 이상을 이야기하지 않았습니다. 그리스
도를 향한 그의 사랑의 고백이 적혀 있습니다. 율법의 의로 똘똘 뭉쳐
있던 자, 바늘 하나 들어갈 틈도 없던 자가 그 사랑 앞에 녹아져 버린 것
을 느낄 수 있습니다.

우리가 예슈아를 알기 전에는 자기 계획과 꿈이 있었습니다. 자기
밖에 모르는 지극히 이기적인 사람이었습니다. 특히 요즘 독자, 독녀
를 가진 부모들은 '너밖에 없다. 네가 최고다. 너는 우리 집안의 대들보

다.' 이런 식으로 부추깁니다. 그러면서 자식을 위해 어떤 희생도 아끼지 않습니다. 물질적으로 심적으로 환경적으로 지원합니다. 그러면 그럴수록 그 자식은 더욱 더 이기주의자가 됩니다.

나밖에 모르다 보니 보이는 것이 없습니다. 가난한 자도 고난당하는 자도 굶는 자도 아픈 자도 보이지 않습니다. 천상천하유아독존(天上天下唯我獨尊)인 것입니다. 과거에는 우리도 무정한 자요, 무자비한 자요, 인색한 자였습니다(롬1:31).

희생이라는 단어 자체가 남을 전제로 하는 단어입니다. 남이 없고 이웃이 없다면 희생이라는 단어가 필요 없습니다. 남을 위하고 이웃을 위한 삶이야말로 희생적인 사랑의 구현인 것입니다.

어떻게 이것이 가능할까요? 새로운 피조물이 되면 가능합니다(고후5:17). 체질적으로는 안 되지만 예슈아 그리스도 안에 있는 자는 성령이 강권하십니다(고후5:14). 성령이 그렇게 살도록 몰아붙이십니다.

> "이러므로 우리가 그리스도를 대신하여 사신이 되어 하나님
> 이 우리로 너희를 권면하시는것 같이 그리스도를 대신하여
> 간구하노니 너희는 하나님과 화목하라"(고후5:20)

그리스도의 사신(使臣)이 되어 그리스도가 가시고자 하는 곳에 대신 내가 가고, 그리스도가 하시고자 하는 말을 대신 내가 하고, 그리스도가 하고자 하시는 일을 대신 내가 하는 것입니다. 그리스도의 사랑을 전하기 위해 어떤 희생도 감수하는 자가 그리스도의 사신입니다.

사랑은 한마디로 희생입니다. 부모는 자식을 위해 희생합니다. 부부도 서로 희생합니다. 친구를 위해서도 희생합니다. 희생 없는 사랑은 사랑이 아닙니다. 희생이 없는 사랑은 이론에 지나지 않습니다. 그리스도인의 희생적인 삶은 너무나 당연한 것입니다. 그리스도의 사랑을 전하고 그리스도의 사랑을 실천하는 것이 그리스도인의 삶입니다. 어떻게 이를 실천할 수 있을까요? 내가 하고 싶은 것들을 배제해야 할 수 있습니다.

역사적으로 훌륭한 선교사들의 이야기를 들을 때마다 '어떻게 이런 일들을 할 수 있었을까?' 하고 감탄합니다. 너무나 부러운 일들을 해냈습니다. 어떤 이는 일류대학을 나와 장래와 출세가 보장되어 있음에도 불구하고, 은혜를 받은 후 그리스도의 사랑의 강권에 못 이겨 모든 것을 다 버리고 선교지로 떠났습니다. 어떤 이는 선교지에 도착하지도 못하고 배를 타고 가던 중에 죽고, 어떤 이는 섬에 도착하자마자 원주민에 의해 죽임 당하기도 하고, 어떤 이는 몇 달 만에 토착병으로 죽기도 하였다고 합니다. 복음을 전해 보지도 못하고 열매도 없이 죽은 이도 꽤 있다고 합니다.

어떤 이에게 '열매도 없고 별 효과도 없다는데 왜 그런 곳에 가려고 합니까?' 하고 물었더니, '이것 외에 다른 것으로 그리스도의 사랑을 표현할 길이 없기 때문입니다.'라고 말했답니다. 그런 말을 들으면 여기서 이런 설교를 하고 있는 자체가 부끄럽고 우리의 삶 자체가 너무 부끄럽습니다.

미국 사람들은 고아를 입양하는 것이 문화같이 되어 있습니다. 기독교인이 아닌데도 입양하는 이가 많은 것을 보면 기독교 문화가 정착되어서 그런 것 같습니다. '버림받은 아이들의 상처를 덮어주고 끝까지 사랑으로 기르는 사람이 있을까?'라고 생각했는데, 의외로 많은 기독교인들이 그렇게 하고 있답니다. 아예 결혼할 때, '우리는 애 낳지 말고 고아를 입양하여 그리스도의 사랑으로 기르자.'라고 결심하고 실천에 옮긴답니다.

물론 많이 생각해보아야 할 문제입니다. 남의 아이를 데려다가 기르는 과정이 얼마나 어려우며 얼마나 많은 시간과 관심과 물자를 투자해야 하는지 모르는 일입니다. 그뿐 아니라 그 아이가 장성하여 피를 나눈 부모가 아니라는 것을 알았을 때 그 아이는 어떤 마음을 먹을 것이며 그 관계는 어떻게 될 것인지 생각하면 보통 골치 아픈 일이 아닙니다. 물론 집도 없고 직장도 변변치 않으면 입양적격 심사대상도 안됩니다. 심사하는데 비용도 많이 든답니다.

우리 교회에서 앞으로 결혼하여 아이를 낳으려고 하는 분이 있다면 차라리 아이를 낳지 말고 입양을 하여 그리스도의 사랑을 실천해보는 것도 괜찮겠다는 생각을 합니다. 물론 매일 전도하고 기도하느라 다른 것을 할 시간이 없는 사람은 제외입니다.

하나님의 사랑은 불가능을 가능케 합니다. 자기를 희생하는 것이 하나님의 사랑이기 때문에 이런 일조차도 우리는 외면할 수 없습니다. '어떡하면 이 모양 저 모양으로 사랑을 실천할 수 있을까?' 하고 고민하고 생각해보아야 할 것입니다.

우리는 엄청난 소식을 들었습니다. 그리스도가 나 대신 죽으셨다는 소식을 듣고 우리는 산 자가 되었습니다. 다시는 과거의 꿈과 계획 때문에 사는 것이 아니라 그리스도의 사신(使臣)이 되어서 그리스도의 사랑을 전하면서 실천하는 여러분이 되시기를 예슈아 이름으로 축원합니다.

대속의 사랑

성경본문 (고후5:11~21)

하나님은 사랑이시다(요일4:8).
그는 자기희생을 통해 그의 사랑을 나타내시고(요일4:9)
그는 자기희생을 통해 하나님의 사랑을 나타낸 자들을
사랑의 아들의 나라로 데려가시는 분이다(골1:13).

신앙은 그 사랑에 감복함이요,
신앙생활은 나를 사랑하사 나 대신 죽으신 이를 위하여
사는 생활이다(고후5:14~15).

대속(代贖)이란 '대신 값을 치르다'라는 뜻이라.
가난한 자가 부자 대신 체벌을 받고
매품팔이가 죄인 대신 매맞아 갚는 시대도 있었다.

성경은 하나님의 사랑 이야기라
인류를 사랑하사 독생자를 대속물로 내어주심에 관함이니
첫 아담이 범한 죄를 마지막 아담이 대신 갚게 하시려고(고전15:45)
영이 유여할지라도 아담 하나만 지으신 것이다(말2:15).

아브라함이 독자를 번제로 드리라는 시험을 받았을 때(창22:1~14)
그가 경외함으로 그대로 시행하려한바
하나님은 준비하신 수양으로 아들 대신 번제를 드리게 하셨다.

이스라엘이 출애굽하던 날 밤,
애굽 전역에서 사람이나 생축의 초태생이 다 죽는 재앙에서
이스라엘 백성들의 집에는 죽음이 지나갔으니
그들 대신 죽은 희생양의 피를 바름이었다(출13:12~15, 34:19~20).

이를 기억하게 하기 위하여 그들로 성소를 짓게 하시고
거기서 레위인이 이스라엘의 직무를 대신하게 하였으니
곧 하나님을 섬기는 일이었다(출19:6, 민3:45).

악인이 의인의 대속물이 되는 것이 상례이나(잠21:18)

예언대로 의인이 악인의 대속물 되시려 오셨으니(사55:13, 60:17)
그가 예슈아시다(사53:5).

그가 성전을 헐면 사흘 동안에 일으키리라 하셨으니
성전 된 자기 육체의 죽음과 부활로(요2:19~20)
여호와 이름이 아닌 예슈아 아버지의 이름으로(요5:43)
죄 없는 하나님의 아들이 대신 죽으려 하심이요(고후5:20),
이스라엘 백성 대신 레위인이 아닌 하나님의 본체가 인자 되어 오사
그 목숨 가지고 대속물로 섬기려 하심이다(마20:28).

그는 죽으시며 다 이루었다 하셨으니(요19:30)
① 독생자를 희생시키신 아버지의 사랑을 나타내심(마27:46, 요일4:10).
② 질투의 신, 죄의 원흉 마귀를 심판하심(사14:12~15, 창3:4~6).
③ 의인으로서 불의한 인류 대신 희생양이 되심이다(고전5:7, 벧전3:18).

그는 부활하사 그 사랑의 나라로 올리우셨고(골1:13)
성령은 그리스도의 사랑으로 강권하사(고후5:14)
그리스도 나 대신 죽으심을 믿는 자에게
그리스도 대신 살게 하시는바
전에는 나밖에 모르던 이기주의자가
이제는 남을 생각하고 헌신적인 삶을 살게 하시니
그리스도 대신 사신이 되어 세상에 나아가 그리스도의 사랑을 전하고
세상에 사는 동안 그리스도의 사랑을 실천하려 애쓰는 자니
사랑은 곧 희생임이다.

오! 주여,
나 같은 악인, 나 같은 죄인,
나 같은 이기주의자, 나밖에 모르는 자를 대신해서
하나님의 아들, 아니 하나님이 죽으시다니…
우리, 어느 곳이든
이 큰 사랑 알지 못하는 사람들을 찾아가
목숨 걸고 전하게 하옵시고,
고아를 입양해서라도
내 삶에서 그 사랑을 실천하도록
심각하게 고민하게 하옵소서. 아멘.

7

구속의 은총

에베소서 1:7, 베드로전서 1:18~19

하나님은 은혜의 주가 되십니다. 그에게서 은혜가 나오고, 그는 은혜 줄 자에게 은혜를 주시는 분입니다(출33:19). 그는 은혜를 아는 자에게는 더 큰 은혜를 주시는 분입니다. 여기서 아주 중요한 부분을 짚고 넘어가야 합니다. 여호수아가 하나님의 성품에 대해 아주 중요한 것을 기록한 것이 있습니다. 하나님께서는 저주받은 자가 되게도 하시고 은혜를 입지 못하게 하여 망하게도 하신다는 것입니다.

"그들의 마음이 강퍅하여 이스라엘을 대적하여 싸우러 온 것은 여호와께서 그리하게 하신 것이라 그들로 저주 받은 자 되게 하여 은혜를 입지 못하게 하시고 여호와께서 모세에게

명하신 대로 진멸하려 하심이었더라"(수11:20)

신앙은 하나님의 은혜로 구속받았음을 믿는 것입니다. 다시 말해 하나님의 피로 사신 바 되어 그의 것이 됨을 아는 것입니다. 그리고 신앙생활은 성결한 처소로 들어가기까지 은혜로 인도받기 위해 주인의 기쁨과 유익이 되기 위해 애쓰는 생활입니다.

"주께서 그 구속하신 백성을 은혜로 인도하시되 주의 힘으로
그들을 주의 성결한 처소에 들어가게 하시나이다"(출15:13)

성결한 처소는 거룩한 처소, 즉 은혜의 보좌가 있는 하늘 아버지 집입니다. 주께서 구속하신 백성을 은혜로 인도하여 그리로 들어가게 하시는 것입니다.

속죄, 대속, 구속은 영어로는 다 'redemption'입니다. 그러나 그 뜻이 조금씩 다릅니다. 속죄(贖罪)는 제물이 죽어 '죗값을 갚다'라는 뜻이고, 대속(代贖)은 제물이 사람 대신 희생한 것을 말하며, 구속(救贖)은 '되사다'라는 뜻으로 제물의 핏값을 지불하고 샀다는 것입니다.

예를 들어 어떤 주인에게 노예가 있었는데 도망을 갔습니다. 몇 년이 흐른 어느 날 노예시장에서 그 노예를 다시 만납니다. 늙고 병까지 들어 몰골이 말이 아닙니다. 주인은 그 노예가 너무 불쌍해서 다시 돈을 주고 삽니다. 이렇게 자기 것이었는데 돈을 주고 되사는 것을 구속이라고 합니다. 하나님이 구속의 은총을 베풀었다고 할 때에 어떤 은혜를 베푸셨

는지 감을 잡으시기 바랍니다.

하나님이 모든 만물을 지으셨습니다. '모든 세계와 거기 충만한 것이 내 것이니라'고 하셨습니다(시50:12). 하늘도 땅도 강도 모든 것이 다 하나님의 소유라는 것입니다. 보이는 세계와 보이지 않는 세계가 다 하나님의 것입니다.

그런데 이를 망각하고 죄를 범한 자가 바로 아담입니다. 하나님이 에덴동산을 창설하시고 아담으로 하여금 동산을 다스리고 지키게 하셨습니다. 그곳은 모든 것이 아름답고 풍성했습니다. 하나님은 아담에게 모든 실과를 먹을 수 있는 자유를 허락하셨지만 단서를 붙이셨는데 '선악을 알게 하는 나무의 실과는 먹지 말라 먹으면 정녕 죽으리라'고 명령하셨습니다(창2:16~17). 너는 주인이 아니니 최소한 이것만은 기억하고 범하지 말라고 하신 것입니다.

아담의 아내 하와는 '선악과를 먹어도 결코 죽지 않을 뿐더러 네가 먹으면 너도 하나님같이 되리라'는 뱀의 유혹에 넘어가 그 실과를 따먹었습니다. 그리고 아담에게 주어 먹게 했습니다. 그로 인해 그들은 마귀의 종이 되었습니다. 거짓되고 헛된 것을 숭상하는 자가 되어 자기에게 베푸신 하나님의 은혜를 망각한 것입니다(욘2:8). 이제 모든 세계는 다 마귀의 것이 되고 말았습니다(눅4:6).

이런 상태에서 하나님의 구속의 역사가 시작되었습니다. 자기의 소유를 되찾으시는 하나님의 역사가 이스라엘의 출애굽으로부터 개진됩니다.

애굽의 종살이 430년 만에 하나님이 모세를 불러 '내 백성 이스라엘을 이끌어내라.'고 명령하셨습니다(출3:10). 그래서 모세가 바로에게 가서 '이스라엘의 하나님 여호와의 말씀에 내 백성을 보내라 하셨나이다.'고 말했더니 바로는 '여호와가 누구관대 내가 그 말을 듣고 이스라엘을 보내겠느냐 나는 여호와를 알지 못하니 이스라엘도 보내지 아니하리라.'고 거절했습니다(출5:1~2). '아니, 애굽의 종이 된지 430년이 되었는데 무슨 자격으로 내놓으라고 하느냐?'라는 뜻입니다.

여호와가 누구인지 알게 하기 위해 하나님은 이적들을 보여주기 시작합니다. 정신 차릴 사이 없이 열 가지 재앙을 내리셨습니다. 열 번째 재앙 끝에 바로가 손을 번쩍 들어버렸고 이스라엘은 하룻밤 사이에 애굽에서 빠져 나오게 되었습니다.

광야에 이른 그들에게 하나님은 너희는 거룩한 백성이라고 하셨습니다(출19:6). "나는 너를 애굽 땅, 종 되었던 집에서 인도하여 낸 너의 하나님 여호와로라" 이 말씀을 여러 번 반복하시면서 이 사실을 잊지 않게 하셨습니다(출20:2).

> "너는 무릇 초태생과 네게 있는 생축의 초태생을 다 구별
> 하여 여호와께 돌리라 수컷은 여호와의 것이니라"(출13:12)

하나님은 애굽 전역 모든 장자와 초태생을 다 죽이고 양의 피를 문설주에 바른 집만 이끌어내셨습니다. 하나님의 명령을 따라 양의 피를 바른 이스라엘 가정의 장자와 초태생은 구원을 받은 것입니다. 이것을 잊지 않도록 하기 위해 '초태생은 내 것이라'고 말씀하셨습니다.

그래도 잊어버릴까봐 '레위인은 내 것이라'고 말씀하셨습니다(민 3:12, 45). 초태생도 하나님의 것이요, 레위인도 하나님의 것입니다. 이 것을 기억하도록 하기 위해 양으로 대속하게 하셨습니다. 그것도 모자 라서 사람의 몸값을 정하셨습니다.

> "이스라엘 자손에게 고하여 이르라 사람을 여호와께 드리기
> 로 서원하였으면 너는 그 값을 정할찌니 너의 정한 값은 이
> 십 세로 육십 세까지는 남자이면 성소의 세겔대로 은 오십
> 세겔로 하고 여자이면 그 값을 삼십 세겔로 하며 오세로 이
> 십 세까지는 남자이면 그 값을 이십 세겔로 하고 여자이면
> 십 세겔로 하며 일 개월로 오 세까지는 남자이면 그 값을 은
> 오 세겔로 하고 여자이면 그 값을 은 삼 세겔로 하며 육십 세
> 이상은 남자이면 그 값을 십오 세겔로 하고 여자는 십 세겔
> 로 하라"(레27:2~7)

몸값에는 남자와 여자의 차이가 있고, 젊은이와 늙은이의 차이가 있 습니다. 나는 어디에 해당하는가 보니 은 십 세겔밖에 안 됩니다.

성소에 있는 여호와 이름은 여호와는 이스라엘의 구속자라는 것을 기억하게 했습니다. 그래서 예레미야 31장 2절에 "나 여호와가 이같이 말하노라 칼에서 벗어난 백성이 광야에서 은혜를 얻었나니 곧 내가 이 스라엘로 안식을 얻게 하러 갈 때에라"고 했습니다. 애굽에서 구속한 백성을 광야에서 은혜로 이끌어 가시고 마침내 가나안 땅, 안식처로 인

도하신다는 것입니다.

이스라엘은 어디서부터 구속받았습니까? 대적의 손에서 구속받았고, 애굽의 무거운 짐에서 구속받았고, 기근과 전쟁의 칼에서 구속받았고, 모든 환난에서 구속받았습니다. 그러나 이는 어디까지나 육체적인 구속이었습니다.

하나님은 하시도 이를 잊지 않게 하시려고 이스라엘에게 율법을 주시고 성소를 짓게 하신 것입니다. 그럼에도 그들은 목이 곧은 백성이라 가나안 땅에 들어와 이방 백성과 섞여 살면서 자기를 구속한 여호와를 잊고 구속의 날을 기억하지 않았습니다. 사십 년 동안 광야에 살면서 여호와의 구속을 날마다 체험했지만 좀 평안해지자 모든 것을 망각했던 것입니다.

이에 진노하신 하나님은 재앙을 퍼부으셨습니다. 전쟁이 나게 하고 포로로 끌려가게 하셨습니다. 주권을 잃고 압제를 당하는 와중에도 이스라엘 백성들은 성전이 건재하는 한 언젠가는 여호와의 구속의 날이 올 것이라고 기대하였습니다. 예루살렘 성전은 이스라엘의 희망이었던 것입니다.

그 성전 앞에 예슈아가 나타나 "너희가 이 성전을 헐라 내가 사흘 동안에 일으키리라"고 말씀하셨습니다(요2:19). 이는 성전 된 자기 육체의 죽음과 부활을 가리켜 말씀하신 것입니다.

성전 안에는 구속자의 이름이 있습니다. 과거 예루살렘 성전에는 이스라엘의 구속자 여호와 이름이 있었습니다. 예슈아께서 헐었다 다시 일으킬 성전에는 만민의 구속자 예슈아 이름이 있을 것입니다. 이제는 특정한 민족 이스라엘의 구속자가 아니라 전인류의 구속자가 되시겠다는 것입니다.

여호와 이름으로 이스라엘을 육체의 환난에서 구속했지만 예슈아 이름으로 모든 인류의 영을 음부의 권세에서 속량하시고 사망에서 구속하시겠다는 것입니다(호13:14). 과거에는 양의 피로 이스라엘을 애굽의 종살이에서 구속하셨지만 이제는 하나님의 아들의 피로 전인류를 마귀의 종에서 구속하시겠다는 뜻입니다.

도대체 예슈아는 누구시기에 그런 말을 할 수 있는 것입니까? 자기의 한 몸을 가지고 어떻게 전인류를 속량한단 말입니까? 율법으로 치면 예슈아의 몸값은 은 오십 세겔에 불과합니다. 오십 세겔밖에 안 되는 그 몸값으로 어떻게 전인류의 영혼을 속량한다는 것입니까?

> "태초에 말씀이 계시니라 이 말씀이 하나님과 함께 계셨으니
> 이 말씀은 곧 하나님이시니라"(요1:1)
> "말씀이 육신이 되어 우리 가운데 거하시매 우리가 그 영광
> 을 보니 아버지의 독생자의 영광이요 은혜와 진리가 충만하
> 더라"(요1:14)

무한하신 하나님이 육체로 오셨습니다. 비록 그가 제한받는 육체로, 제한받는 시간 속에 오셨다 할지라도 그의 육체는 말씀이기 때문에 시간과 능력을 초월할 수 있는 속성이 있습니다. 그러므로 예슈아는 이스라엘의 구속자가 아니라 전인류의 구속자가 되시는 것입니다.

이스라엘 사람들은 그의 이적을 보고 그를 임금 삼으려고 했습니다. 그만하면 이스라엘 구속자로서 마땅하다고 생각했던 것입니다. 로마의 식민통치에서부터 해방되어 독립국가로서 번영을 기대한 것이었습니다. 그런데 예슈아는 피하는 것이었습니다(요6:15).

그러면서 예슈아는 환난의 징조들을 말씀하시고 그때에 이런 일이 일어날 것이라고 예고하셨습니다.

> "그때에 사람들이 인자가 구름을 타고 큰 권능과 영광으로 오는 것을 보리라 이런 일이 되기를 시작하거든 일어나 머리를 들라 너희 구속이 가까웠느니라 하시더라"(눅21:27~28)

그날이 바로 너희의 구속의 날이라고 말씀하신 것입니다. 이스라엘 사람들은 당장 현세에서 구속이 이뤄지기를 원했는데 '구름을 타고 큰 능력과 큰 영광으로 온다. 하늘에 올랐다가 다시 온다.'고 하자 그의 말을 용납할 수 없었습니다.

예슈아는 '나는 죽고 사흘 만에 살아나리라. 나는 하늘에 올라갈 것이다. 내가 다시 올 때는 너희를 구속하리라.'고 말씀하시며 뜬구름 잡는 얘기만 하셨습니다. 이를 알아듣지 못하는 자들, 나아가서는 현세에서 구원받기를 원했던 자들에게는 실망만 안겨주었습니다. 결국 그들은 예슈아를 이스라엘의 회복에 도움이 안 되고 오히려 소동만 일으킨다고 판단하여 제거하기로 마음먹었습니다.

예슈아는 그런 궤계를 아시면서 일부러 예루살렘으로 올라가셨습니다. 예루살렘에서 이스라엘의 구속이 이루어질 것이라는 예언이 있었기 때문입니다. 예상대로 예슈아는 잡혀서 로마군에 넘겨졌고 빌라도는 그를 살려주었다가는 민란이 일어날 것 같아서 십자가에 못 박도록 넘겨주었습니다.

그는 죽으시면서 '다 이루었다!'라고 선포하셨습니다. 그는 무엇을 다 이루셨습니까?

첫째, 그는 자신을 죽음에서 건지실 아버지만이 구속자라는 사실을 인정하셨습니다.

> "그는 육체에 계실 때에 자기를 죽음에서 능히 구원하실 이
> 에게 심한 통곡과 눈물로 간구와 소원을 올렸고 그의 경외하
> 심을 인하여 들으심을 얻었느니라"(히5:7)

그는 아버지의 계명대로 죽으심으로 자기 목숨을 드려서 아버지의 뜻을 이루셨습니다. '아버지여! 죽는 일까지는 감당했사오니 음부의 권세에서 나를 구속해주옵소서. 나를 구속하실 이는 아버지밖에 없나이다.'라고 고백하신 것입니다.

둘째, 인류로 하여금 죄를 짓게 하고 영혼을 도둑질한 마귀는 정죄받았습니다.

셋째, 그가 죽으실 때 흘리신 피는 전인류를 구속하셨습니다. 이것이 하나님의 은혜입니다.

대속만을 위해서라면 예슈아께서 꼭 십자가에 달리실 필요는 없습

니다. 사망권세를 멸하시고 죽으시는 것까지가 하나님의 의도라면 처참한 십자가형으로 죽으실 필요가 없었습니다. 손끝에 바늘만 찔려도 얼마나 아픕니까? 예슈아께서 십자가에 못 박혀 여섯 시간 동안 달려서 물과 피를 다 쏟으신 것은 그 피로 아담 안에 있는 전인류를 값주고 사시기 위함이었습니다.

본문에 "너희가 알거니와 너희 조상의 유전한 망령된 행실에서 구속된 것은 은이나 금같이 없어질 것으로 한 것이 아니요 오직 흠 없고 점 없는 어린 양 같은 그리스도의 보배로운 피로 한 것이니라"고 하지 않았습니까?(벧전1:18~19) 전인류는 죄 때문에 마귀와 함께 지옥에 갈 수밖에 없었습니다. 범죄한 영혼을 구속할 수 있는 것은 영적인 피밖에 없습니다. 짐승의 피는 영혼의 죄를 구속할 수 없습니다.

예슈아는 말씀이 육신이 되어, 말씀이 피가 되어 오셨습니다. 그의 육체는 말씀의 영입니다. 그의 피는 하나님의 피이기 때문에 전인류를 살 수 있는 것입니다. 마지막 아담의 피로 첫 아담 안에 있는 전인류를 사셨습니다.

양의 피는 일 년밖에 효력이 없습니다. 예슈아의 피는 영이기 때문에 영원한 효력이 있는 것입니다. 창세 때부터 시작하여 세상 종말때까지 태어날 전인류를 그 피로 사셨습니다.

겉으로 보기에는 오십 세겔밖에 안되는 사람인데 그 피로 전인류를 사셨다는 것이 놀랍지 않습니까? 어떻게 그런 일이 생길 수 있습니까? 이것이 바로 하나님의 은혜입니다.

하나님은 창세 전에 인류에게 은혜를 베푸시기로 작정하셨습니다.

인류가 죄를 범했을 때 할 수 없이 하나님의 아들을 보내시기로 작정하신 것이 아닙니다. 하나님은 영원 전부터 은혜로운 분이십니다. 하나님은 영원 전, 말씀으로 계실 때부터 은혜를 베푸시기로 작정하셨습니다.

누구에게 은혜를 베푸시려 하셨습니까? 자기 형상의 모양대로 지음받은 영적 존재, 아담입니다. 그것이 언제 이루어졌습니까? 예슈아가 십자가에서 죽으시는 순간에 다 이루어진 것입니다. 구속한 자들을 은혜로 인도하시려고 피를 흘려주신 것입니다.

인류는 원래 하나님의 소유였는데 마귀가 거짓말로 속여서 훔쳐갔습니다. 하나님은 마귀에게 '너 왜 훔쳐갔어? 이리 내놔!'라고 하시지 않고, 아들의 죽음으로 인류의 죗값을 치러주시고 아들의 피로 인류를 되사셨습니다. 이제는 전인류가 하나님의 것이 된 것입니다. 믿는 사람이든 안 믿는 사람이든 전인류는 아담 안에서 예슈아의 것이 된 것입니다. 전인류는 그의 보혈로 사신 바 되었습니다.

성령은 바로 이 사실을 알려주려고 오신 영입니다. '예슈아 그리스도께서 은혜로 너희 영혼을 사셨느니라.'고 하시는 것입니다. 예슈아를 믿는 사람은 이 사실을 인정하는 사람입니다. 점 없고 흠 없는 고귀한 피로 나를 사주셨다고 믿는 사람이 그리스도인입니다. 자기의 가치가 얼마짜리인지 아는 사람이 그리스도인입니다. 세상 사람들은 자기 몸에 장식한 은과 금과 보석으로 자랑하려고 합니다. 그리스도인은 은이나 금이 없어도 그리스도의 보혈로 사신 바 된 나 영혼 자체를 보석으로 아는 것입니다.

그러므로 믿는 사람은 자기 자신을 비하(卑下)하면 안 됩니다. 겸손과 비하는 다릅니다. 겸손은 내가 스스로 낮추는 행위지만 비하는 자신의 가치를 모르고 자기 자신을 무시하는 것입니다. 그 때문에 무엇을 하다가 실패하면 자괴감을 느끼고 나아가서 우울증에 빠지며 자살까지 하는 것입니다. 자기 자신이 아무 가치가 없다고 생각하기 때문에 살 의욕도 없는 것입니다.

그리스도인은 남들이 나를 어떻게 보든지 상관없습니다. 이 세상에 나와 바꿀 수 있는 존재는 아무 것도 없는 것을 아는 사람입니다. 금도 아니고 은도 아니고 출세도 아니고 영광도 아닙니다. 물론 이것은 육체를 말하는 것이 아니고 나 영혼을 말하는 것입니다. 나 영혼보다 가치 있는 것은 아무 것도 없습니다.

그런데 얼마나 많은 사람들이 자기 영혼을 출세와 바꾸고, 세상 영광과 바꿉니까? 은혜를 받았다 하면서도 경제적으로 형편이 조금 나아지면 교회를 떠나 멀리 이사를 갑니다. '어느 교회에 가려고 하세요?' 하고 물으면, '아, 사람 사는데 어디든지 교회야 있겠죠.' 합니다. 자기 영혼문제는 하나도 중요하지 않습니다.

하나님이 어떤 값을 치르고 나 영혼을 사셨는지 아십니까? 독생자와 똑같은 가치로 보시고 독생자의 피로 값주고 사신 것입니다. 전인류를 사셨다고 하니까 '나의 가치는 칠십억 분의 일인가?' 하실지 모르겠습니다. 그렇지 않습니다. 아담 안에서 영은 하나입니다. 개체 하나하나를 독생자와 똑같이 취급하시고 하나도 아깝지 않게 그 값을 치르셨습니다.

나 영혼은 보석 같은 영혼입니다. 자기 영혼을 값싸게 여기면 안 됩니다. 자신을 실패자(loser)로 생각하는 것 자체가 보혈의 값을 모르기 때문입니다. 내가 잘되든지 못 되든지, 가난하든지 부유하든지, 형통하든지 불통하든지 나는 보석 같은 영혼입니다. 내가 그리스도의 보배로운 피로 값 주고 산 영혼임을 안다면 자기 몸값을 과시해야 하지 않겠습니까?

사람들은 자기의 몸값을 과시하느라 별짓을 다 합니다. 뉴욕 양키스(New York Yankees)가 일본인 야구투수를 거액으로 영입했습니다. 그 일본인 투수가 미국으로 올 때, 어떻게 온지 아십니까? 세상에서 가장 큰 여객기인 보잉 787기를 전세 내어 타고 왔습니다. 이에 대해 뉴스는 대서특필하고 난리를 쳤습니다.

메이저리그 야구선수의 최고 연봉이 3천만 불정도라고 합니다. 한 달에 250만 불인 셈입니다. 그들이 밤낮 하는 일이라곤 야구공을 던지고 받고 치고 달리는 것뿐입니다. 그런데도 세상은 그런 사람에게 천문학적인 돈을 안겨줍니다. 그만한 가치가 있다고 생각하기 때문입니다.

저는 예슈아 그리스도의 보배로운 피로 사신 바 된 보석 같은 나 영혼이기 때문에 어디를 가든지 당당합니다. 화장기도 없이 티셔츠를 입고 초라하게 헬스장(gym)에 가도, 일단 누구하고 말을 시작하면 어느 틈엔가 당당하게 말하고 있습니다. 나는 누구에게든지 주눅 들지 않습니다.

내가 그리스도의 피로 사신 바 되었다면 생활 자체가 고결하게 살아야 하지 않겠습니까? 값을 해야 하지 않겠습니까? 만일 왕실의 피를 받은 왕자라면 함부로 선술집에 들어가 막 놀아나겠습니까? 우리가 만일 예슈아 그리스도의 피로 값 주고 산 영혼이라면 더 이상 짐승같이 살 수 없습니다. 육체적, 세상적, 정욕적, 마귀적으로 살 수 없습니다. 정결하고 고귀한 예슈아 피의 향기를 내면서 살아야 합니다.

'나는 주님의 것이다!' 라는 사실이 자랑스럽지 않습니까? 유명한 가문에 시집간 여자는 자기 남편을 그리 자랑스러워 합니다. 나의 주인은 예슈아 그리스도이십니다.

병들고 추한 나를 사주지 않았더라면 나에게는 고통과 죽음밖에 없었을 것입니다. 은혜로 주님이 나를 사주셨다는 사실이 너무 감사합니다. 나는 그분을 나의 주인으로 모시는 것이 너무 행복합니다. 나는 나의 주인을 사랑하기 때문에 나를 제한할 어떠한 구실도 법도 없습니다. 내가 사랑을 표현함에 있어서 제한하고 싶지 않습니다. 최고의 것으로 주님을 섬기고 싶습니다.

나 영혼이 주의 것임은 말할 것도 없고 내 육체도 주의 것입니다. 내가 배운 지식이나 기술, 아니면 갖고 있는 재물이나 시간까지도 다 주의 것입니다. 그러므로 이 모든 것들을 그에게 기쁨이 되고 유익이 되기 위해 써야 합니다.

내가 주의 것이라면 또한 나는 교회의 것입니다. 내가 교회의 것이 되었다면 교회가 필요로 할 때 내 것을 내놔야 합니다. '교회에서 왜 이런 걸 해야 합니까?' 하고 따진다면 아직도 은혜를 받지 않았기 때문입니다. 자신이 예슈아의 보혈로 사신 바 된 것을 모르기 때문입니다. 보혈로 사주신 것이 부담스럽습니까? 천상천하에 나를 다시 사갈 자가 있습니까? 보혈보다 비싼 것이 어디 있습니까? 다시 무를 수가 없습니다. 나는 영원히 그의 것이 된 것입니다.

그렇다면 나의 것은 아무것도 없는 것입니다. 내 것은 주의 것이요, 교회의 것입니다. 추상적으로 '주의 것' 하는 것은 좋았는데 현실적으로 '교회의 것' 하면 질색합니다. 교회는 그리스도의 몸입니다. 예슈아가 피로 산 내 영혼을 교회에 맡기신 것입니다. 사도행전 20장 28절에 '하나님이 자기 피로 사신 영혼을 교회에 맡겼다.'고 하지 않습니까?

그러므로 주인이 부르시면 언제든지 '주여, 내가 여기 있나이다. 나를 쓰시옵소서.' 해야 합니다. 내가 배운 기술도 학식도 재주도 다 내 것이 아닙니다. 나는 다만 주님을 섬기는 것만으로도 감사해야 합니다. 그래야 은혜로 구속한 자들을 은혜로 인도하시는 것입니다.

인류의 구속은 2천 년 전에 다 이루어졌습니다. 그런데 예슈아 그리스도의 피로 사신 바 된 것에 대해 반항하는 자들이 아직도 세상에 있습니다. 아직도 지옥 권세를 벗어나지 못한 연고입니다. 광야 같은 세상에 있는 동안 은혜로 인도를 받아야 합니다.

나는 성령의 인도를 받으리라!
나는 은혜로 인도 받으리라!
나는 교회의 인도를 받으리라!

다 똑같은 말씀입니다. 왜 이렇게 해야 합니까? 바울은 '성령의 처음 익은 열매를 받은 우리까지도 속으로 탄식하여 양자 될 것 곧 우리 몸의 구속을 기다리느니라'고 했습니다(롬8:23). 영혼은 이미 예슈아의 피로 구속을 받았습니다. 그런데 음부, 곧 사망권세를 벗어나서 성결한 처소로 들어가는 것은 몸의 구속을 받아야 하기 때문입니다. 신령한 몸으로 새롭게 되어야 비로소 아버지 집에 들어갈 수 있는 것입니다.

하나님의 아들을 영원한 후사로 삼으시는 것이 하나님의 의도입니다. 그 과정에서 천사였던 마귀를 이용하신 것이고 사람을 만드신 것입니다. 사람은 하나님 의도의 부산물인 셈입니다. 그렇다고 있어도 좋고 없어도 괜찮은 부산물이 아닙니다. 왜냐하면 하나님은 창세 전에 인류에게 은혜 베푸실 것을 작정하셨기 때문입니다. 하나님이 아들을 죽음에서 건져내어 하늘로 올리우시고 인간은 버려도 그만입니다. 그런데 창세 전부터 하나님은 그 피로 인류를 사시기로 작정하신 것입니다. 이것이 은혜입니다.

여러분은 자신이 얼마짜리라고 생각하십니까? 내 육체를 보면 십 세 겔도 안 된다고 생각합니다. 누가 나 같은 사람을 돈주고 사겠습니까? 개도 안 물어간다는 말처럼 도리어 돈을 줘도 안 가져 갈 것입니다. 삽살개도 십만 불짜리가 있다는데 저는 그런 개보다 못합니다. 이렇게 아무 쓸모없는 자를 독생자의 보혈을 주고 사주시다니 '주여, 은혜로소이다. 나를 사주시다니 나는 기꺼이 주의 것이 되겠습니다. 나를 은혜로 인도하여 주옵소서.' 이것이 나의 고백이자 우리의 고백이 되어야 합니다.

은혜 받고 처음에는 기뻐하고 열심히 하다가 왜 점점 핑계가 많고 원망이 많습니까? 은혜로 구속을 받았다는 것은 믿지만 은혜로 인도받는다는 사실을 망각했기 때문입니다. 얼마든지 우리를 버릴 수 있으셨지만 은혜로 오늘까지 붙잡아주시고, 교회로 불러주시고 말씀으로 붙잡아주신 것이 은혜 아닙니까? 이를 망각하고 살았던 것을 회개하시기 바랍니다.

나는 입이 백 개라도 할 말이 없습니다. 나는 주님이 보혈로 나 영혼을 사신 이 한 가지만 가지고도 감사할 뿐입니다. 우리 모두, 은혜로 끝까지 주님의 인도를 받으시기를 예슈아 이름으로 축원합니다.

구속의 은총

성경본문 (엡1:7, 벧전1:18~19)

하나님은 은혜의 주가 되시다.
그는 은혜 줄 자에게 은혜 주시고(출33:19)
은혜로 구속하신 자를 은혜로 인도하사
성결한 처소에 이르게 하시는 분이다(출15:13).

신앙은 나 영혼이 보혈로 사신 바 됨을 믿어 그의 것 됨을 아는 것이요,
신앙생활은 거룩한 처소에 들어가기까지 은혜로 인도받기 위해
주인의 기쁨이 되고 유익이 되는 생활이다.

성서 중 속죄, 대속, 구속은 다 죗값 갚음에 관한 용어라
속죄 – 제물이 죽어 죄인이 죄사함 받음
대속 – 제물이 죄인 대신 희생함
구속 – 제물의 피로 값 치름

만물은 하나님의 지으신바 다 그의 것이라(시50:12)
아담이 마귀에게 속아 은혜를 망각하고 선악과를 먹으므로
인류는 마귀의 종(것)이 되었으니(창2:17, 3:4~6, 벧후2:9)
마귀는 베푸신 은혜를 망각하고 범죄하여 하늘에서 떨어져(욘2:8)
큰 심판의 날까지 음부에 갇힌 사단이다(사14:12~15, 벧후2:4, 계12:9).

하나님의 인류 구속사역이 시작되었으니 곧 이스라엘의 출애굽이라
유월절 밤 양의 피 바르고 장자의 죽음에서 건짐 받은바(출13:12~15)
종 되었던 그들이 하나님의 거룩한 백성이 되고(사62:12)
초태생, 레위인은 여호와의 것이 되게 하신바(출13:12, 신13:12).
율법은 그 무르기 위한 법으로 사람의 몸값까지 정했다(레27:2~7).

성소는 여호와 = 이스라엘의 구속자임과(사49:7)
은혜로 칼에서 벗어난 백성을 은혜로 인도하사
안식을 얻게 하려 하심을 기억하게 하신바(렘31:2),
애굽의 무거운 짐(출6:6), 대적의 손(시107:12), 기근 전쟁(욥5:20),
모든 환난에서 구속하심이다(시25:22).

여호와의 구속을 망각한 자들에게 재난이 그치지 않은바 (시78:42)
예루살렘 성전은 이스라엘의 구속을 고대하는 그들에게 유일한 소망이 되었다.

예슈아께서 성전을 헐면 사흘 동안에 일으키리라 하심은
성전 된 자기 육체의 죽음과 부활로(요2:19~20)
이스라엘의 구속자 여호와 이름이 아닌
만민의 구속자 예슈아 이름으로(요5:43, 17:2)
육체의 환난에서가 아닌 영의 사망, 음부의 권세에서(호13:14)
짐승의 피가 아닌 인자의 피로 구속하려 하심이다(엡1:7).

그는 죽으시며 다 이루었다 하셨으니(요19:30)
① 그를 죽음에서 건지실 아버지만이 구속자이심(히5:7).
② 영혼 도적 마귀를 심판하심(요8:44, 요일3:8).
③ 하나님의 의도를 위하여 사용한 인류를 버려도 그만인데
    은혜로 아담 안 전인류를 그 피로 구속하사(요1:14, 고전15:22, 엡1:7)
    그의 것 삼으심이다(롬14:8, 벧전1:18~19).

그는 부활하사 하늘보좌에 앉으신 어린양이시라.
성령은 보혈로 사신 영혼들을 은혜로 인도하려 오셨고,
그리스도인은 나 영혼의 가치를 아는 자라
자신을 비하(卑下)하지 않고, 누구 앞에서도 주눅들지 않으며
자신의 고결함을 지키어 짐승같이, 마귀 종같이 살지 않으며
나 영혼, 내 육체, 내 모든 시간, 지식, 기술, 재물 등이
다 주의 것, 교회의 것 됨을 아는고로
주인이 언제든지 쓰시기에 편하고, 준비돼 있으려 하니
주 오시는 날, 몸의 구속을 기다림이요(롬8:23),
음부를 빠져나가 거룩한 성에 이르기까지 끝까지 은혜로 인도 받으려 함이다.

오, 주여!
나 같이 무가치한 자를
독생자, 아니 하나님의 피로 사시다니
세상인도 자기 몸값을 맘껏 과시하는데
보석 같은 나 영혼! 내 가치를 맘껏 과시하게 하소서.
우리 모두, 주의 것, 교회의 것 됨을 망각하지 말게 하옵시고
끝까지 은혜로 인도받는 자 되게 하소서. 아멘.

믿음의 결국 영혼의 구원

히브리서 11:6, 베드로전서 1:9

하나님은 살아계신 분입니다(마16:16, 행14:15, 딤전4:10, 히9:14). 하나님은 그 존재가 세세토록 살아 계시고(계10:6) 그의 말씀도 항상 살아 있는 분입니다(히4:12, 벧전1:23).

신앙은 이 사실을 액면 그대로 믿는 것입니다. 그리고 신앙생활은 나 영혼의 구원을 얻기 위하여 그 말씀대로 순종하고 사는 생활입니다.

믿음의 목적도 결과도 결국 영혼의 구원을 얻는 것입니다. 만약 그렇지 않을 경우에 무서운 경고의 말씀도 있습니다.

"살아계신 하나님의 손에 빠져 들어가는 것이 무서울찐저"
(히10:31)

하나님은 복 주시고 은혜로우시고 사랑이 많으신 분이란 것은 두 말할 필요가 없습니다. 그런데 하나님의 말씀에는 긍정적인 면이 있는가 하면 부정적인 면도 있습니다. 긍정을 더욱 긍정되게 하기 위한 장치인 것입니다. 그러므로 살아있는 하나님의 손에 빠져 들어가지 않도록 경계해야 합니다.

사람들은 나름대로 다 믿음이 있습니다. 은행거래, 상거래, 부동산거래 등 다 믿음으로 합니다. 비행기도 엘리베이터도 케이블카도 다 추락하지 않을 것이라는 믿음을 가지고 탑니다. 전신마취하는 대수술도 다시 깨어날 줄 믿고 하나밖에 없는 몸을 맡깁니다. 지구상 수많은 사람들이 있는데 딱 한 사람을 택해서 하는 결혼도 믿음으로 합니다. 믿음 없는 사람은 아무도 없습니다.

이러한 믿음을 신념(self-confidence)라고 합니다. 신념은 자연인의 믿음이요, 주관적인지라 사람마다 각각 다릅니다. 이러한 믿음은 자기 지식과 자기 경험을 토대로 한 고로 하나님의 약속도 보장도 없습니다.

하나님이 요구하시는 믿음은 신념이 아닙니다. 신앙(faith)입니다. 신앙은 하나님의 믿음입니다. 이것은 하나님에게서 온 것이기 때문에 객관적이요, 하나님의 말씀을 토대로 한 것이기 때문에 하나님의 약속과 보장이 100퍼센트 있습니다.

> "믿음이 없이는 기쁘시게 못하나니 하나님께 나아가는 자는
> 반드시 그가 계신 것과 또한 그가 자기를 찾는 자들에게 상
> 주시는 이심을 믿어야 할찌니라"(히11:6)

우리는 신념보다 더 큰 신앙을 가져야 합니다. 하나님께 나아가려면 믿음이 필요합니다. 오늘도 우리는 하나님께 나아가려고 예배에 나온 것입니다. 목적이 없는 믿음은 관념입니다. 믿음의 결국은 영혼의 구원이기 때문에 매우 중요합니다.

성경이 요구하는 기본적인 믿음은 무엇입니까?

첫째, 보이지 않는 존재가 있다는 것을 믿어야 합니다. 하나님과 천사는 보이지 않지만 존재합니다. 그뿐 아니라 사람 안에 영이 존재합니다. 또한 보이지 않는 세계, 곧 천국뿐 아니라 지옥도 있다고 믿어야 합니다. 그러니까 영적 존재와 영적 세계를 인정해야 하는 것입니다. 믿음은 보이지 않는 것을 믿는 것입니다.

신신학, 해방신학은 영적 존재와 영적 세계에 대해 무지합니다. 보이는 현상만을 중요시하기 때문에 현실구원을 주장합니다. 그러나 성경은 처음부터 끝까지 보이지 않는 존재와 보이지 않는 세계에 대해 말하고 있습니다.

하나님은 영원부터 영원까지 세세토록 살아계신 분입니다. 그는 시간도 공간도 필요 없으십니다. 시간과 공간이 필요 없는 유일하신 존재가 하나님이십니다.

천사는 시작한 시점, 지음 받던 날이 있습니다(겔28:15). 그런데 영적 존재이기 때문에 지음 받던 날로부터 영원히 존재합니다. 천사는 영계 하늘에서 창조되었습니다.

사람은 하나님의 형상대로 흙으로 지음을 받았습니다. 하나님은 사람에게 생기를 불어넣어서 사람을 생령 되게 하셨습니다. 사람이 영적 존재가 된 것입니다. 사람은 음부 안, 땅에서 지음 받았습니다.

천사는 영계 하늘에서 지음 받아 하나님이 허락하시는한 거기서 존재할 수 있습니다. 사람은 음부(陰部)에서 지음 받았지만 하나님이 열어 놓으신 길을 따라가면 영계 하늘에 가서 살 수 있습니다. 그것이 믿음입니다. 이 음부는 앞으로 영원한 불못이 될 우주를 말합니다.

둘째, 모든 세계는 하나님의 말씀으로 지어진 것을 믿어야 합니다.

"믿음으로 모든 세계가 하나님의 말씀으로 지어진 줄을 우리가 아나니 보이는 것은 나타난 것으로 말미암아 된 것이 아니니라"(히11:3)

한마디로 창조설을 믿어야 합니다. 창조설을 부인하는 것은 기독교 신앙이 아닙니다. 아무리 유명한 신학자, 대형교회 목사라 할지라도 진화론, 또는 부분진화론을 주장하는 자는 믿음이 없는 자요, 그 결국은 영영한 지옥불입니다.

창세기 1장은 하나님이 '있으라!' 하고 명령하시니 모든 세계가 그대로 지어졌다고 말하고 있습니다. 하나님이 말씀으로 모든 만물을 지으신 것입니다.

하나님이 이 땅에 에덴동산을 설치하시고 거기에 아담을 두시고 명령하시기를 '모든 동산의 열매는 다 먹어도 좋다. 그러나 동산 중앙에 있는 선악과는 먹지 말라. 먹으면 정녕 죽으리라.' 하셨습니다(창 2:16~17).

동산 안에 뱀이 있었는데 마귀가 그 뱀을 타고 여자를 꾀었습니다. '하나님이 너보고 먹으면 죽는다고 했다고? 너 먹어도 결코 죽지 않아. 네가 하나님 될까봐 그러는 거야.'라고 했습니다.

마귀의 거짓말에 속은 하와가 그 실과를 따먹고 아담에게 주어 먹게 하였습니다. 그로 인해서 죄가 아담 안에, 곧 영 안에 들어와 마귀의 종이 되었습니다. 그로 인해 인류는 마귀와 그 사자들을 위해 예비된 영영한 불, 곧 지옥에 갈 운명에 처하게 된 것입니다(마25:41).

하나님은 인류의 구원을 여러 가지 사건으로 보여주십니다. 제일 먼저 노아의 홍수 사건입니다. 하나님이 사람을 지으신 후 '번성하라, 충만하라'고 명하셨기 때문에 지구상에는 사람이 가득히 살고 있었습니다. 그 중 노아에게 하나님은 '모든 혈육 있는 자의 강포가 땅에 가득하므로 그 끝날이 내 앞에 이르렀으니 내가 그들을 땅과 함께 멸하리라. 짐승이든 사람이든 코에 기식 있는 모든 육체들은 다 멸절할 것이다. 너는 방주를 지어 네 가족의 생명을 보존하라.'고 경고하셨습니다. 그러면서 방주의 식양도, 준비할 것들도 일일이 지시해 주셨습니다.

노아가 이 말씀을 들었을 때, 그 무서운 대홍수의 조짐은 전혀 보이지 않았습니다. 믿음으로 노아는 아직 보지 못하는 일에 경고하심을 받아 하나님을 경외하므로 방주를 지었고 그 결과 그와 그 집이 구원을 받았습니다(히11:7).

전 지구를 휩쓸은 대홍수에서 구원받은 사람은 오직 노아네 가족 8명밖에 되지 않습니다. 그 나머지 전인류는 다 몰살당했습니다. 이런 것을 볼 때, 하나님은 무시무시한 분입니다. 살아계신 하나님의 그 손에 빠져 들어가는 것이 얼마나 무서운지 실감이 납니다.

하나님에 대한 오해 때문에 사람들은 믿음을 하찮게 여깁니다. 전인류가 다 몰사하는 중 단 노아 가족만 구원받은 것은 오직 믿음 때문입니다.

이미 나이 80으로 늙은 모세가 어떻게 430년 종살이하던 이스라엘을 애굽에서 해방시킬 수 있었습니까? 믿음입니다.

> "믿음으로 애굽을 떠나 임금의 노함을 무서워 아니하고 곧
> 보이지 아니하는 자를 보는것 같이 하여 참았으며 믿음으로
> 유월절과 피 뿌리는 예를 정하였으니 이는 장자를 멸하는 자
> 로 저희를 건드리지 않게 하려 한 것이며"(히11:27~28)

모세는 하나님의 말씀대로 유월절 밤에 애굽 전역에 장자와 초태생이 다 죽을 것을 믿었습니다. 그래서 양을 잡아 그 피를 문설주와 좌우 인방에 바르고 집 안에 있어 죽음을 피하라는 하나님의 명령을 전달했습니다. 그대로 순종한 결과 이스라엘 모든 집에 죽음이 피해갔습니다. 그 역사를 보고 이스라엘 백성들은 430년 살던 곳을 하룻밤 사이에 유감없이 떠나게 된 것입니다.

그 후 그들이 홍해를 만났지만 '믿음으로 홍해를 육지같이 건넜다'고 했습니다(히11:29). 모세와 이스라엘 백성들은 물이 갈라져 벽이 된 그 사이를 걸어가는 체험을 했습니다.

하나님은 그들을 광야로 인도하셨습니다. 광야로 들어간 이스라엘

백성의 수는 레위인을 제외한 20세 이상 남자 장정이 육십만 삼천 오백 오십 명에 이르렀습니다(민1:46, 49). 4~5만 명 정도 되는 레위인까지 합하면 남자 장정만 70만입니다. 아녀자까지 합한다면 약 200만 명 이상이라고 추정합니다. 이 많은 사람들 중 여호수아와 갈렙 그리고 20세 미만으로 계수에 들어가지 않은 자들을 제외하고는 다 광야에서 죽고 말았습니다(민14:29~30). 아주 극소수만이 광야를 빠져나간 것입니다.

하나님이 요구하시는 것은 믿음입니다. 이스라엘 자손은 하나님이 젖과 꿀이 흐르는 땅으로 인도하신다는 것을 믿어야 했습니다. 430년 전 그들의 조상에게 예언하신 대로 하나님은 그들을 이방의 종이 되게 하셨고 또 그 약속대로 4대 만에 그들을 이끌어내셨다는 사실을 잊지 말아야 했습니다. 아무리 불만스럽고 원망스러운 환경이라 할지라도 끝까지 순종했어야 했습니다.

광야에서 살아남은 후손들이 가나안 땅에 들어갔습니다. 하나님은 그들에게 예루살렘 성전을 짓게 했습니다. 성전에 여호와 이름을 두게 하셨으니 그 이름은 구원자 하나님의 이름입니다.

"나 곧 나는 여호와라 나 외에 구원자가 없느니라"(사43:11)

여호와는 이스라엘을 애굽의 종에서 구원하셨고, 바다에서 구원하셨고, 광야에서 구원하신 구원자의 이름입니다. 그들에게 여호와 이름이 있는 성전을 바라보며 여호와가 이스라엘의 구원자라는 것을 기억하게 했던 것입니다. 이스라엘이 구원받은 체험은 그것 말고도 너무 많습니다. 전쟁에서 구원받고 멸망자에게서 구원받고 재해에서 구원받았습니다.

그럼에도 불구하고 그들은 좀 배불리 먹고 살 만하면 곧 마음이 변해 자기를 구원하신 하나님을 잊어버렸습니다. 자신들의 구원의 하나님을 잊어버리고 다른 신을 섬기고 우상을 만들고 절했습니다(사17:10).

하나님은 가차 없이 재앙을 보내셨습니다. 천재지변을 일으키기도 하시고, 전쟁을 도발시켜 진멸당하게도 하시고, 포로로 끌려가게도 하셨습니다. 이스라엘은 민족은 존속해도 나라가 없는 비운을 맞게 된 것입니다. 이는 하나님의 살아계심과 하나님의 말씀의 효력도 살아있다는 사실을 망각한 자들의 결국입니다.

예루살렘이 이방나라에게 점령당하고 이스라엘이 주권을 빼앗겼지만, 그들은 이스라엘의 회복을 포기하지 않았습니다. 여호와 이름이 있는 성전만 건재하고 그들이 하나님의 말씀에 부종(附從)하면 하나님이 그들을 돌아보실 것이라고 믿었습니다. 그리고 하나님이 보내시는 구원자, 곧 메시아가 예루살렘 동편 문을 통해 올 것이라는 예언을 믿었습니다.

이런 성전 앞에 예슈아께서 나타나 '이 성전을 헐라 내가 사흘 동안에 일으키리라'고 말씀하셨습니다(요2:19). 여호와 이름으로 전쟁에 능한 왕이 올 것을 기다리고 있던 그들에게 예슈아의 말씀은 증오심을 불러일으키기에 충분했습니다.

예슈아의 말씀은 여호와는 이스라엘 민족을 모든 육체의 환난에서 구원했지만 예슈아는 모든 영혼들을 영원한 사망, 지옥 될 음부에서 구원할 것이라는 뜻입니다. 죗값 사망 때문에 불타는 우주를 벗어날 수 없는 영혼들을 구원하시려고 하나님의 아들이 인자 되어 오신 것입니다. 그래서 예슈아, 곧 구원자라는 이름을 가지고 오신 것입니다. 예슈아는 아버지의 이름입니다.

> "나는 내 아버지의 이름으로 왔으매 너희가 영접지 아니하나 만일 다른 사람이 자기 이름으로 오면 영접하리라"(요 5:43)
>
> "나는 세상에 더 있지 아니하오나 저희는 세상에 있사옵고 나는 아버지께로 가옵나니 거룩하신 아버지여 내게 주신 아버지의 이름으로 저희를 보전하사 우리와 같이 저희도 하나가 되게 하옵소서"(요17:11)

예슈아께서 각종 병든 자를 고치시고 귀신을 쫓아내시며 심지어 죽은 자도 살리시며 구원하셨습니다. 그러자 그의 구원을 바라는 수많은 사람들이 그를 따라다녔습니다.

어느 날 예슈아께서 제자들에게 '사람들이 나를 누구라고 하느냐?'고 물으셨습니다. 제자들은 이렇게 대답했습니다.

> "가로되 더러는 침례 요한, 더러는 엘리야, 어떤 이는 예레미야나 선지자 중의 하나라 하나이다"(마16:14)

과거 선지자들도 이스라엘 민족을 여러 곤경에서부터 구원한 역사가 있기 때문에 예슈아를 선지자 중의 하나로 여겼던 것입니다.

이에 예슈아는 제자들에게 '너희는 나를 누구라 하느냐?'라고 물으셨습니다. 시몬 베드로는 '주는 그리스도시요 살아계신 하나님의 아들이시니이다'라고 대답했습니다(마16:16).

> "예수께서 대답하여 가라사대 바요나 시몬아 네가 복이 있도
> 다 이를 네게 알게 한 이는 혈육이 아니요 하늘에 계신 내 아
> 버지시니라"(마16:17)

죽으면 없어질 사람을 보고 살아계신 하나님의 아들, 곧 하나님이라고 말할 수 있는 것은 성령 아버지께서 가르쳐준 지식이라는 것입니다. 앞의 베드로의 대답이 그 자신에게서 나온 것이 아니라는 사실은 다음의 예슈아의 말씀에 대한 베드로의 반응으로 입증됩니다.

> "이때로부터 예수 그리스도께서 자기가 예루살렘에 올라가
> 장로들과 대제사장들과 서기관들에게 많은 고난을 받고 죽
> 임을 당하고 제 삼일에 살아나야 할 것을 제자들에게 비로소
> 가르치시니"(마16:21)

예슈아께서 자신의 죽음과 부활을 말씀하시자 베드로는 예슈아를 붙들고 간곡히 말하기를 '주여 그리 마옵소서 이 일이 결코 주께 미치지

아니하리이다.'라고 했습니다(마16:22). 바로 얼마 전에는 '당신은 살아 계신 하나님의 아들이니이다'라고 말해놓고 금방 '죽지 마소서' 했다는 것은 그 말이 자기 말이 아니었다는 것입니다.

예슈아의 말씀을 깨닫지 못한 것은 다른 제자들도 마찬가지였습니다. 사람의 지식과 경험을 가지고서는 사람이 죽었다가 다시 살아난다는 것을 도저히 믿을 수가 없었던 것입니다.

차라리 주님과 함께 죽을지언정 절대로 주님을 부인하지 않겠다던 베드로는 예슈아가 잡혀갔을 때 '너도 갈릴리 사람 예슈아와 함께 있었도다.'라는 말에 극구 부인했습니다(마26:69~74). '너는 오늘밤 닭 울기 전에 세 번 나를 부인하리라' 하신 주님의 말씀이 그대로 이루어진 것입니다(마26:34).

예슈아가 가야바 뜰에 끌려갔을 때 베드로는 그곳까지 따라가 봤습니다. 동정을 살펴보니 주님은 고문을 받고 심문을 당하고 있었습니다. 정황 없이 세 번이나 부인하고 있던 중 베드로의 눈과 예슈아의 눈이 딱 마주쳤습니다(눅22:61). 그 순간 베드로는 주님을 세 번이나 부인한 자신이 너무 부끄러웠습니다. 너무 비참한 나머지 밖에 나가 심히 통곡했습니다.

인간의 의리나 정으로 예슈아가 살아계신 하나님의 아들이라는 믿음을 유지할 수 없었던 것입니다. 다른 제자들도 비굴하기는 마찬가지라 예슈아가 죽는 현장에도 따라가지 못했습니다.

예슈아는 그가 말씀하신 대로 잡혀갔고 모진 고문 끝에 나무에 달렸습니다. 인간의 상상을 초월하는 심한 고통 속에서 피 한 방울, 물 한 방울 남기지 않고 다 쏟아내셨습니다. 다시 살 수 있는 가능성이 전무한 마지막 순간, 그는 '다 이루었다'라고 말씀하셨습니다(요19:30).

사람은 탈수가 심해도 죽습니다. 탈수증에 걸리면 고통스럽기도 하고 정신이 없으며 혈압까지 올라간다고 합니다. 무슨 말을 할 수 있는 조건이 아님에도 불구하고 그는 '다 이루었다.'고 말씀하셨습니다. 그는 무엇을 다 이루셨습니까?

첫째, 자기를 죽음에서 능히 구원하실 이는 아버지이심을 고백하셨습니다(히5:7). 그는 죽음으로 아버지께서 그에게 주신 계명을 이루셨습니다. 아버지께서 그를 다시 살리신다는 말씀을 믿었기 때문에 자기 목숨을 내려놓으신 것입니다.

그가 십자가형을 피하지 아니하신 것은 혹 다시 살아날 수 있는 가능성을 100퍼센트 배제한 것입니다. 스스로 다시 살아날 수도, 그 누구도 다시 살릴 수 없는 완전 죽음이 십자가형입니다.

그래서 그는 죽으시기 전날 밤 겟세마네 동산에서 심한 통곡과 눈물로 간구와 소원을 아버지께 올리신 것입니다(히5:7). 자기를 죽음에서 능히 구원하실 이는 오로지 아버지 한 분밖에 없다는 절규였던 것입니다. 그러므로 숨이 지는 마지막 순간 '아버지여, 내 영혼을 받아 주옵소서. 아버지는 나의 구원자이십니다.'라고 하신 것입니다. 이로써 아버지는 영광을 받으셨습니다.

둘째, 죄의 원흉 마귀를 심판하셨습니다(창2:17, 3:4~6, 요일3:8). 인류를 속여 사망을 주고 죽음을 무기로 인류를 공갈협박하며 종노릇하게 한 마귀를 심판하신 것입니다. 그는 사망으로 사망권세자를 십자가에 못박아 버린 것입니다(히2:14~15).

셋째, 그 피로 전인류를 구속하셨습니다(엡1:7). 그 피로 값을 치르시고 전인류 영혼들을 몽땅 사신 것입니다.

믿음은 예슈아의 피로 나 영혼이 팔린 것을 믿는 것입니다. 예슈아의 피, 구속의 피는 믿음으로 받을 수 있습니다. 믿는 자는 자기 영혼을 마침내 구원함에 이르게 하는 자입니다.

> "우리는 뒤로 물러가 침륜에 빠질 자가 아니요 오직 영혼을
> 구원함에 이르는 믿음을 가진 자니라"(히10:39)

아버지께서 그를 사흘 만에 다시 살리셔서 하늘 보좌에 앉게 하셨습니다. 성경은 하늘 보좌에 앉으신 이를 어린양이라고 묘사합니다.

어린양이란 무엇을 뜻합니까? 첫째, 전에 죽임 당했던 흔적을 가지고 지금 살아계신 이를 말합니다(계1:18). 둘째, 죽을 때 피 흘리고 죽은 이라는 것을 증거하는 것입니다.

어린양 예슈아 그리스도께서 하늘 보좌에 앉으셔서 천천만만 천사의 창화를 세세토록 받으시는 것입니다.

> "큰 소리로 외쳐 가로되 구원하심이 보좌에 앉으신 우리 하
> 나님과 어린양에게 있도다 하니"(계7:10)

세세토록 부를 찬송의 내용은 '구원하심이 보좌에 앉으신 우리 하나

님과 어린양에게 있도다'입니다. 예슈아 그리스도, 우리의 구원자가 보좌에 앉아 계십니다. 손의 못자국과 몸에 창자국을 가지신 이가 나 영혼을 죄와 사망에서, 마귀 손아귀에서 구원하신 것입니다.

그가 하늘에 오르신 후 몇 날이 못 되어 성령이 오셨습니다. 성령은 예슈아 그리스도의 구속을 믿는 자, 곧 그 영혼에 예슈아의 피를 가진 영혼에 들어오십니다. 세상은 성령을 보지도 못하고 알지도 못합니다.

> "저는 진리의 영이라 세상은 능히 저를 받지 못하나니 이는 저를 보지도 못하고 알지도 못함이라 그러나 너희는 저를 아나니 저는 너희와 함께 거하심이요 또 너희 속에 계시겠음이라"(요14:17)

믿음은 예슈아 그리스도가 십자가에서 죽으셨다는 것만 믿어서는 안 됩니다. 예슈아 그리스도가 지금도 살아 계시다고 믿어야 합니다.

불신자 남편은 '이 마누라, 정신 나갔어. 아니 죽었던 자가 어떻게 살아났다는 거야?' 하며 비웃습니다. 그저 좋은 말씀 하시고 훌륭하게 살다가 죽은 사람은 종교 교주입니다. 석가도 공자도 그런 축에 속합니다.

믿음은 십자가에 못 박혀 죽었던 예슈아가 지금도 살아 계시다고 믿는 것입니다. 십자가에서 물과 피를 다 흘리고 완전히 죽었던 예슈아를 살아계신 하나님이 다시 살리셨다고 믿는 것입니다.

믿는 자는 무엇을 믿어야 합니까?

첫째, 예슈아 그리스도는 살아 계시다는 것을 믿어야 합니다. 그 믿음을 성령이 인(印)을 쳐주셔야 믿음을 끝까지 지속할 수 있습니다. 만일 과격파 이슬람교도에게 끌려가 '너희가 말하는 예슈아, 살아있어? 죽었어? 네가 만일 그가 죽었다고 말하면 너를 살려주고, 그가 살았다고 말하면 너는 죽었어!' 한다면, 여러분은 어찌하실 것입니까? 정말, '예슈아는 살아 계시오~~~'라고 할 것입니까? 목이 두 동강 나더라도, 나는 '예슈아는 살아 계시오~~~'라고 말할 것입니다.

예슈아 그리스도께서 승천하시고 아버지께 구하여 성령을 보내주셨습니다(요14:16). 성령은 예슈아 부활의 증인이십니다. 죽은 자 가운데서 예슈아를 부활시키신 이가 성령이십니다(롬8:11). 부활하신 예슈아 그리스도를 모시고 하늘 보좌에 이르게 하신 이도 성령이십니다. 예슈아 그리스도가 지금 하늘에 살아계신 것을 체일 잘 아시는 이가 성령이십니다.

> "예수를 죽은 자 가운데서 살리신 이의 영이 너희 안에 거하
> 시면 그리스도 예수를 죽은 자 가운데서 살리신 이가 너희
> 안에 거하시는 그의 영으로 말미암아 너희 죽을 몸도 살리
> 시리라"(롬8:11)

성령을 받으면 이것이 믿어지는 것입니다. 아무리 고문을 당해도, 죽음 앞에서도 부인할 수 없습니다. 이 때문에 순교할 각오는 돼있어도 순교할 자신 있는 사람은 없습니다. 성령이 끝까지 붙잡아 주셔야 가능

한 것이 순교입니다.

둘째, 예슈아의 피가 내 안에 있다고 믿어야 합니다. 예슈아께서 2000년 전에 흘리신 피가 어떻게 내 안에 있다는 것입니까? 혈액검사를 해도, 엑스레이를 찍어도 안 나오는 그 피가 어떻게 내 안에 있다고 장담합니까? 이도 성령이 믿게 해주십니다.

> "성령이 친히 우리 영으로 더불어 우리가 하나님의 자녀인
> 것을 증거하시나니"(롬8:16)

내 안에 예슈아의 피가 있습니다. 예슈아 이름을 영접하는 자 그 이름을 믿는 자에게는 그 피가 그 안에 들어온 것입니다.

예슈아 그리스도는 지금 살아계시다!
예슈아 그리스도의 피가 내 안에 있다!

성령이 증거해 주시는 이 두 가지 사실 때문에 사람이 변하는 것입니다. 이 믿음을 가진 사람은 의롭다 함을 받습니다. 하늘나라에 갈 자격이 주어진다는 것입니다.

> "그러면 이제 우리가 그 피를 인하여 의롭다 하심을 얻었은
> 즉 더욱 그로 말미암아 진노하심에서 구원을 얻을 것이니"
> (롬5:9)

과거에는 율법을 지켜야 의롭다 함을 받고 구원받는다는 약속이 있었습니다. 그러나 지금은 율법을 범하고 악행한 자라도 믿음으로 예슈아의 피를 나 영혼에 받아들여 그 피로 의롭다 함을 입습니다.

로마서 4장 13절에는 이를 '믿음의 의'라고 말합니다. 내가 천당 갈 자격은 믿음의 의밖에 없습니다. 예슈아 그리스도를 믿는 그 믿음의 의밖에 없습니다. 이는 행위에서 난 것이 아니라 믿음에서 난 것이니 은혜로 된 것입니다.

성령께서 증거해 주시는 믿음은 영혼을 구원함에 이르는 믿음입니다.

"우리는 뒤로 물러가 침륜에 빠질 자가 아니요 오직 영혼을
구원함에 이르는 믿음을 가진 자니라"(히10:39)
"믿음의 결국 곧 영혼의 구원을 받음이라"(벧전1:9)

의롭다 함을 받는 것도 믿음으로 되는 것이고 불타는 우주를 빠져나가 구원에 이르는 것도 믿음으로 되는 것입니다.

로마서 10장 10절 '사람이 마음으로 믿어 의에 이르고 입으로 시인하여 구원에 이르느니라'는 말씀을 오해해서 얼마나 많은 사람이 지옥에 갈지 모릅니다. 마음으로 믿고 입으로 한번 '주는 그리스도시요 살아계신 하나님이십니다'라고 시인했다고 구원이 완성된 것은 아닙니다.

"갓난아이들같이 순전하고 신령한 젖을 사모하라 이는 이

로 말미암아 너희로 구원에 이르도록 자라게 하려 함이라"

(벧전2:2)

여기 분명히 '구원에 이르도록 자라게 하라'고 하지 않습니까? 구원
은 불타는 우주에서, 지옥 될 음부에서 빠져나가야 완성되는 것입니다.
문제는 아직도 우리가 우주 안에 있고 육체 안에 있는 것입니다. 그래서
바울은 '두렵고 떨림으로 구원을 이루라'고 한 것입니다.

> "그러므로 나의 사랑하는 자들아 너희가 나 있을 때 뿐 아니
> 라 더욱 지금 나 없을 때에도 항상 복종하여 두렵고 떨림으
> 로 너희 구원을 이루라"(빌2:12)

2000년 전에 예슈아가 십자가에 죽는 순간, 전인류는 구속을 받았습
니다. 태초에 아담부터 시작해서 아직 태어나지도 않은 사람들까지 다
한 아담입니다. 예슈아께서 죗값을 치러주셨고 그 피로 첫째 아담 안에
있는 자를 모두 사주셨습니다.

모든 인류는 그의 것입니다. 그렇다고 모든 자가 구원받는 것은 아
닙니다.

> "또 천국은 마치 바다에 치고 각종 물고기를 모는 그물과 같
> 으니 그물에 가득하매 물가로 끌어내고 앉아서 좋은 것은 그
> 릇에 담고 못된 것은 내어 버리느니라"(마13:47~48)

그물에 각종 물고기를 다 잡았으나 그 중에서 좋은 고기만 취하고 나쁜 고기는 버리신다는 것입니다. 전인류가 다 구속은 받았으나 구원받지 못할 자들은 천지에 깔렸습니다. 과연 구원받을 영혼은 몇 퍼센트나 될까요?

노아 때 전 지구상의 인류가 다 수장당하고 단 8명만 살아남았습니다. 이스라엘 민족이 애굽에서 나올 때 남자만 70여 만 명, 아녀자들을 합하면 200만 명 정도 나왔습니다. 그 중에서 2명만 가나안 땅으로 들어가고 나머지는 광야에서 다 엎드려 죽었습니다. 그러니까 구속은 하나님이 은혜로 주셨으나 구원은 각자가 이뤄가야 하는 것입니다.

"내가 내 몸을 쳐 복종하게 함은 내가 남에게 전파한 후에 자기가 도리어 버림이 될까 두려워함이로라"(고전9:27)

바울은 구원을 이루기 위해 자기 몸을 쳐서 복종시킨다고 했습니다.

"그러므로 우리는 두려워할찌니 그의 안식에 들어갈 약속이 남아 있을지라도 너희 중에 혹 미치지 못할 자가 있을까 함이라 저희와 같이 우리도 복음 전함을 받은 자이나 그러나 그들은바 말씀이 저희에게 유익되지 못한 것은 듣는 자가 믿음을 화합지 아니함이라"(히4:1~2)

복음은 '하나님의 아들이 사람으로 오셔서 인류의 죗값을 갚으셨다'

는 것입니다. 속죄, 구속, 대속은 이미 선포되었습니다. 성경은 분명히 안식에 들어갈 약속이 남아 있을지라도 혹 미치지 못할까 두려워하라고 했습니다. 혹시 복음을 들어도 그 말씀이 유익되지 못하는 이유는 복음을 들을 때 믿음을 화합하지 않기 때문입니다. 구속의 복음을 들은 자가 믿음을 합해야 구원이 이루어지는 것입니다.

복음(구속)+믿음 ⇒ 구원

구원은 공짜로 되는 것이 아닙니다. 구원은 복음에다 믿음을 더해야 이루어집니다. 그러면 믿음은 무엇을 말합니까?

"내 형제들아 만일 사람이 믿음이 있노라 하고 행함이 없으면 무슨 이익이 있으리요 그 믿음이 능히 자기를 구원하겠느냐"(약2:14)

자기를 구원하는 것이 믿음입니다. 자기를 구원하지 못하는 믿음은 믿음이 아닙니다. 구원 못 받고 지옥에 갈 바에야 실컷 하고 싶은 짓 다 하다가 가는 것이 낫지 않겠습니까? 교회를 다닌답시고 이것도 못하고 저것도 못합니다. 앞으로 가자니 태산이고 뒤로 가자니 강산이니 죽을 지경입니다.

믿음은 행함이 있어야 합니다. 행함은 도덕적인 행함뿐 아니라 말씀에 순종하는 것을 말합니다. 그래서 우리 신앙을 계시의 신앙 또는 말씀의 신앙이라고 하는 것입니다.

말씀에 복종, 순종하는 것이 믿음입니다. 말씀도 없고 말씀도 모르고 덮어놓고 따라가는 것은 믿음이 아닙니다. 맹신입니다. 성경의 말씀이 그러하니까 나도 그러하다고 순종하는 것이 믿음입니다.

> "형제들아 너희가 삼가 혹 너희 중에 누가 믿지 아니하는 악
> 심을 품고 살아계신 하나님에게서 떨어질까 염려할 것이요"
> (히3:12)

악심(惡心)이란 강도질하고 살인하는 것을 말하는 것이 아닙니다. 성경에서 악심은 믿지 않는 것을 말합니다. 믿음이 있는 마음은 선한 양심이고 믿음이 없는 마음은 악심입니다. 이 악심을 가진 자는 하나님이 버리실까 두려워하라는 것입니다.

> "오직 오늘이라 일컫는 동안에 매일 피차 권면하여 너희 중
> 에 누구든지 죄의 유혹으로 강퍅케 됨을 면하라"(히3:13)

죄의 유혹으로 강퍅케 되지 말라는 것입니다. 강퍅케 된다는 말은 하나님의 경고에 겁이 안 나는 것입니다. 하나님의 명령에 꿈쩍하지도 않고 지옥을 아무리 말해도 전혀 두려움이 없습니다.

> "우리가 시작할 때에 확실한 것을 끝까지 견고히 잡으면 그

리스도와 함께 참예한 자가 되리라 성경에 일렀으되 오늘날 너희가 그의 음성을 듣거든 노하심을 격동할 때와 같이 너희 마음을 강퍅케 하지 말라 하였으니 듣고 격노케 하던 자가 누구뇨 모세를 좇아 애굽에서 나온 모든 이가 아니냐 또 하나님이 사십 년 동안에 누구에게 노하셨느뇨 범죄하여 그 시체가 광야에 엎드러진 자에게가 아니냐 또 하나님이 누구에게 맹세하사 그의 안식에 들어오지 못하리라 하셨느뇨 곧 순종치 아니하던 자에게가 아니냐"(히3:14~18)

믿음은 한마디로 말해 하나님의 말씀에 순종하고 복종하는 것입니다. 순종은 말씀하신 이를 믿고 말씀의 내용이 납득이 되어 그대로 행하는 것입니다. 복종은 말씀하신 이는 믿으나 그 내용이 이해가 되지 않아도 그대로 행하는 것을 말합니다.

"그러므로 모든 들은 것을 우리가 더욱 간절히 삼갈찌니 혹 흘러 떠내려갈까 염려하노라 천사들로 하신 말씀이 견고하게 되어 모든 범죄함과 순종치 아니함이 공변된 보응을 받았거든 우리가 이같이 큰 구원을 등한히 여기면 어찌 피하리요 이 구원은 처음에 주로 말씀하신 바요 들은 자들이 우리에게 확증한 바니 하나님도 표적들과 기사들과 여러가지 능력과 및 자기 뜻을 따라 성령의 나눠주신 것으로써 저희와 함께 증거하셨느니라"(히2:1~4)

천사들로 하신 말씀, 곧 율법을 순종치 아니한 자들은 그 당장에 공변된 보응을 받았습니다. 그런데 은혜로 구속을 받은 자들이 이 큰 구원을 등한이 여기면 어찌 구원을 이루겠느냐는 것입니다.

지옥에서부터의 구원이야말로 두 번 다시 기회가 없습니다. 혹시 율법을 범했을지라도 그들이 회개하고 속죄제사를 드리면 구원받을 기회가 있었습니다. 그러나 복음은 마지막입니다. 복음을 변개하거나 더 할 말이 없습니다. 복음을 듣고 순종치 아니하면 영원한 보응을 피할 수 없는 것입니다.

구원이 중요하다는 것을 나타내주기 위해서 표적과 기사도 같이 나타내 주셨습니다. 오늘날 성령시대에 예슈아의 피가 내 안에 있는 자, 예슈아 그리스도가 살아있다고 믿는 자, 내 영이 산 자라면 반드시 살아계신 아버지 앞에 가야 합니다.

불타는 우주에서 나 영혼을 구원할 믿음은 그 말씀에 순종하고 복종하는 믿음입니다. 성경 말씀에 순종 복종하는 것은 말할 것도 없고 목사가 그 말씀 그대로 전한다면 목사의 말에도 순종 복종해야 합니다. 그뿐 아니라 교회에서 준 직분과 일들도 순종, 복종함으로 수행해야 합니다.

저는 내게 주신 영혼들 하나도 지옥에 가는 자 없게 구원하게 해달라고 기도합니다. 그렇다고 목회자가 아양을 떨고 설득하려고 애쓸 필요가 없습니다. 살아계신 하나님의 말씀을 그대로 전하면 됩니다. 미사여구가 필요 없습니다. 교인들은 듣고 따라오는 것입니다.

우리 교회 교인이라고 다 구원받을 것 같습니까? 한번 교인이었고 한번 집사였다고 되는 것이 아니라 끝까지 순종 복종하는 자만 마침내 구원을 받습니다.

바울은 항상 복종하면서 두렵고 떨림으로 구원을 이룬다고 했습니다. 율법으로 흠이 없다는 그가 도대체 무엇이 두렵겠습니까? 그는 하나님의 말씀을 무서워했습니다. 지옥을 굉장히 무서워했습니다. 그래서 구원을 가장 큰 것으로 여겼습니다.

큰 믿음을 가지려면 구원 자체를 크게 봐야 가능합니다. 큰 구원인 이유는 지옥에서부터 구원뿐만이 아니라 독생자의 피를 흘리고야 가능했던 구원이기 때문입니다. 우리 모두, 나 영혼을 구원할 믿음을 소유하시기 바랍니다.

우리가 지금 무슨 일을 하고 있든지 죽을 때에는 다 내려놓을 것입니다. 영혼이 내 육체를 빠져나가는 순간, 이 우주를 빠져나가 구원받는 일이야말로 가장 큰 일로 닥쳐올 것입니다.

우리 가족을 위해 하나님께 소원을 아뢴다면 무엇을 아뢰겠습니까? 자기 영혼을 구원할 믿음을 달라는 것입니다. 나는 나대로 구원받으려고 몸부림을 칠 것이니 나의 가족에게도 자기 영혼을 구원할 믿음을 달라는 것입니다.

예배를 마치고 집으로 가면 지금껏 들었던 설교는 싹 잊어버리고 구원과 전혀 관계없이 삽니다. 목사가 아무리 피를 토하듯 설교해도 변하지 않는 교인들을 보면 너무나 안타깝습니다.

이렇게 상세하게 하나님의 말씀을 가르쳐도 순종하지 않는다면 양심에 화인 맞은 것입니다. 과연 그런 믿음이 자기를 구원하겠습니까? 종교성으로 교회를 다니면 안 됩니다. 교회에 오면 하나님이 돌아보실 거라는 종교성으로는 구원받지 못합니다. 신앙은 구체적으로 계시의 말씀을 받고 순종하는 것입니다.

오늘 말씀을 받고 내 영혼이 찔림을 받고 구원받을 만한 믿음을 가져야겠다는 결심이 서십니까? 우리 모두 구원받을 만한 믿음을 소유하시길 예슈아 이름으로 축원합니다.

믿음의 결국 영혼의 구원

성경본문 (히11:6, 벧전1:9)

하나님은 살아계신 분이다(마16:16).
그의 존재가 세세토록 살아계시고(계10:6)
그의 말씀도 항상 살아있는 분이시다(히4:12, 벧전1:23).

신앙은 그를 믿음이요,
신앙생활은 나 영혼의 구원을 위하여 그 말씀대로 사는 생활이다.

세상에 믿음 없는 사람은 아무도 없으니
거래, 투자, 결혼, 수술, 비행기, 케이블카, 선박 탑승 등 다 믿음으로 함이라
믿음에는 두 가지가 있으니
신념 - 자연인의 믿음 - 주관적 - 자기 지식과 경험 토대 - 신의 보장 없음
신앙 - 하나님의 믿음 - 객관적 - 하나님의 말씀 토대 - 신의 약속과 보장 있음

성경이 요구하는 기본 믿음은
① 보이지 않는 존재를 믿음 - 하나님, 천사, 영혼
　　보이지 않는 세계를 믿음 - 하늘나라, 지옥
② 모든 세계 ~~ 하나님의 말씀으로 지어짐을 믿음(진화론 부정)이다.

조상 아담이 속아 선악과를 범함으로 마귀의 종이 된바(창3:4~6, 벧후2:9)
전인류는 마귀와 그 사자를 위해 예비된 지옥불에 들어가게 되었다(마25:41).

하나님의 구원 사역이 시작되었으니 믿음의 사람들을 통해서라
믿음으로 노아는 아직 보지 못하는 일에 경고를 받고 방주를 지어
전인류가 다 수장되는 심판에서 그 가족 8인이 구원받았고(히11:7),
믿음으로 모세는 출애굽 전야 유월절 피 뿌리는 예를 정하여(히11:28)
장자 멸함을 면하고 애굽에서 해방 받아 광야에 이르렀으니
남자 장정 20세 이상만 70만여 명이라(민1:46~49)
그런데 광야 40년 동안 2명 외에 2백만여 명이 다 엎드러져 죽은 것은
들은 말씀을 순종치 않음이었다(히3:16~18).

성소는 '여호와 = 이스라엘의 구원의 하나님'이(사43:11)
모든 환난, 대적으로부터 그들을 구원하셨음을 기억하게 하나

자기 구원의 하나님을 잊어버리고 다른 신을 좇다가 망하였다(사17:10).

예슈아께서 성전을 헐면 사흘 동안에 일으키리라 하심은
성전 된 자기 육체의 죽음과 부활로(요2:19~20)
여호와 이름이 아닌 예슈아 이름으로(마1:21)
육체의 환난이 아닌 영혼을 지옥불에서 구원하려 하신바
그는 말씀이 육신으로 오신(요1:1, 14)
그리스도(사람), 살아계신 하나님의 아들(하나님)이심이다(마16:16).

이를 믿지 않는 유대인들의 조롱 속에(마27:40~43)
그는 십자가에서 죽으시며 다 이루었다 하셨으니(요19:30)
① 자기를 능히 죽음에서 구원하실 이는 아버지이심(히5:7).
② 죄의 원흉 마귀를 심판하심(창2:17, 3:4~6, 요일3:8).
③ 은혜로 전인류를 그 피로 구속하시고(엡1:7)
   각자 믿음으로 자신을 구원함에 이르게 하심이다(히10:39).

그는 부활승천하사 하늘보좌에 앉으신 어린양이시라
일찍 죽임 당한 흔적, 그 몸에서 피 나온 흔적을 가지신 이니
구원하심은 오직 그에게서 나온다(계7:10).

성령은 믿는 자에게 목숨 걸고 믿게 하시는바
① 예슈아 그리스도는 지금 살아계시다
② 예슈아 그리스도의 피가 내 안에 있다
   이를 믿음으로 의롭다 함 받음이요(롬3:30, 4:13),
   영혼을 마침내 구원함에 이르게 하는 것이 믿음임이다(히10:39).

'복음(구속) + 믿음 ⇒ 구원'이라(히4:2)
그리스도인은 구원에 이르도록 자라가야 하는바(벧전2:2)
믿지 않는 악심을 떨쳐 버리고(히3:12)
하나님의 말씀, 성령이 교회에게 하는 말씀을 듣고
두렵고 떨림으로 항상 복종, 순종하려 하는 자니(빌2:12)
믿음으로 나 영혼을 구원함에 이르게 하려함이다.

오! 주여,
내게 주신 자들,
이 큰 구원을 등한히 여기는 자 없게 하소서.
두렵고 떨림으로 항상 복종 순종하여 마침내 구원을 이루게 하소서. 아멘.

9
구원에 이르게 하는 회개

고린도후서 7:8~11

하나님은 거룩하신 아버지입니다. 그는 그의 보배로운 피로 자녀를 낳으시고, 그는 회개하고 돌이키는 자를 거룩하게 하사 거룩한 성에 거하게 하시는 분입니다(렘25:5).

신앙은 하나님의 보배로운 피로 나 영혼이 정결케 됨을 믿는 것입니다. 그리고 신앙생활은 나 영혼이 불타는 지옥에 남지 않고 구원에 이르기 위해 회개하며 마음을 성결케 하는 생활입니다.

본문 마지막에 '너희가 저 일에 대하여 일절 너희 자신의 깨끗함을 나타내었느니라'에서 '저 일'은 회개를 말합니다(고후7:11). 회개함으로 깨끗함을 나타내는 것입니다. '정결하라, 성결하라'는 말은 흠도 없고 점도 없이 아주 깨끗하게 되라는 것입니다(딤전5:22).

"하나님을 가까이 하라 그리하면 너희를 가까이 하시리라
죄인들아 손을 깨끗이 하라 두 마음을 품은 자들아 마음을
성결케 하라"(약4:8)

현재 우리가 살고 있는 우주를 성경에서는 음부(陰部)라고 합니다.
우주는 앞으로 지옥이 될 곳입니다. 지옥은 헬라어로 '게헨나(γέεννα)'
인데 쓰레기 소각장이라는 뜻입니다. 마귀와 그 사자들, 곧 죄와 더러
움을 영영한 불로 태울 곳입니다. 하나님은 영계 하늘에서 범죄한 천
사들을 더럽게 여기시고 큰 날의 심판 때까지 음부에 가두셨습니다(사
14:12~15, 벧후2:4, 유6).

세 영적 공간이 있습니다. 거룩한 성, 성 밖, 지옥으로 나뉘어 있습
니다.

첫째, 거룩한 성은 영계 하늘에 있습니다. 이곳은 정결한 영혼들이
들어가 거하는 곳입니다(고후11:2). 거룩한 성 예루살렘은 얼마나 밝
은 곳인지 밤도 없고 낮도 없고 등도 필요 없다고 묘사되어 있습니다.

둘째, 거룩한 성의 밖이 있습니다. 성 밖은 지옥은 아니고, 영계 하늘
에 있지만 어두운 곳입니다. 얼마나 어두운지 모릅니다. 거기에 간 영
혼들은 영원히 슬피 울며 이를 간다고 하였습니다. 지옥은 안 가고 하
늘나라에는 갔지만 밝은 빛이 있는 아버지 집을 들어가지 못해 영원히
후회하고 또 후회하는 곳입니다.

"임금이 사환들에게 말하되 그 수족을 결박하여 바깥 어두

움에 내어 던지라 거기서 슬피 울며 이를 갊이 있으리라 하
니라"(마22:13)

"개들과 술객들과 행음자들과 살인자들과 우상 숭배자들
과 및 거짓말을 좋아하며 지어내는 자마다 성 밖에 있으리
라"(계22:15)

술객, 행음자, 살인자, 우상 숭배자, 거짓말 하는 자, 나아가서는 악하
고 게으른 자, 불순종하는 자들은 거룩한 성 안에 들어가지 못합니다.

셋째, 지옥은 울 감정도 여유도 없이 사망이라는 고통과 고문을 영원
히 쉴새 없이 받는 불못입니다.

자, 여러분들은 어디를 가기 원하십니까? 만약 여러분이 거룩한 성에
들어가기 원하신다면 거룩해야 합니다. 그래야 거룩하신 아버지의 얼
굴을 뵈면서 영원히 기쁘고 즐겁게 살 수 있습니다.

세상에서도 좀 생각이 있다는 사람은 하루를 지내고 자신을 돌이켜
보며 반성하기도 합니다. 어떤 양심 있는 사람들은 '이렇게 사회에 악
을 끼치고 나라와 부모에게 누를 끼치고 사느니 차라리 죽음으로 청산
하리라.'고 자결하기도 합니다. 종교인들은 참회하며 자숙의 시간을 통
해 자기의 오점을 해결해 보려 고행하기도 합니다.

세상인, 종교인들이 아무리 진심으로 반성하고 참회하고 심지어 자
결한다 할지라도 그것은 구원에 이르는 회개가 아닙니다. 영혼 구원과
는 전혀 관계없습니다. 성경의 기준과 다르기 때문입니다. 세상 사람들
은 자기 양심이 기준이고, 종교인은 자기 교리가 기준입니다. 그리스

도인들의 기준은 하나님의 말씀입니다.

바울은 '내가 너희에게 쓴 그 편지가 너희로 잠시 잠깐 근심하게 한 줄을 앎이라.'고 했습니다(고후7:8). 바울은 편지로 하나님의 말씀을 전했습니다. 고린도교회 교인들이 근심한 기준은 하나님의 말씀이었습니다. 하나님의 말씀 때문에 후회하고 근심하고 회개하면 결국 구원에 이르게 됩니다.

하나님의 말씀을 들으면 처음에는 양심이 찔립니다. 그리고는 부끄럽습니다. '말씀은 그러한데 나는 왜 이렇게밖에 살지 못할까?' 하며 후회가 옵니다. 후회가 커지면 근심이 되고, 근심이 깊어지니까 잘못을 회개하게 됩니다. 회개하고 돌이키다보니 결국 구원에 이르게 됩니다. 이것이 구원의 길이요, 구원의 과정입니다.

하나님은 아담에게 '너는 동산 중앙에 있는 선악을 알게 하는 나무의 열매는 먹지 말라. 먹으면 정녕 죽으리라.'고 명령하셨습니다. 동산에 있던 마귀가 뱀을 통해 '네가 선악과를 먹어도 결코 죽지 아니하리라. 네가 먹으면 하나님같이 되리라.'고 꾀었습니다. 하와가 먼저 선악과를 따먹고 아담에게 주어 먹게 했습니다. 아담의 범죄로 그 후손 전 인류는 마귀의 종이 되었고 마귀와 함께 지옥에 가는 운명에 빠져버리게 되었습니다.

성경은 마귀의 종 된 인류로 하여금 다시 전향하여 마귀와의 관계를 끊고 하나님께 돌아오게 하는 책입니다. 인류로 하여금 하나님의 나라로 들어오게 할 계획이 있었기 때문에 회개하라는 말씀과 장치를 주신 것입니다.

회개라는 말은 구약시대에 많은 선지자들이 사용한 말입니다. 그런데 구약과 신약의 분수령에서 회개라는 말을 아주 크게 외친 사람은 침례 요한입니다. 침례 요한이 외친 회개는 헬라어로 '메타노에이테(μετανοεῖτε)'인데 이는 '하나님에 대한 지식을 수정하라'는 뜻입니다(마3:2). 율법을 지키면 의롭다 함을 받는다는 잘못된 지식을 가진 자들과 아브라함의 자손이라는 잘못된 성별의식에 안주하고 있는 자들에게 한 말입니다. 침례 요한은 하나님에 대한 그들의 잘못된 지식을 수정하라고 외친 것입니다.

예슈아께서 나타나셔서 '회개하라 천국이 가까웠느니라'고 선포하셨습니다(마4:17). 이 회개는 헬라어로 '메타노에이테(μετανοεῖτε)'인데 '하나님께 대한 방향을 수정하라'는 뜻입니다. 예루살렘 성전에 두었던 관심의 초점을 그에게로 전환하라는 것입니다.

베드로는 '너희가 회개하고 예수 이름으로 침례를 받으면 죄사함을 얻으리라'고 외쳤습니다(행2:38). 그가 말한 회개는 헬라어로 '메타노에사테(μετανοήσατε)'인데 이는 '하나님께 대한 자세를 수정하라'는 것입니다. 베드로가 외친 회개에 대해 이스라엘 사람들이 반응했습니다. 자신들이 죄사함을 받아야 하는 죄인이라는 사실을 깨닫고 하루에 삼천 명씩이나 침례 받고 제자가 되는 역사가 일어났습니다.

성경 마지막 요한계시록에 가서는 교회들에게 회개하라고 합니다(계2:5). 그 회개는 헬라어로 '메타노에손(μετανόησον)'인데 '하나님께 대한 너희 마음을 수정하라' 다시 말해 '마음을 바꿔라'라는 뜻입니다.

회개하라는 말이 한국말로 똑같아도 헬라어로 조금씩 다른 데에는 이유가 있습니다. 이것이 회개해서 거룩해 지는 과정인 것입니다. '지식 → 방향 → 자세 → 마음'인 것입니다.

하나님에 대한 지식이 잘못되었다고 하는 것은 이스라엘 사람들이 율법에 대해서 오해하고 있었기 때문입니다.

> "우리가 알거니와 무릇 율법이 말하는 바는 율법 아래 있는 자들에게 말하는 것이니 이는 모든 입을 막고 온 세상으로 하나님의 심판 아래 있게 하려 함이니라 그러므로 율법의 행위로 그의 앞에 의롭다 하심을 얻을 육체가 없나니 율법으로는 죄를 깨달음이니라"(롬3:19~20)

이스라엘 사람들은 율법을 지키면 의롭다고 생각했고 그 의로 구원받는다고 생각했습니다. 그러나 율법으로는 의로워질 육체는 없습니다. 율법은 율법을 지키려는 자에게 죄인임을 깨닫게 하는 장치이기 때문입니다.

> "전에 법을 깨닫지 못할 때에는 내가 살았더니 계명이 이르매 죄는 살아나고 나는 죽었도다"(롬7:9)

계명을 알기 전에는 죄를 알지도 못했는데 계명 때문에 죄가 심히 죄가 되는 것이었습니다. 죄로 심히 죄 되게 하는 법이 율법인 것입니다. 그러므로 하나님에 대한 지식, 율법에 대한 오해를 수정하라는 것입니다.

　율법을 지키다가 범했을 때 살아날 수 있는 방법은 제사를 드리는 것이었습니다. 제사 중에는 속죄일 제사와 속건제가 있습니다.

　속죄일 제사는 일 년에 일차씩 모든 사람이 자기의 모든 죄를 용서받으려고 드리는 제사입니다(레16:34). 이 제사는 속건제처럼 죄를 지을 때마다 매번 드리는 것이 아닙니다. 속건제는 신실치 못하여 범죄하였을 때, 용서받기 위해 무시로 수시로 드리는 제사입니다.

> "누구든지 여호와께 신실치 못하여 범죄하되 곧 남의 물건을 맡거나 전당 잡거나 강도질 하거나 늑봉하고도 사실을 부인하거나 남의 잃은 물건을 얻고도 사실을 부인하여 거짓 맹세하는 등 사람이 이 모든 일 중에 하나라도 행하여 범죄하면 이는 죄를 범하였고 죄가 있는 자니 그 빼앗은 것이나 늑봉한 것이나 맡은 것이나 얻은 유실물이나 무릇 그 거짓 맹세한 물건을 돌려보내되 곧 그 본물에 오분 일을 더하여 돌려보낼 것이니 그 죄가 드러나는 날에 그 임자에게 줄 것이요 그는 또 그 속건제를 여호와께 가져올찌니 곧 너의 지정한 가치대로 떼 중 흠 없는 수양을 속건 제물을 위하여 제사장에게로 끌어 올 것이요 제사장은 여호와 앞에서 그를 위하여 속죄한즉 그는 무슨 허물이든지 사함을 얻으리라"(레6:2~7)

두 제사는 모두 성소에서 짐승의 피를 가지고 드립니다.

또한 부정한 자를 정결케 하는 규례가 있었습니다. 문둥병이나 유출병이 있거나 사체를 만졌다든지 문둥병자를 만졌다든지 나아가서 여자가 출산을 해서 피를 흘렸든지 하면 부정하게 된다고 했습니다. 부정한 자에게는 정결케 하는 물을 뿌리라고 했습니다(레14:8). 정결케 하는 물로 씻었을 때 정결하다고 판단 받는 것입니다.

만약에 더러운데도 불구하고 정결케 하지 않으면 여호와의 성막을 더럽히는 죄에 해당되었습니다(레15:31). 다시 말해 성전을 폄훼한 죄, 성전 모독죄에 걸리는 것입니다. 그래서 유대인들은 음식 먹기 전이나 밖에 나갔다 들어오면 손발을 열심히 씻는 것입니다. 특별히 유월절에는 그들이 자신을 성결케 하려 예루살렘에 갔습니다(요11:55).

거룩한 예루살렘 성전 앞에 예슈아라는 이가 나타나 '너희가 이 성전을 헐라 내가 사흘 동안에 일으키리라'고 말하셨습니다(요2:19). 유대인들은 이야말로 성전모독죄에 해당한다고 생각했습니다. 두 말할 것 없이 그는 죽어 마땅하다고 생각했습니다. 예슈아가 헐면 사흘 동안에 일으키리라 하신 성전은 성전 된 자기 육체의 죽음과 부활을 의미하셨습니다. 이는 많은 의미를 내포하고 있는 말씀입니다.

여호와 이름이 있는 성전은 헐어버리고 자신이 죽었다가 부활할 때에 예슈아 이름이 있는 성전을 일으키겠다는 것입니다. 예루살렘 성전에서는 해마다 짐승의 피로 드리는 제사로 죄사함 받았지만 예슈아께서는 자신의 피로 영원히 영혼의 죄를 사해 주시겠다는 뜻입니다.

또한 예슈아의 몸에서 나온 물로 정결케 하신다는 뜻입니다. 그 피로 영을 정결케 하고 그 물로 마음을 정결케 하는 것입니다. 예슈아께서

'방향을 수정하라'는 회개를 선포하신 것은 자신이 성전이 되고 제물의 피와 물이 되어 인류의 영과 마음을 정결케 하신다는 것입니다.

유대인들은 예슈아의 제자들이 씻지 않은 손으로 떡 먹는 것을 보고 성전모독죄를 범한다고 여겼습니다. 그래서 예슈아에게 '당신의 제자들은 어찌하여 먹을 때 손을 씻지 않습니까?' 하고 따졌습니다. 이에 주님께서는 이렇게 대답하셨습니다.

> "입에 들어가는 것이 사람을 더럽게 하는 것이 아니라 입에서 나오는 그것이 사람을 더럽게 하는 것이니라"(마15:11)
> "입으로 들어가는 모든 것은 배로 들어가서 뒤로 내어 버려지는 줄을 알지 못하느냐 입에서 나오는 것들은 마음에서 나오나니 이것이야말로 사람을 더럽게 하느니라 마음에서 나오는 것은 악한 생각과 살인과 간음과 음란과 도적질과 거짓 증거와 훼방이니 이런 것들이 사람을 더럽게 하는 것이요 씻지 않은 손으로 먹는 것은 사람을 더럽게 하지 못하느니라"(마15:17~20)

아무리 육체를 정결케 해도 소용 없다는 것입니다. 마음에서 나오는 온갖 더러움들이 사람을 더럽게 한다는 것입니다. 주님은 수천년 동안 애써 지켜온 유대인들의 규례를 무용지물로 만들어 버리셨습니다.

예슈아께서 아무리 이적을 행하시고 진리의 말씀을 전하여도 유대인들에게 먹히지 않았습니다. 그들의 마음이 완악함으로 받아들이지 않았습니다. 그들의 완악함에 대해서 예슈아께서 근심하셨습니다(막 3:5).

　예슈아께서는 제자들에게 자신의 죽음을 예언하셨습니다. 그는 성전을 헐라, 율법의 규례들을 무용지물로 만드는 등 죽음을 자초하는 발언을 많이 하셨습니다. 마침내 그의 제자 중 하나인 가룟 유다가 그를 팔았습니다. 당시 종교지도자들과 정권자들이 야합해서 예슈아는 죽음에 넘겨지게 되셨습니다.

　십자가에 못 박힌 예슈아의 몸에서 피가 흘러내리기 시작했습니다. 로마 군병들이 그의 죽음을 확인하려고 창으로 예슈아의 몸을 찔렀을 때, 그 몸에서 피와 물이 흘러내렸습니다(요19:34). 바로 이 점이 다른 강도들의 죽음과 다른 것입니다.

　예슈아는 십자가에 못 박혀 죽으시면서 '다 이루었다'라고 말씀하셨습니다. 그는 무엇을 다 이루셨습니까?

　첫째, 그는 피와 물을 흘리심으로 자신이 인자로 오신 목적을 완성하시고 자기 영혼을 거룩하신 아버지께 맡기셨습니다.

　예슈아는 말씀이 육체로, 하나님이 육체로 오신 이로서 그 육체를 찢으심으로 흠도 없고 점도 없는 피를 흘리신 것입니다. 그가 그 피와 물을 다 흘리신 것은 그것을 다 쏟아내야 죽기 때문입니다.

　강도들은 죽으면 그 육체도 썩고 피도 썩습니다. 예슈아는 죽었다가 사흘 만에 부활하셔서 썩지 아니 하고 영원히 사는 몸으로 영원히 살 예정이 있었기 때문에 자기 목숨을 내려놓으신 것입니다.

　둘째, 더러운 마귀, 죄의 원흉을 심판하셨습니다. 죄처럼 더러운 것은 없습니다. 예슈아의 거룩함이 완전히 드러나는 순간 마귀의 더러움이 확실히 드러났고 그로써 심판 받은 것입니다.

셋째, 그 피와 물로 인류를 정결케 하는 일을 하셨습니다(히1:3). 영을 정결케 하는 피와 마음을 정결케 하는 물을 뿌리신 것입니다.

그는 그의 일을 다 마치셨기 때문에 죽으셨고 아버지는 그를 다시 살리셔서 하늘 보좌에 앉게 하셨습니다. 그래서 그를 보좌에 앉으신 어린양이라 하는 것입니다. 어린양의 의미는 첫째, 일찍 죽임을 당하신 흔적, 둘째, 그 몸에서 피와 물이 흘러나온 흔적을 가지고 계심을 뜻합니다.

몇 날이 못 되어 믿는 자에게 성령이 오셨습니다. 성령은 예슈아의 피를 받아들여 영이 정결케 된 자에게 임하십니다. 우리가 예슈아 이름을 영접할 때에 예슈아의 피를 받아들이는 것입니다.

예슈아의 피는 물질이 아니고 영이기 때문에 세상의 어떤 도구로 검사해도 나타나지 않습니다. 그러나 하나님은 그 피를 분별하시고 성령은 영 안에 있는 피를 알아보시고 정결한 영혼에 들어오시는 것입니다.

하나님의 본질이 거룩하시기 때문에 성전도 거룩합니다. 성전의 본질도 거룩함입니다. 그래서 만일 성전을 더럽히면 하나님이 멸하신다고 하시는 것입니다. 그리스도인은 예슈아 이름으로 오신 성령을 모신 성전입니다. 영혼의 본질이 바뀌었습니다.

"너희가 하나님의 성전인 것과 하나님의 성령이 너희 안에
거하시는 것을 알지 못하느뇨 누구든지 하나님의 성전을 더

럽히면 하나님이 그 사람을 멸하시리라 하나님의 성전은 거
룩하니 너희도 그러하니라"(고전3:16~17)

예슈아는 전인류에게 그 피를 흘려주셨습니다. 믿는 자는 예슈아 이
름을 영접함으로 그 영혼에 예슈아의 피 뿌림을 받은 자입니다(벧전
1:2). 과거 성전에서는 우슬초로 짐승의 피를 뿌립니다(시51:7). 피 한
방울만 뿌려져도 기물이든지, 사람이든지 거룩해집니다. 하나님 앞에
쓰임 받는 도구가 되는 것입니다. 영혼에 예슈아의 피뿌림을 받은 자는
이제 자신을 성결케 하는 생활을 해야 합니다. 다윗같이 '우슬초로 나
를 정결케 하옵소서 내가 정해지리이다' 하며 절규해야 합니다.

예슈아의 피 한 방울이면 영은 100퍼센트 완벽하게 정결케 됩니다.
그러면 성령은 왜 오셨습니까? 성령이 오신 것은 정결케 된 영혼의 마
음 또한 성결케 하기 위해서 오신 것입니다. 우리 신앙생활은 성결, 성
화되는 생활입니다.

베드로는 유대인들에게 그들의 자세를 바꾸라고 회개를 외쳤습니
다. '이 교만한 자들아, 너희들이 아브라함의 후손이기 때문에 하나님
앞에 옳다고 생각하느냐? 너희가 회개하고 예수 그리스도의 이름으로
침례를 받고 죄사함을 받으라.'고 말했습니다(행2:38). 바울은 '너희가
주의 이름을 불러 침례를 받고 너의 죄를 씻으라.'고 했습니다. 죄사함
받는 것이나 죄 씻음을 받는 것이나 같은 것입니다.

요한계시록 2장, 3장에서 성령이 교회들에게 회개를 촉구하십니다.
교회는 하나님이 자기 피로 거룩하게 하신 기관입니다. 또 앞으로 신

랑 예슈아께서 다시 오실 때 데려갈 그리스도의 정결한 신부가 되어야 합니다.

> "남편들아 아내 사랑하기를 그리스도께서 교회를 사랑하시고 위하여 자신을 주심 같이 하라 이는 곧 물로 씻어 말씀으로 깨끗하게 하사 거룩하게 하시고 자기 앞에 영광스러운 교회로 세우사 티나 주름잡힌 것이나 이런 것들이 없이 거룩하고 흠이 없게 하려 하심이니라"(엡5:25~27)

하나님은 행동이나 언어만이 아니라 마음까지 꿰뚫어 보시는 분입니다. 너희 마음 자체를 바꾸라는 것입니다. 모든 악한 생각이 마음에서 나오기 때문에 마음부터 회개하라고 책망하고 계신 것입니다.

고린도전서 2장 16절에 '너희 속에 그리스도의 마음을 가지라.'고 했습니다. 회개의 기준이 그리스도의 마음인 것입니다. 성령은 우리 마음이 예슈아 그리스도의 마음과 같지 않을 때 회개하라고 책망하십니다.

그리고 겸손한 마음(빌2:3), 지족하는 마음을 가지라고 말합니다(딤전6:6). 지족하는 마음은 '주님만 나를 알아주시면 바랄 것이 없습니다. 주님만 나와 함께 하시면 나는 바랄 것이 없습니다.' 하는 마음입니다. 세상에 아무 것도 바라는 것이 없는 마음이 예슈아 그리스도의 마음입니다.

이래도 짜증, 저래도 짜증나십니까? 예슈아의 피로 죄사함 받은 나 영혼, 물로 씻어 정결케 되어 세상 떠나는 날 아버지 집에 간다는 마음

하나만 가지고 산다면 어느 지경이든 지족할 수 있습니다. 하나님이 나를 푸른 초장으로, 쉴만한 물가로 인도하시니 부족함이 없다고 만족할 것입니다.

그리스도인이라면 누구나 꼭 해야 할 회개가 있습니다.

첫째, 처음 사랑을 버린 것입니다. 두 마음을 품은 것입니다. 교회에 오면 '성도'이고 세상에 가면 '잡것'이 되는 사람이 있습니다. 교회 오면 '집사'이고 세상에 가면 '잡사'입니다. 예슈아는 주님과 세상, 두 주인을 섬길 수 없다고 말씀하셨습니다(마6:24).

믿음을 결단할 때부터 나와 재물이 분리되어야 합니다. 재물에 대한 미혹도 욕망도 염려도 완전히 분리되어야 합니다. 우리 마음에 하나님과 재물을 동시에 품어서는 안 됩니다. 아직도 남들같이 잘 살아보겠다는 꿈을 가지고 있다면 회개하라는 것입니다. 그 마음이 두 마음이라는 것입니다. 이런 자들이 '주여, 주여'라고 외친다 할지라도 주님은 모른다 하실 것입니다.

성령은 에베소교회가 거짓 사도들을 밝혀내고 인내하고 수고하고 애쓴 일들을 칭찬하셨습니다. 그러나 그들에게 한 가지 부족한 것이 있으니, 처음 사랑을 버린 것이라고 지적하셨습니다. 그러므로 '너희는 회개하라. 회개치 아니하면 촛대를 옮기리라.'고 경고하셨습니다.

"또 네가 참고 내 이름을 위하여 견디고 게으르지 아니한 것
을 아노라 그러나 너를 책망할 것이 있나니 너의 처음 사랑
을 버렸느니라 그러므로 어디서 떨어진 것을 생각하고 회개

하여 처음 행위를 가지라 만일 그리하지 아니하고 회개치 아

니하면 내가 네게 임하여 네 촛대를 그 자리에서 옮기리라"

(계2:3~5)

예슈아 그리스도를 구주로 영접하셨습니까? 예슈아의 속죄를 받아
들이셨습니까? 그 은혜를 받아들이셨습니까? 처음에는 주님을 사랑하
는 마음이 불붙듯합니다. 시간이 흐르면서 떠났던 세상으로 돌아가려
하고, 버렸던 세상의 염려와 근심이 들어와 마음이 나눠집니까? 촛대가
옮겨지기 전에 회개해야 합니다. 촛대가 옮겨진 후에는 아무리 회개하
려고 해도 회개가 안 됩니다.

"음행하는 자와 혹 한 그릇 식물을 위하여 장자의 명분을 판
에서와 같이 망령된 자가 있을까 두려워하라   너희의 아는
바와 같이 저가 그 후에 축복을 기업으로 받으려고 눈물을
흘리며 구하되 버린 바가 되어 회개할 기회를 얻지 못하였느
니라"(히12:16~17)

처음에 은혜 받았을 때에는 주님밖에 안 보이고 교회밖에 없고 말씀
밖에 없습니다. 굶어도 좋고 철가방도 좋고 불법체류자도 좋고 남들이
뭐라 해도 상관없습니다. 기쁜 마음으로 주일성수, 구역모임, 부서모
임, 십일조와 기도 등 열심히 합니다. 그런데 세월이 흐르면서 여전히
기본 순종은 하지만 주님을 사랑하는 마음, 그 열정이 사라져 버렸습니

다. 속이 텅빈 고목나무 같은 사람이 있습니다. 제 눈에도 그런 사람이 보이는데 하나님의 눈에 어찌 안 보이겠습니까?

우리는 기본 순종을 하는 것으로 다 됐다고 생각하지만 성령은 그렇지 않습니다. 성령은 우리 마음이 예슈아 그리스도에 대한 사랑을 저버린 것을 책망하십니다.

> "그러나 너를 책망할 것이 있나니 너의 처음 사랑을 버렸느니라"(계2:4)
> "뱀이 그 간계로 이와를 미혹케 한 것 같이 너희 마음이 그리스도를 향하는 진실함과 깨끗함에서 떠나 부패할까 두려워하노라"(고후11:3)

처음 사랑이 끝까지 변치 않고 불일 듯 일어야 합니다. 오로지 예슈아 그리스도 한분으로 만족하고 죽어서 반드시 구원받으리라 하는 것밖에 없어야 합니다. 마음이 단순해져야 합니다.

둘째, 완악한 마음, 회개하지 않는 고집입니다(롬2:5, 고전4:6). 완악한 마음은 회개를 촉구하는 설교를 들어도, 은혜스러운 설교를 들어도 전혀 꿈쩍하지 않는 불감증에 걸린 마음입니다. 이런 자는 진노의 날에 받을 진노를 쌓고 있다고 성경은 경고하고 있습니다.

셋째, 무정한 마음, 형제에 대해 비정한 마음입니다. 이웃이 죽든지 지옥 가든지, 형제가 굶어 죽든지 관심이 없는 마음입니다. 그리스도의 마음을 가졌다면 불신자가 지옥에 가는 것을 볼 수 없고 형제가 고통

당하는 것에 냉담할 수 없습니다. 강 건너 불 보듯 하지 않습니다. 그들의 고민이 내 고민이고, 그들의 고통이 내 고통입니다. 어찌하든 해결하려 몸부림칩니다.

넷째, 상실한 마음, 하나님의 말씀을 받기를 거부하는 마음입니다.

"또한 저희가 마음에 하나님 두기를 싫어하매 하나님께서 저희를 그 상실한 마음대로 내어 버려두사 합당치 못한 일을 하게 하셨으니"(롬1:28)

이것이야 말로 저주 중의 저주입니다. 상실한 마음대로 두는 데서 그치는 게 아니라 하나님이 합당치 않은 일을 하게 하신다는 것입니다. 제 무덤을 파는 것입니다.

하나님의 말씀을 어떻게 들어야 하는지 주님은 씨 뿌리는 비유를 통해 말씀해 주셨습니다.

"이 비유는 이러하니라 씨는 하나님의 말씀이요 길 가에 있다는 것은 말씀을 들은 자니 이에 마귀가 와서 그들로 믿어 구원을 얻지 못하게 하려고 말씀을 그 마음에서 빼앗는 것이요"(눅8:11~12)

길바닥에 떨어진 씨를 새가 먹어버리면 그로서 그냥 끝입니다. 말씀을 들어도 전혀 감동이 없습니다. 마귀에게 말씀을 빼앗겨 버린 마음은 구원받을 수 없습니다.

어떻게 구원받습니까? '물로 씻어 말씀으로 깨끗하게 하사'라고 했습니다(엡5:26). 예슈아의 피로 영혼이 정결케 된 자는 하나님의 말씀을 듣고 마음에 변화가 일어나야 합니다. 그 말씀대로 나를 복종시켜야 하는 것입니다.

오늘도 이곳에 성령이 함께 하신다고 믿으십니까? 성령만 함께 하시는 것이 아니라 마귀도, 귀신도 함께 합니다. 믿는 자에게서 말씀을 빼앗으려고 딴 생각을 하게 하거나 졸음이 쏟아지게 하거나 온갖 짓을 다하고 있습니다. 말씀이 심령에 들어가 마음이 감동받고 생각이 바뀌고 행동이 바뀌는 것을 마귀는 아주 싫어합니다.

말씀을 듣고 깨닫지 못하는 것이 얼마나 불행인지 아십니까? 얼마나 큰 저주인지 알아야 합니다. 설교시간을 때우려고 해서는 안 됩니다. 마음을 열고 귀를 기울여 말씀을 듣고 하나님의 말씀을 마음에 두려 애쓰지 않으면 그냥 마귀에게 당하게 되어 있습니다.

말로만 '주는 그리스도시요, 하나님의 아들이니이다.'라고 한다고 구원받지 못합니다. 예슈아의 피로 영을 씻고 정결케 되었다면 마음이 말씀으로 바뀌어야 합니다. 그리스도의 마음으로 바뀌어야 합니다. 마음에서 나오는 것이 생각이요, 행동이기 때문입니다.

돌밭에 떨어진 씨는 말씀을 들을 때에 기쁨으로 받으나 뿌리가 없어 잠간 견디다가 말씀을 인하여 환난이나 핍박이 오면 곧 넘어지는 자라고 했습니다. 시험이 오니까 그 말씀대로 사는 것이 힘들어서 주님을 배반해 버리는 것입니다. 이런 자는 말씀과 관계없고 구원과 관계가 없습니다.

　가시떨기에 떨어진 씨는 말씀을 들었으나 이생의 염려와 재리와 일락에 기운이 막혀 온전히 결실치 못하는 자라는 것입니다. 세상 생활부터 해결하려고 기도도 전도도 교회일도 뒷전입니다. 청춘의 때에 물질에 매여 삽니다. 이런 자들도 구원받기 어렵습니다.

　세상의 일락과 즐거움을 끊지 못하는 사람도 많습니다. 술, 담배, 마약, 도박 등 악습은 말할 것도 없고 스포츠도 도가 지나치면 일락입니다. 영화, 인터넷게임, 인터넷도박, 인터넷포르노 중독자들은 말씀을 들었다 하나 열매 맺지 못한 자입니다. 그런 자들은 결국 구원받기 어렵습니다.

　말씀을 듣고 깨달으면 성장하고 마침내 열매를 맺습니다. 말씀을 듣고 마음이 바뀌고 삶이 변해야 구원받는 것입니다.

　좋은 땅에 떨어진 씨는 착하고 좋은 마음으로, 예슈아 그리스도 같은 마음으로 말씀을 듣고 지키어 인내로 결실하는 자입니다. 그 말씀을 듣고 지키려니까 인내가 필요합니다. 참고 기다리고 견디다 보면 영혼 구원의 결실을 맺는 것입니다.

> "보라 하나님의 뜻대로 하게 한 이 근심이 너희로 얼마나 간절하게 하며 얼마나 변명하게 하며 얼마나 분하게 하며 얼마나 두렵게 하며 얼마나 사모하게 하며 얼마나 열심있게 하며 얼마나 벌하게 하였는가, 너희가 저 일에 대하여 일절 너희 자신의 깨끗함을 나타내었느니라"(고후7:11)

하나님의 말씀으로 양심이 살아 있으면 후회가 됩니다. 후회는 근심이 되고 근심이 쌓이면 회개로 이어집니다. 자신이 본질적으로 죄인임을 알고 하나님께 용서를 구하며 고꾸라지고 자빠져도 지옥에는 절대로 갈 수 없다며 매를 맞아도 하늘나라에 가서 주님 손에 맞겠다는 마음으로 살아야 합니다.

세상의 근심은 사망에 이르지만 하나님의 뜻대로 하게 하는 근심은 간절하게 하며 변명하게 하며 분하게 하며 두렵게 하며 사모하게 하며 열심 있게 하며 자기를 벌한다는 것입니다.

저는 회개할 때에 가슴에 멍이 들 정도로 쾅쾅 칩니다. 내가 나를 정말 두드려 패 죽이고 싶습니다. 자신을 벌하게 하는 일로 인해서 결국은 깨끗함을 받는다 했기 때문입니다.

우리 영이 예슈아의 피로 정결케 되었으면 이제부터는 예슈아의 말씀으로 마음이 정결함을 받아야 합니다. 한번에 다 정결케 되는 것이 아닙니다. 우리가 매일 손, 얼굴, 몸을 씻는 것처럼 계속 말씀을 듣는 대로 씻고 회개해야 합니다. 회개는 목에 숨이 떨어져 나가는 순간까지 끝나지 않는 것입니다. 매일 순간마다 생각과 마음, 언어와 행동을 회개하여야 합니다. 그리하여 죄를 과거로 돌려야 합니다.

죄가 현재진행형이 되어선 안 됩니다. 그래야 그리스도의 정결한 신부의 지체되어 신랑 되신 예슈아 그리스도 오실 때, 거룩한 성으로 데려감을 받습니다.

성도 여러분, 간절히 권합니다. 하나님 말씀을 만홀히 여기지 마십시오. 하나님의 말씀이 대충 넘어가리라고 기대하지 마십시오. 하나님의 말씀은 일점일획이라도 그대로 이루어질 것입니다.

우리는 이 세상에서 육체가 있는 동안 '주여, 나로 하여금 매일 후회하게 하시고 근심하게 하시고 회개하게 하시고 마침내 구원에 이르게 하여 주옵소서. 나는 정말 구원받기 원합니다.'라고 기도해야 합니다.

하나님이 사랑하시는 사람은 완벽한 인간이 아니라 실수했어도 회개하는 사람입니다. 다윗이 그랬고, 베드로가 그랬습니다. 하나님 앞에 실수가 크고 작으냐가 중요한 것이 아닙니다. 실수를 인정하고 실수를 근심하고 뼈아프게 회개하는 게 중요합니다. 하나님은 그런 사람의 회개를 받아 주십니다.

구원에 이르게 하는 회개 설교요약

성경본문 (고후7:8-11)

하나님은 거룩한 아버지시다(요17:11).
그는 흠도 점도 없는 보혈로 자녀를 낳으시고(벧전1:19)
그에게 회개하고 돌이키는 자를 거룩하게 하사
영원히 거룩한 성에 거하게 하시는 분이다(렘25:5).

신앙은 나 영혼이 그 피로 정결케 됨을 믿음이요(히9:13-14),
신앙생활은 나 영혼이 구원에 이르기 위하여 회개하는 생활이니
마음을 성결케 함이라(고후7:10, 딤전5:22, 약4:8)
지옥(쓰레기 소각장)은 더러운 영 마귀와 그 사자들이 가고(사14:15, 마25:41),
거룩한 성 아버지 집은 정결한 영혼들이 들어가고(고후11:2),
성 밖은 악행한 영혼들이 영원히 후회하는 곳임이다(마22:13, 계22:15).

세상인, 종교인이 자기 양심, 교리가 기준 되어
반성, 참회해도 하나님의 구원과 관계 없으나
하나님의 말씀이 기준이 되어
후회하고 근심하여 회개하면 구원에 이르는바(고후7:8-11)
전인류는 조상 아담의 범죄로(창2:17, 3:4-6)
마귀와 함께 지옥 될 음부에 갇혀 있음이다(마25:41).

성경이 말하는 회개의 단계는, 하나님에 대한
지식(마3:2) → 방향(마4:17) → 자세(행2:38) → 마음(계2:5)을 수정함인바
율법은 죄를 깨닫게 하는 법이라(롬3:19, 7:7-12)
일년일차 드리는 속죄제로 모든 죄를 사함 받고(레16:34)
수시로 드리는 속건제로 허물의 사함을 받으며(레6:2-7)
부정한 자는 정결케 하는 물로 씻음으로
거룩함을 받는다(레14:8, 15:31).

예슈아께서 성전을 헐면 사흘 동안에 일으키리라 하심은
성전 된 자기 육체의 죽음과 부활로(요2:19-20)
여호와 이름이 아닌 예슈아 거룩하신 아버지의 이름으로(요5:43, 17:11),
짐승의 피나 땅의 물이 아닌 자기 몸에서 나오는 피와 물로

육체가 아닌 영과 마음을 정결케 하려 하심인바
사람을 더럽히는 것은 마음에서 나오는 것들임이다(마15:17-20).

그는 피와 물을 다 흘리고 죽으시며(요19:34)
다 이루었다 하셨으니(요19:30)
① 음부에 있는 자기 영혼을 거룩하신 아버지께 맡기심(행2:27).
② 더러운 죄의 원흉 마귀를 심판하심(사14:12-15, 요일3:8).
③ 인류의 죄를 정결케 하는 일을 하셨으니(히1:3)
　영을 위해 피를, 마음을 위해 물을 흘리심이다.

그는 부활승천하사 보좌에 앉으신 어린양이시라
성령은 예슈아의 피로 정결케 된 영혼에 들어오사(히9:13-14)
예슈아의 말씀(물)으로 마음을 성결케 하려 하시는바(엡5:26)
교회들에게 회개를 촉구하시니(계2:5)
그리스도의 마음, 겸손한 마음, 지족하는 마음을
가지라 하심이다(고전2:16, 빌2:3, 딤전6:6).

그리스도인은
① 두 마음/처음 사랑 저버림(약4:8, 계2:4)
② 완악한 마음/회개치 않는 고집(롬2:5, 고전4:6)
③ 무정한 마음/형제에 대한 비정(요일3:17)
④ 상실한 마음/하나님 말씀을 받지 않음을(롬1:28, 눅8:11-15)
　후회하고 근심하고 회개하여 마침내 구원에 이르려 하는바
　더욱 간절하게 - 변명하게 - 분하게 - 두렵게 - 사모하게
　열심내게 - 벌하게 하여 - 마침내 자신을 성결하게 하고야 만다(고후7:11).

오! 주여,
인생이 무엇이관데,
주님이 그 끔찍한 십자가에 달려
피와 물을 다 쏟으셨는지요?
예슈아 피로 정결케 된 나의 영!
예슈아 말씀으로 나의 마음도 성결하기 원합니다.
우리 중, 마귀에게 말씀을 빼앗겨
구원받지 못하는 자 없게 하옵시고(눅8:12)
우리 모두, 지옥 될 우주를 벗어나
거룩한 성에 들어가기 원합니다. 아멘.

10

성령의 새롭게 하심으로

디도서 3:5

하나님은 진리의 하나님이십니다(시31:5). 그는 진리의 말씀으로 자녀를 낳으시고(약1:18), 진리의 성령으로 자녀들을 양육하시되(요14:18), 그들의 마음과 영을 새롭게 하사 새 하늘과 새 땅으로 인도하시는 분입니다(겔18:31, 벧후3:13).

신앙은 그리스도 안에서 새로운 피조물 됨을 아는 것이요(고후5:17), 신앙생활은 성령의 새롭게 하심으로 마음과 영이 새롭게 되는 생활입니다(딛3:5).

사람들은 진리를 상당히 오묘하고 어려운 것으로 생각합니다. 진리는 쉽게 말해 새 법, 새것, 영원한 것을 말합니다. 세상의 모든 것은 시간이 지나면 다 헌것이 됩니다. 그러나 진리는 하나님의 속성이기 때문에 영원히 새 것, 새 법입니다.

새 것, 새로움이란 말은 누구나 다 좋아합니다. 새해, 새 옷, 새 차, 새 집 등 새 것을 좋아합니다. 성경은 '해 아래 새 것이 없다.'고 말하고 있습니다(전1:9). 지금 있는 모든 것들이 이미 이전에 있던 것들이라는 것입니다. 역사는 반복한다는 말처럼 새 것이란 없습니다. 해가 떠도 오래 전부터 있던 해요, 비가 와도 땅에서 증발된 수증기가 공중에 구름으로 모였다가 다시 땅으로 내려온 것입니다. 그러면서도 사람들은 새로운 것을 좋아하고 또 새롭게 되기를 원합니다.

현재 이 세상 중 어디에 있는 사람이 가장 새롭게 되기를 원할까요? 교도소나 갱생원에 있는 사람들일 것입니다. 그들은 자신들의 인격과 습관, 삶을 바꿔보려 애씁니다. 그런데 불편한 진실은 당국자들이나 본인들의 소원대로 새롭게 되는 사람보다 나빠지는 사람이 더 많다는 것입니다. 출소 후 재범할 확률이 무척 높다고 합니다. 그래서 무슨 사건이 터지면 검찰측은 우선 전과자들부터 수사한다고 합니다. 그리고 전과자라는 사실이 알려지면 취직도 결혼도 어려워져 인생을 자포자기하게 된다고 합니다. 사람이 변하는 게 그리 쉽지 않은 것입니다.

성경은 새 것에 대해 말하고 있습니다. 새 것이 무엇이며 앞으로 올 새 것이 무엇인지 말하고 있습니다. 새 것에 대한 기대를 가지고 말씀을 들으시기 바랍니다.

하나님이 말씀으로 만물을 창조하셨습니다. 새로운 사건이 벌어진 것입니다. 전에 없었던 것이 하나님이 '있으라'고 말씀하시므로 생겨졌습니다. 그리고 오늘까지 존재하고 있는 것입니다. 성경은 '만물이 처음 창조할 때와 같이 그냥 있다.'고 기록하고 있습니다(벧후3:4).

오랜 후에 새로운 사건이 터졌습니다. 시편 104장 9절에 '주가 물의 경계를 정하셨다.'고 했는데, 그 법을 깨고 물로 세상을 덮어버리는 사건이 터진 것입니다. 노아의 홍수입니다. 성경은 이 사건을 이렇게 말하고 있습니다.

> "이는 하늘이 옛적부터 있는 것과 땅이 물에서 나와 물로 성
> 립한 것도 하나님의 말씀으로 된 것을 저희가 부러 잊으려
> 함이로다 이로 말미암아 그때 세상은 물의 넘침으로 멸망하
> 였으되"(벧후3:5~6)

창세 때, 하나님이 말씀으로 물에서 땅을 드러나게 하심으로 육지가 되었고 바다가 되었습니다. 그럼에도 사람들은 이 사실을 고의적으로 잊고 싶어 한다는 것입니다. 말씀으로 말미암아 생긴 세상이 말씀으로 말미암아 물로 덮인 사건이 일어난 것입니다.

이스라엘의 출애굽도 하나님이 행하신 새로운 사건입니다. 430년 종살이를 하던 이스라엘이 당대 최강대국 애굽에서 나올 수 있는 가능성은 전혀 없었습니다. 하나님이 쏟아 부으신 열 가지 재앙에 애굽은 초토화되었고 이스라엘은 하룻밤 사이에 애굽을 빠져나올 수 있게 된 것입니다.

이스라엘의 40년 광야생활도 전대미문(前代未聞)의 사건입니다. 하나님이 하늘에서 만나를 내려주시고 말씀대로 반석을 치면 물이 나옴

으로 40년간 부족함 없이 살 수 있었습니다. 이런 놀라운 이적들을 보고도 그들은 애굽으로 돌아가려 했습니다. 옛 세상으로 돌아가자는 것입니다. 조상들도 먹어보지 못한 만나를 먹으면서 애굽에서 종살이하며 얻어먹던 고기와 부추를 그리워했습니다. 결국 그들은 약속하신 땅에 들어가지 못하고 광야에서 다 죽었습니다.

이스라엘 역사 가운데 하나님이 일으키신 새로운 일들을 자손대대로 기억하게 하려고 만든 장치가 성소였습니다. 그들이 성소를 바라볼 때마다 하나님은 새 일 행하시는 분임을 기억하고 앞으로 하실 새 일을 기대하게 하신 것입니다.

"보라 내가 새 일을 행하리니 이제 나타낼 것이라..."(사43:19)

그러나 그들에게는 옛 세상으로 돌아가 옛것을 즐기려는 마음이 항상 도사리고 있었습니다. 그래서 전쟁이 나면 애굽에 원군을 청하고 태평해지면 이방신들을 섬기며 타락했던 것입니다. 그 결과 전쟁이 나면 참패하고 포로로 끌려가는 참상을 겪었던 것입니다.

이스라엘이 주권을 빼앗기고 처참한 지경에 이르면 하나님께 부르짖었습니다.

"여호와여 우리를 주께로 돌이키소서 그리하시면 우리가 주께로 돌아가겠사오니 우리의 날을 다시 새롭게 하사 옛적같게 하옵소서"(애5:21)

그러면서도 '옛적같이'라는 단서가 붙었습니다. 다윗 왕이나 솔로몬 왕 때처럼 태평성대를 누리게 해달라는 것입니다. 하나님은 선지자들을 통해 아주 중요한 말씀을 하십니다.

"네가 이미 들었으니 이것을 다 보라 너희가 선전치 아니하 겠느뇨 이제부터 내가 새 일 곧 네가 알지 못하던 은비한 일 을 네게 보이노니 이 일들은 이제 창조된 것이요 옛적 것이 아니라 오늘 이전에는 네가 듣지 못하였느니라 그렇지 않 았더면 네가 말하기를 내가 이미 알았노라 하였으리라"(사 48:6~7)

이스라엘 사람들은 범지구적인 사건이 일어날 것을 기대했지만 하나님은 전혀 다른 차원의 새 일을 하시겠다고 말씀하시는 것입니다.

"패역한 딸아 네가 어느 때까지 방황하겠느냐 여호와가 새 일을 세상에 창조하였나니 곧 여자가 남자를 안으리라"(렘 31:22)

남녀가 동침하여 아들을 낳아 여자가 아들을 안는 것은 새 일은 아닙니다. 그러나 여자가 남자를 안는 일이 새 일인 것은 그 여자가 처녀이기 때문입니다.

"그러므로 주께서 친히 징조로 너희에게 주실 것이라 보라
처녀가 잉태하여 아들을 낳을 것이요 그 이름을 임마누엘이
라 하리라"(사7:14)

남자와 동침한 적이 없는 처녀가 잉태하는 것은 창조의 법칙에 없는
법입니다. 이것이 새 법이며 진리인 것입니다.

하나님의 말씀으로 없는 것을 있게 하신 창조물은 하나님의 작품입
니다. 그러나 처음 하늘과 처음 땅은 없어지기로 작정되고 지어졌습니
다. 창조에 속한 자연법칙은 언젠가 깨져버릴 것인데, 그 시초가 되는
시점이 처녀가 아들을 낳아 안을 때라는 것입니다. 곧 진리이신 예슈아
가 이 땅에 오심으로 인해서 드디어 새 법이 가동하게 되는 것입니다.

예슈아가 나타나 '너희가 이 성전을 헐라 내가 사흘 동안에 일으키리
라'고 말씀하셨습니다(요2:19).

"그리스도께서 장래 좋은 일의 대제사장으로 오사 손으로
짓지 아니한 곧 이 창조에 속하지 아니한 더 크고 온전한 장
막으로 말미암아 염소와 송아지의 피로 아니하고 오직 자기
피로 영원한 속죄를 이루사 단번에 성소에 들어가셨느니라"
(히9:11~12)

예슈아께서 헐라는 성전은 창조에 속한 성전이며, 그가 다시 일으킬
성전은 창조에 속하지 않은 성전, 곧 자기 육체를 말합니다. 영원히 헐

어지지 아니하는 성전, 곧 예슈아가 진리이십니다. 창조에 속한 성전을 헐 때 이스라엘이 옛적부터 들어왔던 하나님의 이름 여호와는 폐기하고, 그가 부활하시면 아버지의 이름, 예슈아 이름이 드러날 것을 말씀하셨습니다.

예슈아는 창세 전 하나님과 함께 계시던 말씀이 육신 되어 오신 하나님의 아들, 곧 하나님이십니다. 말씀으로 세상을 창조하신 이가 창조하신 세상에 새 일을 행하러 육체로 오신 것입니다. 그는 진리이시기 때문에 새 일을 행하실 수 있습니다.

> "이때로부터 예수 그리스도께서 자기가 예루살렘에 올라가 장로들과 대제사장들과 서기관들에게 많은 고난을 받고 죽임을 당하고 제 삼 일에 살아나야 할 것을 제자들에게 비로소 가르치시니"(마16:21)

그가 '죽임을 당하는 것'은 옛 법, 창조의 법에 속한 일이고 '제 삼일에 살아나는 것'은 새로운 법, 진리의 법애 속한 일입니다.

이스라엘이 광야에 있을 때 반석의 물을 마신 것은 창조법칙에 속한 일입니다. 이제 예슈아의 찢어진 몸에서 나온 그의 피를 마심으로 인류 영혼을 살리는 일은 창조에 속하지 않은 새로운 법칙, 곧 진리입니다.

이스라엘이 광야에서 마신 반석의 물도 실상 알고 보면 예슈아 그리스도인 것입니다.

"다 같은 신령한 음료를 마셨으니 이는 저희를 따르는 신령
한 반석으로부터 마셨으매 그 반석은 곧 그리스도시라"(고
전10:4)

예슈아께서는 '너희가 알고 있고 경험한 법은 폐기될 것이고 너희는
상상도 못하는 은비한 것, 너희는 알지 못하는 새 법을 너희에게 줄 것
이다. 믿는 자는 죽어도 살 것이요, 살아서 믿는 자는 영원히 살리라.'
하시며 엄청난 새로운 일, 새로운 법을 말씀하셨습니다. 그리고 하나님
나라에 들어가는 법에 대해 말씀하셨습니다.

"예수께서 대답하여 가라사대 진실로 진실로 네게 이르노니
사람이 거듭나지 아니하면 하나님 나라를 볼 수 없느니라 니
고데모가 가로되 사람이 늙으면 어떻게 날 수 있삽나이까 두
번째 모태에 들어갔다가 날 수 있삽나이까 예수께서 대답하
시되 진실로 진실로 네게 이르노니 사람이 물과 성령으로 나
지 아니하면 하나님 나라에 들어갈 수 없느니라"(요3:3~5)

사람의 거듭남에 대해서 듣자, 니고데모는 '모태에 들어갔다가 다시
나오는 것입니까?'라고 의아해 했습니다. 인간상식을 초월하지 못한 것
입니다. 예슈아는 물과 성령으로 거듭나는 새 법칙을 말씀하시며 '육으
로 난 것은 육이요 성령으로 난 것은 영이라'고 말씀하셨습니다.
아무리 엄마가 성령충만한 중에 자식을 낳아도 단지 육체를 낳는 것

입니다. 성령으로 낳는 것은 영입니다. 성령으로 영이 새로운 생명을 가지고 태어나는 것입니다. 예슈아는 물질세계와 영적 세계, 창조의 법과 진리의 법에 대해서 분명히 구분하여 말씀해 주셨지만 사람들은 이해하지 못했습니다.

백성들은 오병이어의 이적을 보고 예슈아를 억지로 임금 삼으려 했습니다. 그들은 엄청난 표적을 보고도 여전히 육체가 먹고 사는 창조법칙에 속한 일에만 관심이 있었습니다. 그 사실을 아시는 예슈아는 그 자리를 피하셨습니다. 그들은 자신들의 기대를 저버리는 예슈아의 행동에 실망했습니다. 예슈아께서는 너무 당당하게 세상이 새롭게 될 것을 선포하셨습니다.

> "예수께서 가라사대 내가 진실로 너희에게 이르노니 세상이
> 새롭게 되어 인자가 자기 영광의 보좌에 앉을 때에 나를 좇
> 는 너희도 열두 보좌에 앉아 이스라엘 열두 지파를 심판하
> 리라"(마19:28)

백성들은 이스라엘 나라를 회복할 세상 왕을 원하지만, 예슈아는 새롭게 된 세상, 영원한 세계의 왕이 되어 영원한 영광의 보좌에 앉으실 것을 말씀하신 것입니다. 세상이 새롭게 된다는 것은 주님이 자기 영광을 가지고 천사들과 함께 세상에 다시 오시는 것을 뜻합니다.

> "인자가 자기 영광으로 모든 천사와 함께 올 때에 자기 영광

의 보좌에 앉으리니"(마25:31)

"...주 예수께서 저의 능력의 천사들과 함께 하늘로부터 불꽃
중에 나타나실 때에 하나님을 모르는 자들과 우리 주 예수의
복음을 복종치 않는 자들에게 형벌을 주시리니"(살후1:7~8)

도무지 비현실적인 말만 하는 예슈아에게 실망한 백성들은 자기들
을 미혹한다고 하며 그를 빌라도에게 넘겨주었습니다.

"무리가 다 일어나 예수를 빌라도에게 끌고 가서 고소하여
가로되 우리가 이 사람을 보매 우리 백성을 미혹하고 가이
사에게 세 바치는 것을 금하며 자칭 왕 그리스도라 하더이
다 하니"(눅23:1~2)

예슈아께서는 온갖 조롱과 모욕을 당하고 죽으시면서 '다 이루었다'
라고 말씀하셨습니다. 그는 무엇을 다 이루셨습니까?
첫째, 새 법, 진리로 부활하시려 옛 계명, 창조에 속한 법으로 죽으신
것입니다.

"보라 전에 예언한 일이 이미 이루었느니라 이제 내가 새 일
을 고하노라 그 일이 시작되기 전이라도 너희에게 이르노라"
(사42:9)

그의 죽음으로 선지자들과 율법이 계시한 예언을 다 이루시고 죽는 순간 새로운 일, 새로운 장을 여셨다는 것입니다. 새 시대의 시작을 선포하신 것입니다.

둘째, 아담을 속여 죄를 짓게한 마귀가 심판받았습니다. 예슈아가 마지막 아담으로 죽으심으로 아담에게 선악과를 먹어도 결코 죽지 않으리라고 한 마귀의 말이 거짓말로 판명되었습니다.

셋째, 인류로 옛사람을 예슈아와 함께 십자가에 못 박고 새사람이 되게 하셨습니다. 죽음으로 인류의 죄를 대속하시고, 그 흘리신 피로 인류를 구속하셨습니다. 그러므로 인류는 옛사람을 십자가에 못 박아 죄의 몸을 멸하고 더 이상 죄에 종노릇하지 않게 된 것입니다.

> "우리가 알거니와 우리 옛 사람이 예수와 함께 십자가에 못 박힌 것은 죄의 몸이 멸하여 다시는 우리가 죄에게 종노릇 하지 아니하려 함이니"(롬6:6)

예슈아가 십자가에 죽는 순간, 예슈아만 죽으신 것이 아닙니다. 전인류의 옛사람이 같이 죽은 것입니다. 인류의 영 안에 있는 죄도 같이 죽은 것입니다. 그뿐 아니라 육체가 죽으면 흙으로 돌아가는 창조의 법칙도 죽어버리고 다시 새로운 몸을 가지고 살 수 있는 진리의 법칙 안에 들어가게 된 것입니다.

예슈아는 자기 일을 다 마치고 죽으셨습니다. 아버지는 사흘 만에 그를 죽은 자 가운데 다시 살리셨습니다. 부활하신 주님은 이 땅에서 40일을 사시며 제자들에게 부활의 실체를 보여주셨습니다.

> "내 손과 발을 보고 나인 줄 알라 또 나를 만져보라 영은 살과
> 뼈가 없으되 너희 보는 바와 같이 나는 있느니라"(눅24:39)

그는 살과 뼈가 있는 영의 몸을 보여주셨습니다. 그 몸에는 피가 없습니다. 살아있는 사람 중에 피가 없는 사람은 없습니다. 피가 부족해도 문제가 생깁니다. 예슈아는 십자가에서 물과 피를 다 쏟으셨기 때문에 피가 없습니다. 그 피는 지금 성령이 보유하고 계십니다. 성령은 지금도 그 피를 가지고 생명수 강같이 보좌에서 나오시고 계십니다(요7:38~39, 계22:1~2).

그는 하늘에 오르시며 제자들에게 예루살렘을 떠나지 말고 아버지께서 약속하신 성령을 기다리라고 했습니다. 그가 하늘 보좌에 오르신 후, 열흘쯤 되었을 때 마가다락방에서 기도하고 있던 제자들에게 성령이 임하셨습니다.

> "오순절날이 이미 이르매 저희가 다같이 한 곳에 모였더니
> 홀연히 하늘로부터 급하고 강한 바람 같은 소리가 있어 저희
> 앉은 온 집에 가득하며 불의 혀같이 갈라지는 것이 저희에게
> 보여 각 사람 위에 임하여 있더니 저희가 다 성령의 충만함
> 을 받고 성령이 말하게 하심을 따라 다른 방언으로 말하기를
> 시작하니라"(행2:1~4)

성령의 충만함을 받은 제자들은 성령이 말하게 하심을 따라 다른 방언을 말하기 시작했습니다. 방언은 그들이 생전 들어보지 못한 '새 언어'였습니다. 방언은 이전의 기억과 경험에서 나오는 마음의 기도가 아니라 예슈아의 피로 거듭난 영이 성령에 의해서 말하는 것입니다.

베드로는 성령을 받자 완전히 다른 사람이 되었습니다. 과거 주님이 살아계셨을 때, 죽음이 무서워 세 번이나 주님을 부인했습니다. 그런데 이제는 죽음을 두려워하지 않고 예루살렘 거리에 나가 큰소리로 복음을 전하는 것이었습니다.

> "베드로가 열한 사도와 같이 서서 소리를 높여 가로되 유대인들과 예루살렘에 사는 모든 사람들아 이 일을 너희로 알게 할 것이니 내 말에 귀를 기울이라... 그리스도의 부활하심을 말하되 저가 음부에 버림이 되지 않고 육신이 썩음을 당하지 아니하시리라 하더니 이 예수를 하나님이 살리신지라 우리가 다 이 일에 증인이로다 하나님이 오른손으로 예수를 높이시매 그가 약속하신 성령을 아버지께 받아서 너희 보고 듣는 이것을 부어 주셨느니라"(행2:14, 31~33)

베드로의 대변신은 성령의 새롭게 하심으로 된 것입니다. 베드로 같이 변덕스럽고 거짓말 잘하고 약속을 지키지 않는 우리를 부르신 이유도 성령의 새롭게 하심으로 우리를 변화시켜 하나님의 현재성을 보여 주시려는 것입니다. 성령은 믿는 자들 속에서 지금도 역사하십니다. 몸도 마음도 결심도 약하지만 성령의 새롭게 하심으로 새롭게 될 수 있습니다.

> "예수께서 대답하시되 진실로 진실로 네게 이르노니 사람이
> 물과 성령으로 나지 아니하면 하나님 나라에 들어갈 수 없
> 느니라"(요3:5)

물과 성령으로 거듭나야 하나님 나라에 들어 갈 수 있습니다. 죽어 영이 하나님 나라에 들어가지 못하면 지옥, 아니면 성 밖 어두운 곳으로 가게 됩니다. 성 밖은 지옥은 아니지만 빛 한 점 없는 어두운 곳으로 영원히 후회하고 후회하는 곳입니다. 물론 지옥보다는 낫지만 영원히 슬피 울며 이를 간다고 하니 얼마나 괴롭겠습니까?

영계 하늘에 있는 아버지 집, 거룩한 성에 들어가려면 물과 성령으로 거듭나야 합니다. 성령으로 새사람이 되어야 합니다.

> "오직 심령으로 새롭게 되어 하나님을 따라 의와 진리의 거
> 룩함으로 지으심을 받은 새사람을 입으라"(엡4:23~24)

성령이 오신 목적은 믿는 자를 새사람으로 만들려 하심입니다. 진리의 말씀으로 낳은 영혼을 새로운 피조물 되게 하시려 성령이 오신 것입니다. 성령 받은 표적으로 방언도 중요하지만, 진짜 성령 받은 표적은 새사람이 되는 것입니다. 그러면 어떻게 해야 새사람이 됩니까?

첫째, 새사람은 창조하신 자의 형상을 따라 지식에까지 자라가야 합니다.

> "...옛사람과 그 행위를 벗어버리고 새사람을 입었으니 이는
> 자기를 창조하신 자의 형상을 좇아 지식에까지 새롭게 하심
> 을 받는 자니라"(골3:9~10)

창조하신 자의 형상은 누구를 말합니까? 예슈아입니다. 예슈아가 하나님의 형상, 창조하신 자의 형상입니다(고후4:4). 나를 보는 자는 예슈아가 생각나야 됩니다. 오래전 친구를 만났습니다. 그가 나의 변신을 보고 깜짝 놀라야 합니다. 생각도, 마음도, 말하는 것도, 행동하는 것도 전혀 달라진 나를 보고 어안이 벙벙해야 합니다.

진리는 하나님을 아는 지식, 예슈아 그리스도를 아는 지식입니다. 가장 고상한 지식입니다. 세상의 모든 지식은 창조에 속한 지식입니다. 진리는 창조주의 지식이요, 창조주를 아는 지식입니다.

> "그러나 무엇이든지 내게 유익하던 것을 내가 그리스도를 위
> 하여 다 해로 여길 뿐더러 또한 모든 것을 해로 여김은 내 주
> 그리스도 예수를 아는 지식이 가장 고상함을 인함이라 내가
> 그를 위하여 모든 것을 잃어버리고 배설물로 여김은 그리스
> 도를 얻고 그 안에서 발견되려 함이니... 오직 그리스도를 믿
> 음으로 말미암은 것이니..."(빌3:7~9)

바울은 석학입니다. 그는 예슈아를 아는 지식 외에 모든 것을 배설물 같이 버렸다고 했습니다. 창조에 속한 모든 지식을 배설물, 똥과 같이 여긴 것입니다. 세상지식이 아무리 높아도 하나님을 아는 지식, 진리 이상의 지식은 없기 때문입니다.

사람들은 어려서부터 창조에 속한 지식을 얻으려고 시간과 물질을 투자합니다. 모든 교육은 다 창조에 속한 지식을 가르칩니다. 우주에서 새로운 별을 찾았다 해도 모두 창조에 속한 지식일 뿐입니다. 드디어 어느 별에 가서 사는 길이 열렸다 해도, 사실 이건 낭비요, 허비입니다. 그 지식이 자기 영혼을 구원하지 못합니다. 그 지식이 앞으로 불타는 우주를 빠져 나가게 하지 못합니다.

사실, 우리에게 필요한 세상 지식은 성경을 읽고 하나님의 말씀을 알아들을 수 있고, 진리를 전할 수 있는 정도면 충분합니다. 창조에 속한 지식이 너무 많아 진리를 무시하는 것 보다 낫습니다.

정말 최고의 지식을 가진 그리스도인이라면 변하는 것은 당연합니다. 우주관, 인생관, 국가관, 물질관, 가족관 등이 확실하게 변합니다. 만일 변하지 않았다면 그는 진리를 알지 못한 자입니다.

우주는 시간적으로 공간적으로 제한된 공간입니다. 우주는 범죄한 천사들을 가둔 공간으로 주님이 다시 오시면 지옥으로 변할 곳입니다. 참 그리스도인은 언젠가 불타버릴 우주를 빠져나가기 위해 그날을 준비하며 삽니다. 우주관이 바뀐 것입니다.

인생은 죽으면 흙으로 돌아가 없어지는 존재가 아니라 죽었다가 부활할 것을 믿습니다. 생명의 부활을 통해 영생을 목적으로 하고 사는 것입니다. 부활을 믿지 않는다면 진리를 모르는 것입니다. 부활 자체가 진리이기 때문입니다. 흙의 몸은 죽고, 영의 몸으로 살 것을 믿기 때문에, 이생은 그리 중요하지 않습니다. 그에 연연하지 않습니다. 인생관이 바뀌었습니다.

한국이나 미국, 땅에 속한 나라가 아니라 예슈아 그리스도가 왕으로 다스리는 나라의 백성이 되었습니다. 그리스도 나라의 충성된 백성으로 그 나라의 영광을 위하여 기꺼이 목숨 바칠 각오로 삽니다. 국가관이 바뀌었습니다.

하루치 양식이 있으면 그로 만족합니다. 광야에서 만나를 내리신 하나님이 우리 아버지시니 평생 먹을 것, 입을 것을 걱정하지 않습니다. 과거에는 장래를 위해 비축해 놓지 않으면 불안했었습니다. 지금은 그런 일을 위해 온 시간과 체력과 인생을 탕진하는 사람들을 보면 안타깝습니다. 소위 부유층이라는 사람들을 보면 가소롭습니다. 물질관이 바뀌었습니다.

과거에는 내 가족, 내 혈육밖에 몰랐습니다. 남이야 굶어 죽든 얼어 죽든 관심이 없었습니다. 이제는 모든 사람을 육체로 보지 않고, 구원받아야 할 영혼으로 봅니다. 영혼을 구원하는 일이라면 시간이나 물질이나 아끼지 않습니다. 자기 가족을 돌보는 이상으로 영혼을 돌보는 일이 더욱 급하고 소중하고 귀합니다. 가족관이 바뀌었습니다.

성경은 유혹의 욕심을 따라 썩어져가는 구습을 좇는 옛사람을 벗어 버리라고 합니다(엡4:22). 옛사람은 육체의 욕심과 악습을 따르는 사람입니다. 정욕적, 육체적, 세상적, 마귀적, 문화적인 모든 악습들을 버려야 합니다.

> "진리가 예수 안에 있는 것 같이 너희가 과연 그에게서 듣고
> 또한 그 안에서 가르침을 받았을찐대 너희는 유혹의 욕심을
> 따라 썩어져 가는 구습을 좇는 옛사람을 벗어 버리고 오직
> 심령으로 새롭게 되어 하나님을 따라 의와 진리의 거룩함으
> 로 지으심을 받은 새 사람을 입으라"(엡4:21~24)

성령으로 심령이 새롭게 되어 의와 진리와 거룩함으로 지으신 새사
람을 입으라는 것입니다. 여전히 컴퓨터 게임, 인터넷 포르노, 인터넷
도박, 주색잡기 등 구습을 벗지 못했다면 그 사람은 아직 새롭게 되지
않은 것입니다. 이제는 영의 새로운 것으로 섬기라고 말합니다.

> "이제는 우리가 얽매였던 것에 대하여 죽었으므로 율법에서
> 벗어났으니 이러므로 우리가 영의 새로운 것으로 섬길 것이
> 요 의문의 묵은 것으로 아니할찌니라"(롬7:6)

율법시대 사람처럼 두려워하는 종의 영으로 섬기지 말라는 것입니
다. 예배도 봉사도 저주 받을 것이 두려워 억지로 하지 말고 자발적으
로 기쁨으로 하라는 것입니다.

이제 우리는 새로운 피조물, 새로운 심령으로 주 예슈아의 몸 된 교
회를 섬기는 것입니다.

"우리를 구원하시되 우리의 행한바 의로운 행위로 말미암지
아니하고 오직 그의 긍휼하심을 좇아 중생의 씻음과 성령의
새롭게 하심으로 하셨나니 성령을 우리 구주 예수 그리스도
로 말미암아 우리에게 풍성히 부어 주사 우리로 저의 은혜를
힘입어 의롭다 하심을 얻어 영생의 소망을 따라 후사가 되게
하려 하심이라"(딛3:5~7)

하나님은 우리를 구원하시되 중생의 씻음과 성령의 새롭게 하심으
로 구원하십니다. '중생의 씻음'은 예슈아의 피로 영이 씻음 받고 그 몸
에서 나온 물, 곧 그의 말씀으로 내 마음이 씻음 받는 것입니다. 성령의
새롭게 하심으로 그리스도와 같은 인격으로 변화하는 것입니다.

나 영혼에게 구원처럼 절실하고 중요한 일은 없습니다. 성령이 우리
를 떠나지 않고 함께하시는 것이 감사하고, 성령이 역사하시는 교회에
나 영혼이 속해 있다는 사실이 감사하고, 내 육체가 아직 살아있어 새
로워질 수 있는 기회가 있는 것이 감사할 뿐입니다.

"저가 네 모든 죄악을 사하시며 네 모든 병을 고치시며 네 생
명을 파멸에서 구속하시고 인자와 긍휼로 관을 씌우시며 좋
은 것으로 네 소원을 만족케 하사 네 청춘으로 독수리같이
새롭게 하시는도다"(시103:3~5)

예슈아 이름으로 침례받고 죄사함 받으면 성령을 선물로 주신다고

했습니다(행2:38). 주님이 우리에게 주신 가장 좋은 선물은 성령입니다. 나에게 성령을 보내서서 내 소원을 만족케 하십니다.

성령을 받은 자가 해야 할 일이 있습니다. 성령의 감화감동과 성령의 인도와 성령의 가르침과 성령의 후원을 받고 성령의 새롭게 하심으로 새사람이 되어야 하는 것입니다. 주일예배에 한번 참석했다고 하나님이 알아주시겠지 하고 안심하면 안 됩니다. 하나님이 우리에게 기회를 주셨으니 나는 새롭게 되리라고 결단해야 합니다. 사람이 작심하고 자신을 바꿔보려 하나 불가능합니다. 그러나 성령은 우리를 도우십니다. 세상지식은 알면 알수록 불신앙을 조장합니다. 세상지식이 우리를 점령하지 않도록 진리로 무장해야 합니다.

> "그 주인이 대답하여 가로되 악하고 게으른 종아 나는 심지
> 않은데서 거두고 헤치지 않은데서 모으는 줄로 네가 알았느
> 냐"(마25:26)
> "이 무익한 종을 바깥 어두운 데로 내어쫓으라 거기서 슬피
> 울며 이를 갊이 있으리라 하니라"(마25:30)

악습 중 가장 고질적인 것이 게으름입니다. 게을러서 순종하지 못하고, 게울러서 기도하지 못하고, 게을러서 전도하지 못합니다. 게으름은 주님이 용서하시지 않습니다. 오히려 게으름을 악하게 보시고 책망하십니다. 이런 자는 혹 죽어 하늘에 간다 해도 성 안에 들어가지 못하고, 성 밖에 내침을 당합니다.

처음 하늘과 처음 땅은 앞으로 불살라져 지옥이 될 것입니다. 우리는 반드시 새 하늘과 새 땅에 가야 합니다. 성령의 새롭게 하심으로 변화를 받아 생명의 부활을 통해 새 하늘과 새 땅에 들어가는 자 되시기를 예슈아 이름으로 축원합니다.

성령의 새롭게 하심으로

성경본문 (딛3:5)

하나님은 진리의 하나님이시다(시31:5).
그는 진리의 말씀으로 자녀를 낳으시고(약1:18)
진리의 성령으로 자녀를 양육하시고(요14:18),
그에게 돌아오는 자를 마음과 영을 새롭게 하사(겔18:31)
새 하늘과 새 땅으로 인도하시는 분이다(벧후3:13).

신앙은 그리스도 안에서 새로운 피조물 됨을 앎이요(고후5:17),
신앙생활은 성령의 새롭게 하심으로 마음과 영이 새롭게 되는 생활이다(딛3:5).

해 아래 새 것이 없나니 해 아래 있는 모든 것은 낡아져 가고
해 아래 있던 일은 다만 반복될 뿐이라(전1:9)
갱생(更生)을 위해 오랜 세월 감호소에서 혹독한 교도를 받아도
인간의 변화가 쉽지 않음은 통계가 말하고 있다.

성경은 새 것에 대한 안내서로 새 것을 기다리게 하는 책인바(벧후3:13)
창세 때 말씀으로 지으신 만물이(히1:3)
창조에 속한 법칙에 의해 계속 유지되고 있으나(시104:9)
동일한 말씀에 의해 그 법칙이 변한 적이 있으니 노아 때 홍수라(벧후3:5~6)
이는 언젠가 창조에 속한 법이 깨질 날이 있음에 대한 예고편이다.

모세의 인도로 애굽에서 해방받은 이스라엘이
광야에서 40년을 생존하였으니
열조도 알지 못한 새로운 양식을 먹음인바(신8:16)
하늘에서 내린 만나, 반석을 쳐서 나는 물이라
그럼에도 옛 세상으로 돌아가려던 자들은 다 광야에서 죽었다(민14:4).

성소에 둔 여호와 이름은 이스라엘로 이전 일을 생각하지 말고(사43:18~19)
하나님이 새 일 행하실 것을 기대하게 하였으나
여전히 옛적으로 돌아가려던 자들은 저주를 면치 못하였고(사30:1),
선지자는 하나님이 은비한 새 일을 창조하시되(사48:6~7)
여자가 남자를 안을 것(렘31:22),
곧 처녀가 아들 낳을 것에 관해 예언하였다(사7:14).

예슈아가 성전을 헐면 사흘만에 일으키리라 하심은
성전 된 자기 육체의 죽음과 부활로(요2:19~20)
여호와 이름이 아닌, 예슈아 아버지 이름으로(요5:43)
말씀으로 창조하신 세계가 아닌,
말씀이 육신으로 오사 새 일을 행하려 하심인바(요1:14)
광야 반석의 물이 아닌, 그 몸에서 나온 물로(고전10:4)
인류를 살리려 하심이니 물과 성령으로 거듭난 영의 사람이라야
하늘나라에 들어갈 수 있음이라(요3:3~7).
그는 앞으로 세상이 새롭게 될 것과
인자가 왕권을 가지고 올 것에 대해 예언하셨다(마19:28).

그는 피와 물을 흘리고 죽으시며 다 이루었다 하였으니(요19:30, 34)
① 옛 계명, 창조에 속한 법으로 죽으시면(마5:33, 요10:18)
   아버지께서 새 법, 진리로 다시 살리실 것을 믿으심(요11:25, 14:6).
② 스스로 속은 마귀를 심판하심(사14:12~15, 창2:17, 3:4~6).
③ 인류로 옛 사람을 못 박고 새사람 되게 하심이다(롬6:6, 엡4:24).

그는 부활하사 새 하늘 보좌에 앉으시고
성령은 예슈아 그리스도에게 돌아온 자를 새롭게 하시나니,
곧 예슈아의 피로 영이 정결케 된 자로
그 몸의 물, 곧 말씀으로 그 마음을 씻게 하심인바(엡5:26)
이는 창조에 속한 모든 것이 불탈 때,
거기서 구원받아 새 하늘과 새 땅에 이르게 함이라(벧후3:7~13)
그리스도인은 가장 고상한 지식, 진리를 알아(빌3:8, 골3:10)
우주관, 국가관, 인생관, 물질관, 가족관 등이 변하여
구습을 좇는 옛 사람을 벗어버려 새사람이 되고(엡4:22),
두려워하는 종의 영이 아닌 새 마음으로 주를 섬기는 자다(롬7:6).

오! 주여,
우리는
여전히 옛 세상으로 돌아가려는 자들입니다.
여전히 옛 사람을 벗어버리지 못한 자들입니다.
오, 주 성령 아버지시여,
우리 모두, 새 하늘과 새 땅을 향하여
독수리같이 치솟게 하옵소서. 아멘.

11

구원은 오직 예슈아

사도행전 4:12

하나님은 유일하신 분입니다(막12:29). 상천하지에 그와 같은 이가 없고, 능히 구원하기도, 멸하기도 하시는 이는 오직 하나님 한분이십니다(신4:39, 사46:9).

신앙은 유일하신 하나님을 믿고 오로지 구원자는 예슈아밖에 없다고 믿는 것입니다. 그리고 신앙생활은 목숨을 걸고 다른 구원, 다른 복음을 배격하는 생활입니다.

종종 기독교는 너무 배타적이고 독선적이고 오만하다는 비난을 받습니다. 그러나 우리는 누가 뭐라고 하든지 유일신 믿음, 유일신 사상을 가져야 합니다.

하나님, 하느님, 하늘님은 다른 존재입니다. '하나님'은 한 분 하나님을 말하고 '하느님'은 인간에 비해서 초월적인 신적 존재를 말합니다. 또한 '하늘님'은 하늘을 주관하는 지역적 신을 말합니다. '하느님'이나 '하늘님'은 다신(多神) 개념입니다.

> "...나는 하나님이라 나 외에 다른 이가 없느니라 나는 하나
> 님이라 나 같은 이가 없느니라"(사46:9)

상천하지에 하나님 외에 다른 이가 없고 하나님 같은 이는 없다는 것입니다. 그렇다면 하나님의 유일성은 무엇입니까?

첫째, 하나님은 영원부터 영원까지 존재하시는 이로서 유일하신 분입니다(시간적). 다른 신들은 다 생긴 날이 있습니다. 모두 하나님에게 지음 받은 존재들로 창조된 시점이 있습니다. 그러나 하나님은 영원 전부터 계시고 영원까지 계시는 분입니다.

> "이 일을 누가 행하였느냐 누가 이루었느냐 누가 태초부터
> 만대를 명정하였느냐 나 여호와라 태초에도 나요 나중 있을
> 자에게도 내가 곧 그니라"(사41:4)

둘째, 하나님은 무소부재한 이로서 유일하신 분입니다(공간적). 그는 아니 계신 곳이 없습니다.

> "나 여호와가 말하노라 사람이 내게 보이지 아니하려고 누가

자기를 은밀한 곳에 숨길 수 있겠느냐 나 여호와가 말하노라

나는 천지에 충만하지 아니하냐"(렘23:24)

그는 하늘에도 계시고 땅에도 계시고 모든 만물 안, 어느 곳에도 계십니다.

셋째, 하나님은 전지하신 이로서 유일하신 분입니다(지식적). 지식의 한계가 없는 분이십니다. 모든 것을 다 아시고, 다 보시고, 다 기억하시는 분입니다.

넷째, 하나님은 전능하신 이로서 유일하신 분입니다(능력적). 그에게는 능치 못함이 없으십니다(창18:14).

이 속성들이야말로 하나님만이 하나님 될 수 있는 속성인 것입니다. 시간적으로 공간적으로 지적으로 능력적으로 하나님과 같은 이, 다른 이는 없습니다.

하나님이 영계 하늘을 지으시고 그 안에 천사들을 지으셨습니다. 천사들에게 지위와 처소를 주셨는데 그 중에는 찬양을 담당하는 아름답고 재주 많은 천사장 루시엘이 있었습니다. 그러다 보니 루시엘의 마음이 교만해져 '내가 하나님 같이 되리라(I will be like God)'라는 발칙한 마음을 먹었습니다(사14:14). 이것은 하나님의 유일성에 대한 정면 도전이었습니다. 이 죄로 루시엘은 루시퍼(마왕), 사단(반역자)이 된 것입니다.

"너 아침의 아들 계명성이여 어찌 그리 하늘에서 떨어졌으며

너 열국을 엎은 자여 어찌 그리 땅에 찍혔는고 네가 네 마음
에 이르기를 내가 하늘에 올라 하나님의 뭇별 위에 나의 보좌
를 높이리라 내가 북극 집회의 산 위에 좌정하리라 가장 높은
구름에 올라 지극히 높은 자와 비기리라 하도다 그러나 이제
네가 음부 곧 구덩이의 맨밑에 빠치우리로다"(사14:12~15)

하나님은 사단을 더럽게 여겨 큰 날의 심판 때까지 음부(우주) 안에
빠뜨리셨습니다(유6). 음부에 갇힌 사단을 음부권세자라고 합니다. 이
음부는 하나님의 유일성에 도전한 사단의 심판이 끝나면 불못이 될 곳
입니다. 혹자는 하나님은 왜 지옥을 만들어서 사람들을 지옥에 보내느
냐고 의문을 제기합니다. 지옥은 본래 범죄한 천사들을 위해 예비된 곳
입니다(마25:41).

천사장이 마음 좀 먹은 것을 가지고 하나님이 꼭 그렇게까지 거창하
게 벌하셔야겠냐고 불평하는 사람이 있습니다. 이는 하나님의 성품을
모르는 소치입니다. 하나님의 유일성은 하나님이 추호도 양보하실 수
없는 하나님의 속성입니다. 피조물 된 자가 조금이라도 건드릴 수 없
는 부분입니다. 하나님과 같은 이는 오직 하나님 한 분밖에 없기 때문
입니다.

하나님은 타락한 천사들을 가둔 음부에 지구를 만들고 흙으로 사람
을 지으셨습니다. 그리고 사람에게 생기를 불어넣어서 사람을 생령 되
게 하시니 그가 영적 존재인 아담입니다.

하나님은 아담에게 '동산의 모든 실과는 임의로 먹으라. 그러나 선악

과는 먹지 말라. 먹으면 정녕 죽으리라.'고 엄중히 경고하셨습니다. 육체를 위해 모든 실과를 먹고 살도록 허용하셨으나 영을 위해서는 '먹지 말라'고 말씀하신 것입니다. 즉 영은 하나님의 입에서 나온 말씀을 먹고 살게 하신 것입니다.

에덴동산 안에 있던 뱀이 거짓말로 여자를 꾑니다. 뱀과 마귀와 사단은 동일 존재입니다(계12:9).

> "뱀이 여자에게 이르되 너희가 결코 죽지 아니하리라 너희가
> 그것을 먹는 날에는 너희 눈이 밝아 하나님과 같이 되어 선
> 악을 알 줄을 하나님이 아심이니라"(창3:4~5)

하나님의 유일성에 정면도전 했던 사단이 뱀을 통해 여자를 꾀어 동일한 범죄를 저지르도록 유도했습니다. 하나님을 대적할 때는 사단이라고 하고, 사람을 대적할 때는 마귀라고 합니다.

선악과가 먹음직하고 보암직했던 것은 유혹이고 하와가 선악과를 먹게 된 결정적 동기는 '하나님과 같이 되리라.'라는 뱀의 말이었습니다.

피조물의 발칙한 속성은 하나님같이 되고픈 것입니다. 마귀가 그런 속성이 있는 인간을 유혹하니 덜컥 선악과를 먹고 죄를 짓고만 것입니다.

하나님은 그들을 동산 밖으로 쫓아내셨습니다. 그들은 저주를 받아 평생 고생하며 살게 되었고 심는 대로 나지 않고 하는 대로 망하는 운명에 처했습니다. 하나님의 유일성에 도전한 죄의 결과로 인류는 여러

가지 억압과 제한 속에서 계속 고통을 받게 된 것입니다.

　이러한 인류의 영적 상태를 하나님은 이스라엘 민족을 통해 보여주십니다. 애굽에서 430년 종살이하던 이스라엘이 고역이 너무 심해 하나님께 부르짖자 하나님은 모세에게 이스라엘 자손을 이끌어내라고 명령하셨습니다. 그러자 모세가 하나님께 여쭙니다.

> "모세가 하나님께 고하되 내가 이스라엘 자손에게 가서 이르기를 너희 조상의 하나님이 나를 너희에게 보내셨다 하면 그들이 내게 묻기를 그의 이름이 무엇이냐 하리니 내가 무엇이라고 그들에게 말하리이까 하나님이 모세에게 이르시되 나는 스스로 있는 자니라 또 이르시되 너는 이스라엘 자손에게 이같이 이르기를 스스로 있는 자가 나를 너희에게 보내셨다 하라"(출3:13~14)

　하나님은 아브라함에게 자기 이름을 '전능하신 하나님'이라고 알려주셨습니다(창17:1). 그런데 모세에게는 자신의 이름을 '여호와'라고 가르쳐 주셨습니다. 곧 '스스로 계신 이'라는 뜻입니다.

　하나님이 모세에게 여러 가지 이적을 보여주시는 바람에 모세는 더 이상 거절하지 못하고 애굽에 들어갔습니다. 바로에게 가서 '여호와 하나님이 자기 백성을 보내라고 하신다.'라고 말하자 바로는 '여호와가 누구관대 내가 그 말을 듣고 이스라엘을 보내겠느냐 나는 여호와를 알지 못하니 이스라엘도 보내지 아니하리라'고 거절하였습니다. 그리고는 이스라엘 자손이 감당할 수 없을 정도로 고역을 가중시켰습니다.

모세가 이 사실을 고하자 하나님은 재앙을 통해 그분만이 구원자이심을 보여주셨습니다.

"나 곧 나는 여호와라 나 외에 구원자가 없느니라"(사43:11)

'여호와=이스라엘의 구원자'입니다. 유일하신 하나님이 이스라엘의 구원자가 되어 이스라엘을 구원하신다는 것입니다.

하나님은 열 가지 재앙을 통해 당신만이 구원자이심을 보여주셨습니다. 마지막 재앙, 곧 애굽의 전역에 모든 장자가 죽는 재앙을 통해 하나님은 바로의 항복을 받아내셨습니다. 그리고 하나님의 말씀대로 양의 피를 바른 이스라엘 집에는 장자가 죽지 않으므로 '여호와=이스라엘의 구원자'임을 그들의 뇌리에 심으셨습니다. 드디어 종살이 430년 만에 이스라엘의 출애굽이 단행된 것입니다.

이스라엘 백성들이 가는 길 앞에 홍해가 가로 막고 있었습니다. 백성들은 애굽에 매장지가 없어 바다에 수장시키려느냐고 아우성을 쳤습니다. 하나님은 모세에게 바다를 가르게 하셨습니다. 백성들은 바다를 육지같이 걸어서 건넘으로 전원 몰사에서 구원받았습니다. 그리고 광야 40년 동안 날마다 구원을 체험했습니다(시96:2). 온갖 대적들로부터 구원을 받았으니 그 구원자의 이름이 여호와인 것입니다.

이스라엘이 받은 계명은 하나님의 유일성을 잊지 말게 함이었습니다. 십계명 중 제1 계명은 '나 외에는 다른 신들을 네게 있게 말지니라'

입니다(출20:3). 제1 계명은 십계명 중의 첫 계명이 아니라 십계명의 총 제목으로 나머지 계명들을 지켜야 될 근거가 되었습니다. 하나님 외에는 다른 이가 없기 때문에 우상도 만들지 말아야 하고, 다른 이름을 부르지도 말아야 하고, 안식일을 거룩하게 지켜야 하고, 살인하지도, 간음하지도 말아야 하는 것입니다.

계명 중 하나만 범해도 죄 없다 하지 않는 것은 유일하신 하나님의 이름을 범하는 것이기 때문입니다. 육체가 연약해서 범죄했다고 변명할지라도 여호와 이름으로 주신 계명이기 때문에 계명을 범한 자는 다른 신을 둔 것과 같은 죄를 범한 것으로 취급되었습니다.

십계명의 총제목과 같이 '나 외에는 다른 신을 두지 말라' 한 것은 '다름'을 인정하지 않는 것입니다. 곧 다른 제사, 다른 향, 다른 단, 다른 불, 다른 사람으로 섬기지 말라는 것을 의미했습니다. 다른 희생이나 다른 제사를 금했습니다(출22:20). 아론의 아들 제사장 나답과 아비후가 다른 불을 가지고 분향하려다 즉사 당한 것은 극명한 예입니다(레 10:1~2). 제사장 직분은 하나님이 지정한 레위인만 행할 수 있었습니다. 이처럼 다름을 일체 인정하지 않는 것이 유일신 사상의 믿음의 형태였던 것입니다.

하나님은 그들에게 성소를 짓게 하시고 성소 안에 여호와 이름을 두어 여호와는 유일하신 하나님이시고 이스라엘의 유일한 구원자 되심을 기억하게 하시고 계명에 순종하게 하셨습니다. 계속 여호와가 이스라엘의 구원자가 되시게 하려면 그들이 계명을 잘 지켜야함에도 불구하고 그들은 타락해 버렸습니다. 전쟁이 났을 때 하나님께 도움을 구하지 않고 애굽에 원군을 요청하자 이렇게 말씀하셨습니다.

"애굽은 사람이요 신이 아니며 그 말들은 육체요 영이 아니
라 여호와께서 그 손을 드시면 돕는 자도 넘어지며 도움을 받
는 자도 엎드러져서 다 함께 멸망하리라"(사31:3)

죄를 지으면 백성들이 멸망당했는데 왕도 예외는 아니었습니다. 그
대표적으로 여로보암이 있습니다. 솔로몬의 아들 르호보암 때, 여로보
암이 혁명을 일으켜 이스라엘의 열 지파를 데리고 위로 올라가 북왕국
이스라엘을 세웠습니다.

여로보암은 벧엘과 단에 다른 제단을 만들고 레위인 아닌 사람을 제
사장으로 세웠습니다. 그뿐 아니라 유월절과 비슷한 시기에 제사를 드
렸고 금송아지 우상을 만들어 섬겼습니다. 다른 단, 다른 제사장, 다른
절기 등 총체적인 타락이 이루어진 것입니다(왕상12:27~32). 성경은
'이것이 여로보암 집에 죄가 되어 지면에서 끊어져 멸망케 된 것이라'
고 기록하고 있습니다(왕상13:34).

하나님은 유일성에 대한 도전을 용납하지 않으십니다. 하나님의 유
일성에 도전한 자는 누구든 용서받지 못하고 멸망당한다는 것이 구약
성경에서 얻어야 하는 교훈입니다.

이스라엘이 패전하고 주권을 잃고 당한 고난과 수치는 이루 말할 수
가 없습니다. 이 세상에 이런 민족이 또 어디 있을까 할 정도입니다. 그
원인은 단 한 가지, 하나님의 유일성을 무시했기 때문입니다. 반복되

는 고난 중에도 그들이 위로 받은 것은 이스라엘의 구원자가 임하리라는 예언입니다.

> "여호와께서 땅 끝까지 반포하시되 너희는 딸 시온에게 이르라 보라 네 구원이 임하느니라 보라 상급이 그에게 있고 보응이 그 앞에 있느니라 하셨느니라 사람들이 너를 일컬어 거룩한 백성이라 여호와의 구속하신 자라 하겠고 또 너를 일컬어 찾은 바 된 자요 버리지 아니한 성읍이라 하리라"
> (사62:11~12)

여호와의 이름이 있는 예루살렘 성전만 건재하다면 언젠가는 이스라엘은 주권을 회복할 것이고 다윗왕 시대같이 태평성대가 올 것이라는 기대가 있었던 것입니다.

그 성전 앞에 예슈아라는 이가 나타나서 '너희가 이 성전을 헐면 내가 사흘 만에 일으키리라.'고 말하는 것이었습니다(요2:19). 유대인들은 예슈아의 발언을 '이는 하나님의 유일성에 대한 도전이다.'라고 받아들였습니다. 예슈아는 성전 된 자기 육체의 죽음과 부활을 말씀하신 것입니다. 이 말씀에는 여러 가지 심오한 뜻이 내포되어 있습니다.

이스라엘의 구원자 여호와 이름 있는 성전을 헐라는 것은 이제 이스라엘이라는 특정민족만이 아니라 모든 민족의 영혼을 구원하러 왔으니 그 이름이 예슈아라는 것입니다(행4:12).

예슈아 이름 자체가 구원자라는 뜻입니다. 히브리어로 '예슈아(ישוע)',

헬라어로 '이에수스(Ἰησοῦς)', 영어로 'Jesus'인데 한국어로 '예수'라고 번역되었습니다. 아람어 원어로 정확하게 발음하면 '예슈아'인데 그 뜻은 '구원자'입니다(마1:21). 여호와 이름은 천사가 전달해 준 이름이지만 예슈아 이름은 아들이 가지고 오신 아버지의 이름입니다(요5:43).

여호와 이름이 있는 성전을 헐고 다시 성전을 일으킬 때는 예슈아 이름으로 구원하시겠다는 것입니다. 여호와 이름으로 이스라엘 사람들의 육체를 구원했습니다. 장자의 죽음에서, 홍해에서, 광야에서, 대적에서의 구원 모두 육체적인 구원입니다. 이제는 예슈아 이름으로 전세계 모든 족속들의 영혼을 구원하신다는 것입니다.

예슈아가 이적과 능력을 행하니까 많은 사람이 그를 선지자들이 예언한 구원자, 메시아로 생각하고 따라다녔습니다. 사람들은 그가 로마제국의 압제에서 이스라엘을 구원할 것을 기대하며 억지로 임금 삼으려고 했지만 예슈아는 그 자리를 피하셨습니다(요6:15). 오히려 예슈아께서는 유대인들의 뇌관을 건드리는 결정적인 발언을 하셨습니다.

> "저희를 주신 내 아버지는 만유보다 크시매 아무도 아버지
> 손에서 빼앗을 수 없느니라 나와 아버지는 하나이니라 하신
> 대"(요10:29~30)

'내 아버지는 만유보다 크시다.'는 말은 유대인들이 크게 시험들 말이 아니었습니다. 그런데 '나와 아버지는 하나'라는 말에 유대인들은 발끈했습니다. 돌을 들어 예슈아를 쳐 죽이려 했습니다. 유대인들은 하

나님은 한분으로서 하늘에 계신다고 알고 있었기 때문에 예슈아가 아무리 많은 이적과 기사를 행한다 해도 그의 이 발언만은 절대로 용납할 수 없었습니다.

> "유대인들이 대답하되 선한 일을 인하여 우리가 너를 돌로
> 치려는 것이 아니라 참람함을 인함이니 네가 사람이 되어 자
> 칭 하나님이라 함이로라"(요10:33)

유대인들이 예슈아의 말을 도저히 용서할 수 없었던 것은 '이는 유일신에 대한 도전'이라고 여겼기 때문입니다. 유대인이 유일신사상에 얼마나 투철한지 알아야 충천하던 예슈아의 인기가 왜 갑자기 몰락했는지, 왜 아무도 그의 죽음을 막지 않았는지 이해할 수 있습니다. 예슈아는 유대인이 도저히 용납할 수 없게 유일신사상을 건드렸던 것입니다.

종교 지도자들이 예슈아를 죽이려고 빌라도 총독에게 넘겨주었습니다. 빌라도는 예슈아가 무죄하다고 판단해 살려주려 했지만 민란이 날 것을 두려워해 예슈아를 십자가에 못 박도록 내주었습니다. 빌라도는 다신(多神)을 믿는 이방인으로서 유대인들의 유일신사상 논쟁에 말려들고 싶지 않았던 것입니다.

예슈아는 십자가에 달려 죽으시면서 '다 이루었다'라고 말씀하셨습니다. 그는 무엇을 다 이루셨습니까?

첫째, 그가 아버지의 계명대로 복종하시므로 그 영혼이 아버지께 흡수되어 아버지와 하나가 되셨습니다. 그가 죽으면서 '내 영혼을 아버

지께 맡기나이다' 하셨을 때 아버지는 그 영혼을 흡수하신 것입니다.

그가 '나와 아버지는 하나'라고 하신 말씀 때문에 유대인들은 이를 이신론(二神論)으로 오해해서 예슈아를 죽였지만 오히려 그 죽음을 통해 아버지 속으로 들어가서서 한 분이 되는 것을 완성하신 것입니다. 이것이 하나님의 의도입니다.

예슈아는 하나님의 아들로서 원래 아버지 품속에 계시던 분입니다 (요1:1).

> "그날에는 내가 아버지 안에, 너희가 내 안에, 내가 너희 안에 있는 것을 너희가 알리라"(요14:20)
> "만물을 저에게 복종하게 하신 때에는 아들 자신도 그때에 만물을 자기에게 복종케 하신 이에게 복종케 되리니..."(고전15:28)

만물을 복종케 하신 이는 하나님이십니다. 예슈아의 죽음은 아버지의 계명에 복종하신 것입니다. 복종의 결과는 아들이 아버지 안으로 돌아가는 것입니다.

'복종하다'는 헬라어로 '휘포탓소(ὑποτάσσω)' 곧 '재귀적으로 복종하다', 또 영어로 'submit' 곧 '제출하다'라는 뜻이 있습니다. 예슈아께서 자기 영혼을 아버지께 제출하신 것입니다. 작은 수은방울이 큰 수은방울에 흡수되는 것과 같습니다.

예슈아는 원래 아버지와 함께 계시던 말씀이셨습니다.

"태초에 말씀이 계시니라 이 말씀이 하나님과 함께 계셨으니

이 말씀은 곧 하나님이시니라"(요1:1)

"말씀이 육신이 되어 우리 가운데 거하시매…"(요1:14)

예슈아가 창세 전에 하나님 안에 계셨을 때, 그는 '말씀'이셨습니다. '말씀이 육신이 되어'라는 것은 말씀이 형태를 가지고 나오신 것을 말합니다. 하나님은 형태도 없으시고, 공간도 시간도 초월하는 무한한 분이신데 하나님과 함께하시던 말씀이 형태를 가진 사람으로 오신 것입니다.

"본래 하나님을 본 사람이 없으되 아버지 품속에 있는 독생

하신 하나님이 나타내셨느니라"(요1:18)

하나님에게서 나오신 하나님이 독생자이십니다. 예슈아는 질적으로 100퍼센트 하나님이십니다. 그가 사람같이 오셔서 사람같이 죽기 때문에 인자(人子)라고 하는 것입니다.

둘째, 하나님의 유일성을 부정하고 하나님같이 되려고 한 마귀가 정죄받았습니다.

셋째, 그는 사망으로 인류의 죗값 사망을 치러주셨습니다. 그 흘리신 피로 인류의 죄를 정결케 하시고 구원하시려 했던 계획을 이루신 것입니다. '하나님과 같이 되리라'는 죄는 천사와 동일하나 인간은 육체

로 인해 하나님에 대한 지식이 불완전하여 범죄하였기 때문에 믿음으로 구원받을 수 있게 하신 것입니다.

예슈아는 자기 일을 다 마치시고 죽으셨고 하나님은 그를 사흘 만에 살리셔서 하늘 보좌에 앉게 하셨습니다. 하늘에서는 천천만만의 천사들이 '구원하심이 보좌에 앉아계신 하나님과 어린양에게 있도다'라고 창화하고 있습니다.

하늘의 천사들이 창화하고 경배하는 대상은 하나님과 아들 두 분입니까? 아닙니다. 한 분입니다.

> "이기는 그에게는 내가 내 보좌에 함께 앉게 하여주기를 내
> 가 이기고 아버지 보좌에 함께 앉은 것과 같이 하리라"(계
> 3:21)
> "다시 저주가 없으며 하나님과 그 어린양의 보좌가 그 가운
> 데 있으리니 그의 종들이 그를 섬기며 그의 얼굴을 볼터이요
> 그의 이름도 저희 이마에 있으리라"(계22:3~4)

여기에 기록한 '보좌'는 'throne'으로 하나, 단수입니다. 또 '그'도 'He', '그의 얼굴'도 'His face'로 다 단수, 하나, 한 분 하나님을 말하고 있습니다. 단적으로 하늘에서 뵐 수 있는 하나님은 어린양 예슈아 그리스도입니다. 아들이 하나님 안에 계시므로 무소부재하신 하나님이 아들 안에서 찬송과 영광과 경배를 받으시는 것입니다(요14:20).

인류의 구원은 오로지 예슈아로 말미암습니다. 천하인간에 구원받

을 다른 이름을 주신 적이 없습니다. 이것이 성령 받은 사람들의 증거인 것입니다.

예슈아를 세 번이나 부인했던 베드로는 성령 받은 후 확 변해 죽음을 두려워하지 않고 외쳤습니다.

> "다른 이로서는 구원을 얻을 수 없나니 천하 인간에 구원을 얻을 만한 다른 이름을 우리에게 주신 일이 없음이니라 하였더라"(행4:12)
> "베드로와 사도들이 대답하여 가로되 사람보다 하나님을 순종하는 것이 마땅하니라 너희가 나무에 달아 죽인 예수를 우리 조상의 하나님이 살리시고 이스라엘로 회개케 하사 죄사함을 얻게 하시려고 그를 오른손으로 높이사 임금과 구주를 삼으셨느니라 우리는 이 일에 증인이요 하나님이 자기를 순종하는 사람들에게 주신 성령도 그러하니라 하더라"(행 5:29~32)

여호와가 이스라엘 민족의 구원자라고 알고 있던 유대인들에게 베드로는 예슈아만이 천하인간이 구원받을만한 이름이요, 다른 이름은 없다고 선포한 것입니다. 인류를 구원할 다른 신도 다른 신의 이름도 없다는 것입니다.

얼마 전 헬스장(gym) 사우나에서 어떤 여자를 만나 전도했습니다. 시크교도(Sikh)라는 그 여자는 자신이 죄인인 것도 천국과 지옥의 존재도 믿었습니다. 그런데 천국에 갈 믿음은 없고 지옥에 가도 어쩔 수 없다는 반응이었습니다. 나는 지옥은 이 사우나보다도 훨씬 더 뜨거운 곳이니 절대로 가면 안 된다고 말했습니다. 설교 CD를 주려고 가지러 나간 사이 그녀는 사라지고 없었습니다. 다음에 또 만날 기회를 달라고 기도하면서도 안타까운 마음을 지울 수 없었습니다. 헬스장에서 전도하면서 발견한 놀라운 사실은 현재 많은 유대인들은 유대교를 그저 자기 민족의 전통 정도로 알고 있다는 사실입니다. 지옥도 천당도 구원도 없는 것입니다.

종교의 범주에 다신교, 일신교, 유일신교가 있습니다. 일신교가 우리와 같은 유일신교라 생각해선 곤란합니다. 일신교는 신은 하나인데 모든 신 안에 내재되어 있다고 생각하는 것입니다.

지금 얼마나 많은 기독교 지도자들이 진리를 왜곡하게 하는지 모릅니다. 세계적으로 유명한 전도자 빌리 그래함 목사는 다른 종교에도 구원이 있다고 말했습니다. 세계 최대교회라는 교회 목사가 불교에도 심오한 진리가 있어서 불교를 통해서도 구원받는다고 하였습니다. 이보다 더 큰 문제는 많은 영혼들이 그들의 말을 무조건 진리라고 믿는 것입니다.

성경이 말하는 것만이 진리입니다. 성경은 오로지 유일하신 하나님이 유일한 구원자로 보내신 이가 예슈아라고 말합니다. 우리는 유일신 하나님을 믿을 뿐만 아니라 구원 얻는 이름도 오직 예슈아 이름밖에 없다고 믿어야 합니다.

우리는 무엇을 믿어야 구원받습니까? 천상천하에 하나님은 한 분밖에 없음을 믿어야 하고, 오직 예슈아 그리스도만이 나 영혼의 구원자라고 믿어야 합니다. 이 사실을 확실히 모르다 보니 다른 구원, 다른 복음에 귀를 기울여 그리스도를 향한 진실함과 깨끗함에서 떠나 부패하는 것입니다(고후11:3~4).

기독교 역사에 왜 핍박과 순교가 있습니까? 다른 신과 다른 구원을 인정하지 않기 때문입니다. 일말의 타협도 절충도 없었기 때문입니다.

우리 신앙은 구원자는 오로지 예슈아밖에 없다고 믿는 것입니다. 우리는 성령의 감동으로 이 진리를 확실하게 깨닫고 믿게 되었으니 목숨이 끊어지는 한이 있더라도 이 믿음을 끝까지 유지하고 증거해야 합니다.

유일하신 하나님 예슈아께서 나를 구원하시고 나의 구원을 책임지시는 것입니다. 그렇다면 목에 칼이 들어오거나 죽는 한이 있더라도 '천하인간에 구원받을 이름은 오직 예슈아 하나밖에 없소.'라고 외칠 준비가 되어 있어야 합니다.

유일하신 하나님이 나 같은 자를 구원하시려고 유일한 구원자를 보내 곤혹의 십자가를 지게 하셨다니 너무나 감사합니다. 나는 기필코 주님이 당하신 핍박과 고초가 헛되지 않도록 반드시 구원을 받고야 말 것입니다. 그리고 언제 어디서나 천하인간에 구원받을 이름은 예슈아밖에 없다고 큰소리로 증거할 것입니다.

예슈아가 누구신지 아십니까? 그를 가난한 목수의 아들로 태어난 신동같이 생각하십니까? 그와 같으신 이는 하늘에도 없고 땅에도 없는 유일하신 하나님입니다. 그런 이가 사람같이, 아니 죄인 중에 하나같이 오셔서 십자가에서 죽으셨습니다. 그 죽음을 통해 나를 구원하시다니 감격하고 또 감격합니다.

얼마 전 인터넷에서 기독교 목사라는 사람이 기독교가 독선적이고 배타적이고 오만하기 때문에 배척을 받는다고 비판하는 걸 본 적이 있습니다. 그는 주님의 제자들도 유대교와 이방종교를 인정했다고 주장했습니다. 억장이 무너지는 소리를 하는데 이 말에 맞장구치는 기독교인들이 있으니 통탄할 일입니다.

우리는 독선적이고 배타적이고 오만하다는 비판에 개의치 말아야 합니다. 우리가 유일신 하나님과 예슈아를 인정하는 순간 그렇게 보이는 것은 당연합니다. 유일하신 구원자 예슈아의 증인 되시길 예슈아 이름으로 축원합니다. 할렐루야!

구원은 오직 예슈아

성경본문 (행4:12)

하나님은 유일하신 분이다(막12:29).
상천하지에 그와 같은 이는 없고(신4:39, 사46:9)
능히 구원하기도, 멸하기도 하는 이는 오직 그분 한 분이시다(약4:12).

신앙은 유일하신 하나님과 유일한 구원자를 믿음이요(요17:3),
신앙생활은 다른 구원, 다른 복음을 배격하는 생활이다(갈1:9).

기독교는 유일신교(唯一神教)라
하느님(초월신), 하늘님(지역신)이 아닌 오직 한 분 하나님을 믿는바
시간적(영원~영원), 공간적(무소부재),
전지(모르는 것 없으심), 전능(능치 못함 없으심) 등
그와 같은 이는 없음이다(사46:9).

하나님의 유일성에 도전한 자가 있었으니
영계 하늘의 천사장 루시퍼가 하나님같이 되려 함이라(사14:12~15).
하나님이 그 사단을 더럽게 여겨 음부, 곧 우주에 가두었으니
큰 날의 심판 때까지다(벧후2:4, 유6).

사단, 곧 마귀의 꾐에 빠져 아담이 하나님의 금하신 선악과를 먹어(창2:17)
인류는 마귀와 함께 지옥행이 결정되었으니(마25:41).
이는 하나님의 유일성에 도전하고픈 피조물의 유혹이었다(창3:4~6).

아브라함에게 전능자로만 알게 하시던 하나님이(창17:1, 시132:2)
모세에게는 스스로 계신이, 여호와 이름을 알게 하신바(출3:14)
애굽의 종 되었던 이스라엘을 그 이름으로 구원하사 그의 백성 삼으심이라
'여호와 = 이스라엘의 구원자'를 체험하게 하셨으니(사43:11)
바로의 학대(출6:13), 장자의 죽음(출12:29), 홍해 몰사(출14:13),
매일 광야에서(시96:2), 대적으로부터다(민20:4).
십계명의 총제목은 '나 외에 다른 신을 있게 말라'(출20:3),

곧 '다름'을 철저히 부정함이니
다른 제사(출22:20), 다른 향(출30:9), 다른 불(레10:1),

다른 제단, 다른 제사장, 다른 절기, 다른 이름이라
이를 거역한 자는 제사장도, 왕도 죽임 당했다(왕상12:27~33).
그럼에도 이를 망각하고 다른 신을 섬겨
도탄에 빠져 허우적거리고 있던 그들에게
한 가닥 소망은 구원자가 임하리라는 예언이었다(사62:11).

예슈아께서 성전을 헐면 사흘 만에 일으키리라 하심은
성전 된 자기 육체의 죽음과 부활로(요2:19~20)
천사가 전해 준 여호와 이름이 아닌(창32:28, 호12:3~5),
아들이 가져 온 예슈아 아버지 이름으로(요5:43)
이스라엘만이 아닌, 천하 인간 모두를(행4:12)
육체의 곤경이 아닌, 영혼의 멸망에서 구원하려 하심이니
그는 하나님과 함께 계시던 말씀이 육신으로 오심이라(요1:1, 14)
그가 아버지와 하나라 하심(요10:29,33),
성전 헐고 다른 성전을 지으려 함 등으로 죽음에 넘겨지셨다(막14:58).

그는 죽으시면서 다 이루었다 하셨으니(요19:30)
① 계명대로 복종하사 영혼이 아버지께 흡수되어(요10:18)
　　아버지와 하나 되심(눅23:46, 요14:20, 고전15:28).
② 하나님의 유일성에 도전한 마귀를 심판하심(사14:14, 창3:5).
③ 그 피로 인류를 구속하사 그와 하나 되게 하심이다(엡1:7, 4:3).

그는 부활승천 보좌에 앉으사 아버지와 하나 되셨고(계22:3)
예슈아 이름으로 오신 성령은 증거하시는 영이시라
그리스도인은 유일하신 하나님과 유일한 구원자를 믿는 자로
독선적, 배타적, 오만 등의 비평을 피하려 하지 않고
목숨 걸고 예슈아만이 구원자 되심을 증거하는 자다(행4:12).

오! 주여,
초대형 교회의 목사, 기독교계 거성(巨星)들이
증거하기를 기피한 것을 우리는 말할 것입니다.
오직 예슈아만이 구원자라고!!
목숨 걸고 목청 돋우어 외칠 것입니다.
나와 우리 형제들, 유일하신 하나님이
십자가에서 베푸신 구원을 기필코 얻게 하소서. 아멘.

12

구원의 반석

시편 95:1, 마태복음 7:21~27

하나님은 신실하신 하나님입니다(신7:9). 그는 식언치 아니하시고 후회하지 아니하시기 때문에 그가 하신 말씀을 반드시 실행하시는 분입니다(민23:19).

신앙은 신실하신 하나님을 온전히 믿는 것입니다. 신앙생활은 마침내 구원받기 위해 어떤 환난이나 시험이 와도 변함없이 하나님의 언약에 매달려 사는 생활입니다.

"사람이 마음으로 믿어 의에 이르고 입으로 시인하여 구원에 이르느니라"는 로마서 10장 10절 말씀을 오해해서 구원받지 못할 사람이 많습니다. 우리는 집의 기초를 다지듯 구원의 기초를 제대로 다져야 합니다.

건물을 지으려면 관청의 건축허가를 받아야 합니다. 지반이 건물을 튼튼히 받쳐주고 웬만한 천재지변도 견딜 수 있어야 건축허가를 받을 수 있습니다. 건물을 세우는데 최고의 지반은 반석입니다.

반석(rock)은 매우 견고해서 웬만한 지진에도 요동치 않는 거대한 바위를 말합니다. 뉴욕 맨해튼에 많은 고층빌딩들이 들어선 이유는 지반이 견고한 반석이기 때문입니다. 반면에 미국 서부는 지반이 약하기 때문에 고층건물을 세우는데 제약이 많다고 합니다.

성경은 우리에게 '너희가 믿음에 있는가 너희 자신을 시험하고 너희 자신을 확증하라'고 경고합니다(고후13:5). '과연 나는 무엇을 믿는가? 내가 믿는 예슈아는 믿을 만한 분인가?'라는 질문을 스스로에게 하고 스스로 확실한 답을 갖고 있어야 합니다. 우리는 예슈아를 나 영혼의 유일한 구원자로 믿고 있는데, 만일 다른 구원자가 있다고 하거나 구원 얻는 다른 방법이 있다고 한다면 어떻게 할 것입니까?

요즈음 이슬람교로 개종한 가톨릭교인이 꽤 많다고 합니다. 개종하는 이유는 이슬람교리가 더 낫기 때문이랍니다. 이렇게 믿음에 대한 근거나 확증이 없이 무작정 믿는 것은 맹신입니다.

'나는 육체가 아니라 영혼이다'라고 믿는 사람은 천국과 지옥이 갈리는 일을 소홀히 여길 수 없습니다. '천국에 가면 좋고 못 가도 할 수 없고…' 하는 식으로 해서는 안 되는 일입니다. 천국행이나 지옥행은 한번 결정되면 돌이킬 수 없는 일방통행입니다. 영원한 생명과 기쁨을 누리는 하늘에서 끌어내릴 자도 없고, 영원한 절망과 고통을 느끼는 지옥에서 건져 올릴 자도 없습니다.

그러므로 우리는 일생일대 가장 진실하고 가장 절실한 문제를 놓고 생각해 봐야 합니다. 과연 예슈아는 믿을 만한 분인가? 과연 예슈아의 말씀은 믿을 만한 말씀인가? 확실하게 알아봐야 합니다.

불교에는 불경이 있고 이슬람교에는 코란이 있습니다. 불교는 석가모니의 말을 믿고, 이슬람교는 마호메트의 말을 믿습니다. 각각 스스로 도를 터득했거나 천사에게 받은 계시를 믿는다는 것입니다.

기독교는 성경을 믿습니다. 기독교는 예슈아의 말씀을 믿습니다.

> "너희가 성경에서 영생을 얻는 줄 생각하고 성경을 상고하거
> 니와 이 성경이 곧 내게 대하여 증거하는 것이로다"(요5:39)

바울은 '성경에 구원에 이르게 하는 지혜가 있다.'고 말했습니다(딤후3:15). 나 영혼이 구원받기 원한다면 더 진실하게 절실하게 성경을 봐야 합니다.

성경은 구원에 이르게 하는 책입니다. 성경을 초월하여 구원받을 수 없습니다. 성경은 구약 39권과 신약 27권, 총66권으로 구성되어 있습니다. 구약은 히브리어, 신약은 헬라어로 기록되어 있습니다.

히브리어 언어의 특징은 전세계 언어 중에서 가장 변하지 않은 언어라는 점입니다. 수천 년 전 모세가 썼던 문자를 현재 이스라엘의 초등학교에서도 사용하고 이해하는데 전혀 문제가 없을 정도입니다. 그에 비해 한민족은 한반도를 크게 벗어나지 않고 살아온 민족입니다. 그런데도 고어, 현대어가 있고, 지역마다 다른 방언을 가지고 있습니다.

그러면 이스라엘의 역사가 히브리어를 변치 않게 보존할 수 있는 최적의 환경이었을까요? 그렇지 않습니다. 유대 땅은 여러 번이나 여러 이방나라에 점령당했고 심지어 이방나라에 포로로 끌려가 살았습니다. 이스라엘 사람들은 그 나라의 사람들과 문화와 언어에 동화될 수밖에 없었습니다. 그래서 유대인에 백인, 흑인, 황인 등 모든 인종이 섞여 있는 것입니다. 이런 환경에서도 히브리어는 완벽하게 보존되었습니다. 이것은 하나님이 고의적으로 변치 않는 히브리어로 성별하신 것이었습니다. 그로 인해 하나님의 언약이 일점일획도 변함없이 보존되게 하신 것입니다. 그로 말미암아 하나님을 믿고자 하는 자에게 믿을 수 있는 근거로 성경을 제시하신 것입니다.

　　반면에 헬라어는 변화무쌍한 언어인데 이는 그리스가 지배하는 모든 나라에 적용되기 위해 신조어와 파생어가 많이 만들어졌기 때문이라고 합니다.

　　성경이 한 언어만 사용하지 않고 두 언어를 사용한 것 자체가 하나님의 의도입니다. 예슈아께서 '이 성경이 곧 내게 대하여 증거하는 것이로다'라고 하실 때 그 성경은 구약성경을 말합니다. 하나님은 히브리어로 기록된 구약성경의 모든 언약을 예슈아를 통해 완성하시고, 또한 헬라어를 사용해서 진리를 모든 족속으로 확산시키려 하신 것입니다. 이처럼 성경책은 하나님의 섭리로 만들어진 특별한 책입니다.

　　성경의 내용은 예언과 언약으로 되어 있습니다. 예언은 '이렇게 하리라, 이렇게 될 것이다.'라는 하나님의 스케줄, 하나님의 경륜을 말합니다. 언약은 '너희가 이리 하면 내가 이리 하리라.' 하고 하나님이 계약조건을 내거시고 인간과 계약을 맺는 것입니다. 예언이 일방적이라면 언약은 쌍방적입니다.

성경에 기록된 예언만 32,500가지인데 예슈아 그리스도께서 죽는 순간에 한 가지 예언만 빼고 모든 언약이 성취되었습니다. 수천 년 동안 이스라엘의 역사와 사건을 통해서 말씀하신 모든 예언을 예슈아께서 하나만 빼고 다 이루셨다면 이제 남은 한 가지 예언도 반드시 이루어질 것이라고 믿을 수 있습니다. 한 가지 남은 예언은 바로 예슈아 그리스도의 재림입니다.

하나님이 아담에게 '동산 안에 있는 모든 실과를 다 먹어도 좋지만 선악과는 먹지 말라 먹으면 정녕 죽으리라.'고 말씀하셨습니다. 그런데 하와가 뱀의 꾐에 빠져 선악과를 먹고 또 아담도 먹게 함으로 하나님의 언약을 파기해 버렸습니다. 이 사실을 성경은 이렇게 말했습니다.

> "저희는 아담처럼 언약을 어기고 거기서 내게 패역을 행하였느니라"(호6:7)

아담이 언약을 위반했기 때문에 하나님도 언약을 깨버리시고 그들을 에덴동산에서 내쫓아 버리셨습니다.

이런 가운데 하나님은 구약의 역사를 통해서 하나님의 언약이 얼마나 정확하게 이루어지는가를 보여주셨습니다. 성경은 하나님의 언약의 정확성에 대해서 말하고자 하는 책입니다. 구약성경은 하나님의 신용장이요, 예슈아의 신원보증서입니다. 구약성경이 있기 때문에 하나님의 말씀을 믿을 수 있고, 예슈아를 구원주로 믿을 수 있는 것입니다. 예슈아가 믿음의 대상이 되실 수 있는 것입니다.

성경이 믿을 만한 책이며 하나님의 언약이 믿을 만하다는 것을 보여 주시기 위해 하나님은 여러 가지 사건들을 벌여 가십니다. 그 중에서 제일 먼저 일으킨 큰 사건이 노아 홍수입니다.

하나님은 노아에게 '홍수를 땅에 일으켜 호흡하는 육체를 천하에서 멸절할 것이다. 너는 방주를 지어 너와 네 가족이 방주에 들어가 생명을 보존하라.'고 말씀하셨습니다. 노아는 믿음으로 아직 보지 못하는 일에 경고하심을 받아 하나님을 경외함으로 거의 70년 동안 방주를 지었습니다(히11:7). 그는 하나님이 지시하신 식양대로 배를 지었으며 명하신 대로 준행하였습니다.

> "노아가 여호와께서 자기에게 명하신 대로 다 준행하였더라"(창7:5)

때가 이르러 비가 쏟아지기 시작했습니다. 사십 주야를 퍼부었고 땅 밑의 창수가 터져 모든 세계가 물에 잠겼습니다. 그러나 방주에 탄 노아와 그 가족, 동물들은 생명을 보존할 수 있었습니다. 하나님의 언약은 변함없이 이루어진다는 사실을 노아의 홍수사건이 증거합니다.

하나님은 아브라함에게 네 가지를 언약하셨습니다. 그 내용은 '네 씨를 번성시켜 주리라. 네가 열국의 아비가 되리라. 너와 네 후손에게 가나안 땅을 기업으로 주리라. 내가 너희 후손의 하나님이 되리라.'는 것이었습니다. 그 언약의 표징으로 할례를 행하게 하셨습니다. 즉 사내아이가 태어나면 8일 만에 할례를 줌으로 언약의 자손이 되게 하신 것입니다(행3:25).

이스라엘 자손이 애굽에 가서 종살이를 하게 됐습니다. 종살이 430년이 되어갈 무렵 고역이 극에 달하자 그들은 하나님께 부르짖었습니다. 하나님은 그 부르짖음을 들으시고 아브라함과 이삭과 야곱에게 언약하신 것을 기억하셨고 출애굽이라는 대역사를 일으키셨습니다.

이스라엘 자손이 당대 최강대국 애굽의 억압에서 하룻밤 사이에 벗어난 것은 그들의 무력이나 지략이나 저항정신 때문이 아니라 언약을 잊지 않고 이행하시는 하나님으로 말미암은 것이었습니다.

> "여호와께서 아브람에게 이르시되 너는 정녕히 알라 네 자손
> 이 이방에서 객이 되어 그들을 섬기겠고 그들은 사백 년 동안
> 네 자손을 괴롭게 하리니 그 섬기는 나라를 내가 징치할찌며
> 그 후에 네 자손이 큰 재물을 이끌고 나오리라"(창15:13~14)

하나님은 아브라함과 430년 전에 하신 약속을 잊지 않고 지키신 것입니다. 그 약속대로 이스라엘을 인도하여 가나안 땅에 들어가게 하신 것입니다. 성경에 '열조에게 맹세하신 땅'이라는 말이 열두 번이나 나옵니다. 하나님은 한번 언약하신 것은 결코 잊지 않으신다는 뜻입니다.

한 민족이 430년 동안 타민족과 함께 살며 동화하지 않고 고유의 민족을 유지하는 것 자체가 이적입니다. 이는 하나님이 이스라엘을 자기

백성 삼으신다는 약속을 이루시려고 이스라엘을 거룩하게 보존하셨기 때문입니다.

그들이 애굽에서 나오자 광야로 들어갔습니다. 광야의 환경은 너무 혹독했습니다. '하나님은 신실하신 분이고 그는 한번 입에서 낸 말은 식언하지 않고 반드시 지킨다.'는 것을 잊지 않아야 했었는데, 그들은 하나님을 원망하고 걸핏하면 애굽으로 되돌아가려 했습니다.

하나님과 이스라엘 자손 사이의 언약관계를 유지하기 위해 하나님은 율법을 주셨습니다. 십계명을 비롯한 율법을 '언약의 말씀'이라고 합니다(출34:28, 신29:1).

> "그런즉 너희는 이 언약의 말씀을 지켜 행하라 그리하면 너희의 하는 모든 일이 형통하리라"(신29:9)
> "여호와께서 곧 이스라엘 모든 지파 중에서 그를 구별하시고 이 율법책에 기록된 언약의 모든 저주대로 그에게 화를 더하시리라"(신29:21)

하나님은 이스라엘이 언약의 말씀대로 순종하면 형통하고 불순종하면 저주를 내리겠다고 약속하셨습니다. 그리고 그 약속대로 이행하심으로 자신의 신실함을 주지시키셨습니다.

이스라엘이 하나님의 언약의 자손인 것을 한 눈으로 알게 하는 표적물이 언약궤와 성소입니다. 언약궤 안에 이스라엘의 구원의 반석인 여호와의 이름이 있었습니다. 성소는 이스라엘 민족으로 하여금 여호와 이름을 잊지 않게 하는 장치였습니다.

그들은 언약궤를 앞세우고 광야를 행진했습니다. 물 한 모금 없고 풀 한포기 없는 곳이지만 하나님의 지시대로 반석을 치면 물이 나오고 하늘에서는 만나가 매일 내렸습니다. 목마름도 배고픔도 없었습니다.

그러나 약 200만 명 가량이 시작한 광야생활 40년 후에 광야를 빠져 나간 사람은 겨우 2명뿐이었습니다. 이는 그들이 자기의 구원의 반석 되시는 하나님을 마음에 두지 않은 까닭입니다.

"이는 네가 자기의 구원의 하나님을 잊어버리며 자기의 능력
의 반석을 마음에 두지 않은 까닭이라 그러므로 네가 기뻐하
는 식물을 심으며 이방의 가지도 이종하고"(사17:10)

이스라엘이 가나안에 들어간 후에도 저주와 재앙이 끝나지 않고 결국 패망하게 된 이유를 이사야 선지자는 이렇게 말했습니다.

"그런즉 너는 알라 오직 네 하나님 여호와는 하나님이시요
신실하신 하나님이시라 그를 사랑하고 그 계명을 지키는 자
에게는 천 대까지 그 언약을 이행하시며 인애를 베푸시되 그
를 미워하는 자에게는 당장에 보응하여 멸하시나니 여호와
는 자기를 미워하는 자에게 지체하지 아니하시고 당장에 그
에게 보응하시느니라"(신7:9~10)

하나님은 한번 말씀하신 것은 식언하지 아니하시고, 후회하지 아니하시며 반드시 말씀하신 것을 실행하시는 분입니다.

이런 역사를 가진 예루살렘 성전 앞에 예슈아가 나타나 '너희가 이 성전을 헐라 내가 사흘 동안에 일으키리라'고 말씀하셨습니다(요2:19).

예슈아가 헐라는 성전에는 이스라엘의 구원의 반석이신 여호와 이름이 있었습니다. 유대인들은 성전을 헐면 그들의 구원의 보장이 무너진다고 생각하여 예슈아를 혐오했습니다. 그러나 예슈아께서 헐고 다시 일으킬 성전은 성전 된 자기 육체의 죽음과 부활을 가리켜 말씀하신 것입니다. 그의 말씀은 많은 뜻을 담고 있었습니다.

예루살렘 성전에는 여호와 이름이 있었지만 예슈아의 몸으로 된 성전에는 아버지 이름, 예슈아 이름이 있는 것입니다. 여호와 이름은 이스라엘의 구원의 반석이었지만 예슈아 이름은 모든 족속의 영혼을 위한 구원의 반석이라는 것입니다. 여호와 이름으로 맹세하신 땅은 지구상에 있는 가나안 땅이었지만 이제 예슈아 이름으로 맹세하신 곳은 새 하늘과 새 땅, 아버지 집입니다. 모세는 율법으로 이스라엘을 인도했지만, 예슈아는 믿는 자를 진리로 인도하신다는 것입니다. 예슈아께서는 자신을 아버지 집으로 들어가는 문이라고 하셨습니다.

> "내가 문이니 누구든지 나로 말미암아 들어가면 구원을 얻고..."(요10:9)

이 말씀은 예슈아 외에 아버지께로 들어갈 다른 구원의 문이 없다는 뜻입니다. 오직 예슈아만이 구원의 문입니다. 담이 없으면 문은 필요 없습니다. 담이 있기에 문이 필요한 것입니다.

"땅이 혼돈하고 공허하며 흑암이 깊음 위에 있고 하나님의 신은 수면에 운행하시니라"(창1:2)
"하나님이 범죄한 천사들을 용서치 아니하시고 지옥에 던 져 어두운 구덩이에 두어 심판 때까지 지키게 하셨으며"(벧 후2:4)
"또 자기 지위를 지키지 아니하고 자기 처소를 떠난 천사 들을 큰 날의 심판까지 영원한 결박으로 흑암에 가두셨으 며"(유6)

음부는 범죄한 천사들을 가둔 제한된 공간입니다(사14:12~15). 하나 님의 천사들이 담처럼 둘러싸고 있어 문이 없으면 빠져나갈 수 없습니 다(창1:2). 음부는 우주를 말하는데, 앞으로 영영한 불, 곧 지옥이 될 곳 입니다.

"또 왼편에 있는 자들에게 이르시되 저주를 받은 자들아 나 를 떠나 마귀와 그 사자들을 위하여 예비된 영영한 불에 들 어가라"(마25:41)
"사망과 음부도 불못에 던지우니 이것은 둘째 사망 곧 불못 이라"(계20:14)

우주 안에 있는 모든 영적 존재들, 곧 천사나 인류는 구원의 문을 통과해서 빠져나가지 못하면 앞으로 지옥 될 음부에 남을 수밖에 없습니다.

예슈아께서 십자가에서 죽으심으로 그 담의 문을 여시는 것입니다. 불타는 이 우주에서 구원받는 유일한 문이 예슈아시며 그 문으로 들어온 자에게 구원으로 인도해 주십니다.

이스라엘을 회복할 메시아를 기다렸던 유대인들은 예슈아를 임금 삼아 로마의 압제에서 벗어나려 했습니다. 그러나 예슈아가 그들의 요구에 부응하지 않자 실망한 나머지 유대종교지도자들이 간계로 그를 죽이려 할 때, 모두 동조했던 것입니다.

예슈아께서는 죽음이 자기에게 가까이 오는 것을 아시고 겟세마네 동산에서 기도하십니다.

> "그는 육체에 계실 때에 자기를 죽음에서 능히 구원하실 이
> 에게 심한 통곡과 눈물로 간구와 소원을 올렸고 그의 경외하
> 심을 인하여 들으심을 얻었느니라"(히5:7)

예슈아는 구원자로 오셔서 이적과 능력으로 곤경에 처한 많은 사람들을 구하셨습니다. 그런 분께서 이제 자기의 구원을 위해 심한 통곡과 눈물로 아버지께 간구하셨습니다. 그 영혼이 아직도 음부에 있기 때문에 구원이 필요하셨고, 또한 죽음을 앞둔 그의 육체를 위해 구원을 요청하신 것입니다. 그의 육체는 사람과 똑같은 감각과 조건과 기능을 가

지고 있었습니다.

> "이는 내 영혼을 음부에 버리지 아니하시며 주의 거룩한 자
> 로 썩음을 당치 않게 하실 것임이로다"(행2:27)

아버지께서 자기 기도를 들으셨다는 확증을 받고 그는 죽음을 향해 나아가신 것입니다.

그가 십자가에 달려 죽으실 때, 대제사장, 관원들, 군병들, 백성들이 그를 조롱했습니다. 심지어 같이 달린 강도마저 가담했습니다. 한결 같은 그들의 조롱은 '네가 구원자냐? 그러면 너부터 구원해 보라.'는 것이었습니다.

> "저가 하나님을 신뢰하니 하나님이 저를 기뻐하시면 이제 구
> 원하실찌라 제 말이 나는 하나님의 아들이라 하였도다 하며"
> (마27:43)
> "백성은 서서 구경하며 관원들도 비웃어 가로되 저가 남을
> 구원하였으니 만일 하나님의 택하신 자 그리스도여든 자기
> 도 구원할찌어다 하고"(눅23:35)
> "군병들도 희롱하면서... 가로되 네가 만일 유대인의 왕이어
> 든 네가 너를 구원하라 하더라"(눅23:36~37)
> "달린 행악자 중 하나는 비방하여 가로되 네가 그리스도가
> 아니냐 너와 우리를 구원하라 하되"(눅23:39)

예슈아께서는 이에 대해 한마디도 대답지 않으시고 죽으시면서 '다 이루었다'라고 말씀하셨습니다. 그는 무엇을 다 이루셨습니까?

첫째, 그는 아버지 계명대로 자기 목숨을 내려놓으셨습니다. 아버지의 계명대로 죽으면 아버지께서 그를 구원하실 것을 믿으신 것입니다.

> "이를 내게서 빼앗는 자가 있는 것이 아니라 내가 스스로 버리노라 나는 버릴 권세도 있고 다시 얻을 권세도 있으니 이 계명은 내 아버지에게서 받았노라 하시니라"(요10:18)

아버지의 계명에 대해 시편 기자는 이렇게 표현했습니다.

> "주는 나의 무시로 피하여 거할 바위가 되소서 주께서 나를 구원하라 명하셨으니 이는 주께서 나의 반석이시요 나의 산성이심이니이다"(시71:3)

'주께서 나를 구원하라 명하셨다'와 '주께서 너 자신을 구원하라 명하셨다'라는 말씀은 동일한 말씀입니다. 그러니까 아버지의 계명대로 죽는 것이 아들이 자신을 구원하는 것입니다. 그래서 예슈아는 신실하신 아버지를 의지하여 자기자신을 구원하기 위해 아버지의 계명대로 자기 목숨을 내려놓으신 것입니다.

둘째, 하나님의 신실하심을 우롱하려던 마귀가 심판받은 것입니다.

셋째, 자신의 몸을 터뜨리사 믿는 자로 신령한 음료를 마시게 하시는 구원의 반석이 되셨습니다.

> "다 같은 신령한 음료를 마셨으니 이는 저희를 따르는 신령
> 한 반석으로부터 마셨으매 그 반석은 곧 그리스도시라"(고
> 전10:4)

광야에서 이스라엘이 여호와 이름이 있는 언약궤를 따라 맹세하신 땅으로 향하여 갈 때, 반석을 쳐서 나온 물을 마셨습니다. 이것은 예슈아가 그 몸으로 하실 일에 대한 그림자였습니다. 십자가에 못박혀 찢어진 예슈아의 몸을 통해 영혼들이 마시고 살 신령한 물을 흘리신 것입니다.

예슈아는 자기 일을 마치시고 죽으셨고 아버지는 사흘 만에 그를 죽은 자 가운데서 다시 살리셨습니다. 아버지는 예슈아를 하늘 보좌에 앉게 하셨습니다.

밧모 섬에 갇혀 있던 사도 요한이 주의 날에 성령이 충만해서 받은 계시입니다.

> "이에 하늘에 있는 하나님의 성전이 열리니 성전 안에 하나
> 님의 언약궤가 보이며..."(계11:19)

어떤 이스라엘 사람들은 지금도 금으로 된 언약궤를 찾으려 혈안이 되어 있습니다. 로마군에 의해 예루살렘 성전이 완전 훼파당할 때, 실

종된 언약궤를 지금도 찾고 있다고 합니다. 그들은 예루살렘 성전을 복구하고 거기서 제사를 드리려고 하는데, 제사에 결정적으로 있어야 할 언약궤가 없는 것입니다. 그 언약궤는 이 땅에서 절대 찾을 수 없을 것입니다.

그 언약궤는 하늘 성전에 있습니다. 그 언약궤는 예슈아 그리스도입니다. 일찍 죽은 흔적을 갖고 보좌에 앉아계신 어린양 예슈아 그리스도가 언약궤요, 온인류의 구원의 반석이십니다.

우리는 '예슈아! 당신은 나의 구원의 반석이십니다. 나를 음부에서부터 구원하실 이는 오로지 당신 한 분뿐입니다.'라고 외치는 자들입니다. 우리가 알아야 할 것이 있습니다. 아무리 '당신만이 나의 유일한 구원주이십니다.'라고 고백하여도 천국에 들어가지 못할 수 있습니다.

> "나더러 주여 주여 하는 자마다 천국에 다 들어갈 것이 아니요 다만 하늘에 계신 내 아버지의 뜻대로 행하는 자라야 들어가리라"(마7:21)
>
> "그는 육체에 계실 때에 자기를 죽음에서 능히 구원하실 이에게 심한 통곡과 눈물로 간구와 소원을 올렸고 그의 경외하심을 인하여 들으심을 얻었느니라 그가 아들이시라도 받으신 고난으로 순종함을 배워서 온전하게 되었은즉 자기를 순종하는 모든 자에게 영원한 구원의 근원이 되시고"(히5:7~9)

예슈아는 그 자신이 하나님의 아들이실지라도 죽기까지 복종하며 아버지의 계명을 지키셨습니다. 만일 구원받기 원한다면 예슈아의 말씀에 순종해야 합니다. 그의 말씀을 듣고 행하는 자가 지혜로운 자입니다.

> "그러므로 누구든지 나의 이 말을 듣고 행하는 자는 그 집을
> 반석 위에 지은 지혜로운 사람 같으리니 비가 내리고 창수가
> 나고 바람이 불어 그 집에 부딪히되 무너지지 아니하나니 이
> 는 주초를 반석 위에 놓은 연고요"(마7:24~25)
> "나를 저버리고 내 말을 받지 아니하는 자를 심판할 이가 있
> 으니 곧 나의 한 그 말이 마지막 날에 저를 심판하리라"(요
> 12:48)

예슈아의 말씀을 저버리고 받지 않으면 심판을 면치 못합니다. 말씀대로 시행하지 않는 사람은 모래 위에 지은 집처럼 유사시에 무너져 버리고 맙니다. 수십년 예배드리고 헌금하고 봉사하고 기도하고 전도한 모든 일들이 무효가 될 수 있습니다. 그러므로 우리는 예슈아의 말씀을 주의 깊게 듣고 순종해야 합니다. 성경은 이렇게 경고하고 있습니다.

> "...항상 복종하여 두렵고 떨림으로 너희 구원을 이루라"(빌
> 2:12)
> "이제 우리가 그 피를 인하여 의롭다 하심을 얻었은즉 더
> 욱 그로 말미암아 진노하심에서 구원을 얻을 것이니"(롬5:9)

마음으로 믿고 입으로 시인하여 영혼이 구원받은 자는 앞으로 진노에서 구원 얻어야 할 날이 남아있다는 사실을 잊어서는 안 됩니다.

예슈아 그리스도의 지상 재림이 있기 전, 먼저 공중 재림이 있습니다. 그때, 그는 그의 백성들을 하늘로 부르십니다. 거기에 참여하는 자를 공중 휴거당한다고 말합니다. 순식간에 홀연히 영의 몸으로 변화되어 하늘로 들림 받는 것입니다.

그 나머지들 곧 신자든, 불신자든 창세 이후 큰 환난을 당하게 되는데, 결국은 다 지옥행을 면치 못할 것입니다. 그러니까 공중휴거 당하지 못하고 이 땅에 남아있으면 안 되는 것입니다. 어찌하든 주님 오시기 전 죽어 낙원에 가 있든가, 주님 오시는 날에 살아 공중에 올라가든가 해야 합니다. 아니면 구원받지 못합니다.

주님의 말씀대로 순종하고 따르려 하니 환난과 시험이 끊임없습니다. 경제적으로, 신병으로, 가정적으로, 사회적으로 문제가 생깁니다. 산 넘어 산입니다. 끝이 안 보입니다. 어려운 일들을 당할 때 우리는 어떻게 해야 합니까?

> "우리가 소망으로 구원을 얻었으매 보이는 소망이 소망이 아니니 보는 것을 누가 바라리요 만일 우리가 보지 못하는 것을 바라면 참음으로 기다릴찌니라"(롬8:24~25)

참고 기다리라는 것입니다. 기가 막힐 웅덩이와 수렁에서 끌어 올리실 그날까지 참음으로 기다려야 합니다.

"나를 기가 막힐 웅덩이와 수렁에서 끌어 올리시고 내 발을

반석 위에 두사 내 걸음을 견고케 하셨도다"(시40:2)

하나님은 왜 믿는 자에게 시험을 주십니까? 구약의 모든 약속이 예슈아 그리스도를 통해 이루어졌고, 이제 예슈아의 말씀은 일점일획도 변하지 않고 그대로 성취될 것입니다. 예슈아 그리스도가 하신 약속을 지키시는 시대가 성령시대입니다. 주님은 우리의 구원자이시지만 우리에게 거쳐야할 과정이 있는 것입니다.

내 믿음을 견고한 반석 같게 하시려고 시험을 주시는 것입니다.

"사람이 감당할 시험밖에는 너희에게 당한 것이 없나니 오직

하나님은 미쁘사 너희가 감당치 못할 시험 당함을 허락지 아

니하시고 시험 당할 즈음에 또한 피할 길을 내사 너희로 능

히 감당하게 하시느니라"(고전10:13)

하나님이 주시는 시험에는 법칙이 있습니다. 첫째, 감당할 시험만 주십니다. 둘째, 시험 당할 즈음에 피할 길을 주십니다.

그러므로 지금 당하고 있는 시험은 내가 얼마든지 감당할 수 있는 경량급 시험입니다. 이 시험을 이기면 언젠가 중량급 시험이 올 것입니다. 그렇다고 앞으로 올 중량급 시험에 미리 겁먹을 필요는 없습니다. 주님은 시험과 함께 피할 길도 마련해 두시기 때문입니다. 내가 정 견디기 힘들면 시험의 현장에서 나 영혼을 빼내어 가실 것입니다. 하늘로

옮기셔서라도 피하게 하실 것입니다.

인간은 자기 힘으로 자기 영혼을 절대로 구원할 수 없습니다. 반드시 구원의 반석 되신 예슈아를 믿어야 합니다. 그의 명령이 구원의 반석임을 믿어야 합니다. 그러므로 우리는 담대하게 구원의 반석 되신 주님만 믿고 의지하고 순종하고 따라가면 됩니다. 힘들고 어렵더라도 약속에 매달려 살면 됩니다. 예슈아 이름으로 살면 됩니다.

> "내 이름으로 무엇이든지 내게 구하면 내가 시행하리라"(요
> 14:14)
> "두세 사람이 내 이름으로 모인 곳에는 나도 그들 중에 있느
> 니라"(마18:20)
> "믿는 자들에게는 이런 표적이 따르리니 곧 저희가 내 이름
> 으로 귀신을 쫓아내며 새 방언을 말하며 뱀을 집으며 무슨
> 독을 마실찌라도 해를 받지 아니하며 병든 사람에게 손을 얹
> 은즉 나으리라 하시더라"(막16:17~18)

주님은 우리가 예슈아 이름을 사용할 때마다 우리를 웅덩이와 수렁에서 건져내시고 구원의 반석 위에 우리 영혼을 굳게 세우실 것입니다.

자기 영혼구원의 중요성을 아는 그리스도인은 자기에게 맡기신 영혼의 구원도 중요하게 여깁니다. 우리 가족에게 가장 필요한 것은 주님이 오시는 날, 이 땅에 남지 않고 구원받는 것입니다. 우리가 다른 영혼들의 구원을 위해 애쓴다면 자기 영혼 구원도 함께 이루어집니다. 우

리가 예슈아 이름으로 복음을 전할 때 주님은 기필코 우리 영혼을 책임져 주실 것입니다.

민음의 결국은 영혼의 구원입니다(벧전1:9). 자기 영혼을 구원에 이르게 하는 것이 민음입니다. 자기 영혼을 구원에 이르게 하지 못한다면 그건 민음이 아닙니다. 우리 영혼의 구원의 반석이신 예슈아 한 분밖에는 믿을 이가 없습니다. 예슈아의 말씀에 죽기까지 복종, 순종하며 살므로 자기 영혼을 마침내 구원에 이르게 하시길 예슈아 이름으로 축원합니다. 할렐루야!

구원의 반석

성경본문 (시95:1, 마7:21~27)

하나님은 신실하신 분이다(신7:9).
그는 식언도 후회도 없이 그 하신 말씀을 실행하시고(민23:19)
그 계명을 지키는 자에게
천대에 이르도록 그 언약을 이행하시는 분이다.

신앙은 그의 언약을 반석 같이 믿음이요,
신앙생활은 어떤 시험이 와도 그 언약에 매달려 사는 생활이니
반석은 든든하고 요동치 않음이다.

나 영혼임을 아는 자는 지옥과 천당의 갈림길 앞에
예슈아만이 구원자라고 믿는 자니(행4:12)
그 믿음의 근거는 성경이다.

성경은 예슈아의 신용장, 구원에 이르는 지침서라(요5:39, 딤후3:15)
기록: 구약 - 변치 않는 히브리어
　　　신약 - 변화무쌍한 헬라어
내용: 예언 - 하나님의 경륜 - 일방적
　　　언약 - 하나님의 지시 - 쌍방적이다.

인류 조상 아담이 마귀의 말 듣고 하나님의 말씀을 지키지 않으므로(호6:7)
전인류는 하나님에게서 끊겨 마귀와 함께 지옥행이 결정되었다(마25:41).

구약의 역사는 하나님의 언약의 정확성을 나타내는 사건들이라
대홍수로 전인류가 몰사당하는 중
그 언약을 믿고 방주를 지은 노아는 그 집을 구원하였고(창6:18, 히11:7),
아브람은 그 지시대로 할례 받아 언약의 표징을 삼은바
씨의 번성, 열국의 아비, 땅, 그들의 하나님 되심에 관함이다(창17:1~13).

언약의 자손 이스라엘의 출애굽은(행3:25)
그들에게 맹세하신 땅으로 인도하는 시발점이니(출6:8)
수백 년 전 열조에게 하신 그 언약을
하나님이 기억하사 실행하심이라(창15:13, 출2:24)

그들이 십계, 곧 언약의 돌비 담은 언약궤를 앞세우고 갈 때(민10:33)
광야에서 반석이 물을, 하늘이 만나를 내린바(출17:6)
성소는 '여호와 = 이스라엘의 구원의 반석'임을 기억케 했다(시95:1, 사30:29).
그럼에도 이스라엘이 패망한 것은
그들이 구원의 하나님, 능력의 반석을 망각함이었다(사17:10).

예슈아께서 성전을 헐면 사흘 동안에 일으키리라 하심은
성전 된 자기 육체의 죽음과 부활로(요2:19~20)
이스라엘의 구원의 반석 여호와 이름을 폐하고
온인류 영혼의 구원의 반석 예슈아 이름을 주려 하심이요,
가나안 땅이 아닌 아버지 집을 주기로 약속하심이요(요14:2~3),
모세의 말이 아닌 예슈아의 말을 지킴으로니(마7:24, 요12:48)
예슈아가 음부를 빠져나가는 구원의 문이 되심이다(요10:9).

그는 사람들의 조롱 속에 죽으시며 다 이루었다 하셨으니(마27:43, 요19:30)
① 아버지 계명대로 자신을 구원하기 위해 죽으심(시71:3, 요10:18).
② 불의한 마귀를 심판하심(요일3:8).
③ 몸을 찢어 구원의 반석을 터치사
   인류로 신령한 음료를 마시게 하심이다(고전10:4).

하나님은 약속하신 대로 그를 죽음에서 이끌어 내사(히13:20)
하늘보좌에 앉게 하셨으니 그는 하나님의 언약궤시라(계11:19)
성령은 '예슈아 = 구원의 반석'을 믿는 자에게
예슈아의 하신 말씀을 듣고 지키게 하시나니(마7:21~27)
그 피로 의롭다 함을 얻은 자는 진노에서 구원을 얻으려는 자로(롬5:9)
시험의 법칙, 곧 감당할 시험밖에 없음,
시험당할 즈음 피할 길 주심을 믿음이요(고전10:13),
시험은 나 영혼을 반석 위에 세우사
마침내 웅덩이(음부)에서 구원하여 주심을 앎이다(시40:2).

오! 예슈아 나의 구원의 반석이시여,
우리, 말로만 주여 주여 하지 말게 하옵시고
그 말씀대로 복종하고 순종하고 어떤 시험도 능히 이기며
반석 같은 믿음을 다지게 하옵소서.
마침내 나 영혼을 구원하게 하소서. 아멘.

13

큰 구원

히브리서 2:1~4

하나님은 크신 하나님입니다(시95:3). 그는 측량할 수 없는 큰 일을 행하시고(욥9:10), 그 큰 일을 아는 자로 큰 일을 행하게 하시는 분입니다(대상17:19).

신앙은 영혼 구원을 가장 큰 일로 아는 것입니다. 그리고 신앙생활은 나와 내게 주신 자들의 영혼 구원하는 일을 최우선으로 행하는 생활입니다(시71:3).

역사적으로 위대한 인물들을 대별해 보면 먼저 발명이나 발견으로 인류에 공헌한 사람들을 들 수 있습니다. 유명한 발명가 에디슨, 아메리카 대륙을 발견한 콜럼버스가 있습니다. 또한 정치, 사상, 종교 등을 통해 인간의 삶에 큰 영향을 준 사람들이 있습니다. 대표적으로 남북전쟁을 승리로 이끌고 노예를 해방시킨 아브라함 링컨이 있습니다.

또한 자기 희생을 통해 위기에 처한 이웃을 구원한 사람들이 있습니다. 헬렌 켈러나 나이팅게일 같은 사람들은 불우한 사람들을 도와주며 그들과 동고동락했습니다.

지금도 세상에서 위대한 일을 하는 사람들이 있습니다. 소방대원들은 상시 화재를 대비하고 있다가 화재가 발생하면 쏜살같이 현장으로 달려갑니다. 무서운 불길 속에서 성공적으로 사람을 구출해 내기도 하지만 간혹 죽는 이들도 있습니다.

세계무역센터(World Trade Center)가 테러 당했을 때, 사람들은 비상계단을 내려오며 대피하느라 정신없을 때, 소방대원들은 반대로 계단을 묵묵히 올라갔습니다. 얼마 후 건물이 붕괴되어 그들은 다 죽었습니다. 그날 그렇게 죽은 대원들이 300명이 넘었습니다. 그 후 영상으로 본 그들의 얼굴표정을 잊을 수 없습니다. 그들의 죽음을 나라가 치하하였고, 전국민들이 위로하였습니다.

이렇게 끊이지 않고 위대한 사람들이 나옵니다. 이를 보고 인간은 역시 다른 동물보다 나을 뿐만 아니라 세상은 역시 살 만한 곳이라는 희망을 품게 합니다.

1994년에 역대 노벨상 수상자들에게 설문조사를 했는데, 가장 위대한 인물로 공자가 뽑혔다고 합니다. 수상자들이 대부분 서양인들임에도 불구하고 거의 다 공자를 뽑은 것입니다. 공자가 동양인임에도 불구하고 가장 위대한 인물로 뽑힌 것은 그가 인간을 존중하는 정신을 주창했고 실제로 그렇게 살았기 때문이랍니다.

공자에게 그 제자들이 '선생님, 죽음이란 무엇입니까?'라고 물어봤더니 '내가 생(生)도 모르는데 어떻게 죽음을 알겠느냐?'라고 대답했답니다. 인류 역사상 가장 위대한 사람도 삶과 죽음을 몰랐던 것입니다.

성경은 인간에게 가장 큰 일이 구원이라고 합니다. 그래서 구원을 '큰 구원'이라고 강조하는 것입니다.

> "우리가 이같이 큰 구원을 등한히 여기면 어찌 피하리요 이
> 구원은 처음에 주로 말씀하신 바요 들은 자들이 우리에게 확
> 증한 바니"(히2:3)

'이같이 큰 구원(such a great salvation)'이라는 말은 구원이야말로 가장 큰 일이라는 뜻입니다. 이 구원은 육체적, 정신적, 상황적 구원이 아니라 영혼이 영원한 형벌, 곧 지옥불에서 구원받는 것을 말합니다.

하나님은 그 큰 구원을 알게 하기 위해 '여호와께서 너희 목전에 행하시는 이 큰 일을 보라' 하신 것입니다(삼상12:16). 이는 사람이 할 수 없는 일입니다.

모든 인류가 구원이 필요하게 된 이유는 인류 조상 아담이 하나님의 계명을 어긴 결과 마귀와 함께 지옥행이 결정되었기 때문입니다(창 2:17, 3:4~6).

> "또 왼편에 있는 자들에게 이르시되 저주를 받은 자들아 나
> 를 떠나 마귀와 그 사자들을 위하여 예비된 영영한 불에 들

어가라"(마25:41)

성경에는 하나님이 행하신 큰 일들이 기록되어 있습니다.

먼저 노아의 홍수사건입니다. 노아는 홍수가 일어나 코로 기식하는 모든 동물들이 죽으리라는 하나님의 경고를 받고, 하나님을 경외함으로 방주를 예비하여 자기 가족을 구원하였습니다. 전인류가 다 몰사하는 상황에서 그의 가족이 구원을 받은 것입니다.

그 다음으로 이스라엘의 출애굽을 들 수 있습니다. 모세는 애굽에서 430년 동안 종살이하고 있던 이스라엘 자손을 해방시켰습니다. 그가 군대를 이끌고 간 것도 아니고 나이도 젊지 않았습니다. 나이 팔십에 지팡이 하나 들고 단신으로 애굽에 들어가 큰 역사를 일으켰던 것입니다. 그런데 성경은 이 큰 구원을 하나님이 하셨다고 말하고 있습니다.

"그날에 여호와께서 이같이 이스라엘을 애굽 사람의 손에서 구원하시매 이스라엘이 바닷가의 애굽사람의 시체를 보았더라 이스라엘이 여호와께서 애굽 사람들에게 베푸신 큰 일을 보았으므로 백성이 여호와를 경외하며 여호와와 그 종 모세를 믿었더라"(출14:30~31)

모세는 하나님의 심부름꾼으로 쓰임 받은 것뿐이지 큰 일을 행하신 이는 하나님이십니다. 모세는 지팡이로 바위 치는 일을 했고 바위를 갈라 물을 내신 이는 하나님이셨던 것입니다. 모세도 그의 지팡이도 다만 하나님의 손에 붙들린 도구였을 뿐입니다.

출애굽의 열 가지 재앙은 인류 역사상 전무후무한 사건이었습니다. 특히 양의 피를 바른 이스라엘 집의 장자는 하나도 죽지 않고 그 피를 바르지 않은 애굽 집의 모든 장자가 죽은 열 번째 재앙은 애굽을 뒤흔든 대사건이었습니다.

하나님의 대역사로 이스라엘 자손이 애굽을 빠져나왔지만 그들 앞에 홍해가 가로막고 있었습니다. 애굽의 군대가 그들의 뒤를 추격해오자 백성들은 두려움에 떨며 모세를 원망했습니다.

"모세가 백성에게 이르되 너희는 두려워 말고 가만히 서서 여호와께서 오늘날 너희를 위하여 행하시는 구원을 보라 너희가 오늘 본 애굽 사람을 또다시는 영원히 보지 못하리라 여호와께서 너희를 위하여 싸우시리니 너희는 가만히 있을 찌니라"(출14:13~14)

하나님은 모세에게 백성들을 명하여 앞으로 계속 나아가게 하셨고, 모세로 지팡이를 들어 바다를 갈라지게 하심으로 이스라엘 백성들로 바다를 육지같이 건너게 하셨습니다. 이렇게 하여 하나님은 이스라엘의 구원자가 되심을 보여주셨습니다. 그리고 '나는 너를 애굽 땅 종 되었던 집에서 인도하여 낸 너의 하나님 여호와로라'고 반복하여 말씀하시며 이 사실을 잊지 말라고 명령하셨습니다(출20:2). 성경은 이 말씀을 열다섯 번이나 기록하고 있습니다.

이를 잊지 않게 하기 위해 하나님은 그들에게 성소를 짓게 하시고, 지성소의 언약궤 안에 여호와 이름을 두게 하셨습니다. 이스라엘 사람들은 성소를 바라볼 때마다 '여호와는 우리를 종 되었던 애굽 땅에서 구원한 큰 일 행하신 하나님'이라는 사실을 기억했습니다.

성경에 기록된 이적과 기사는 우연이 아닙니다. 자연적으로 발생한 천재지변이 아닙니다. 하나님이 고의적으로 명령하시고 정확하게 행하신 일들입니다. 하나님만이 하실 수 있는 큰 일들이었습니다. 하나님이 이런 큰 일들을 행하신 이유가 있습니다. 앞으로 이보다 더 큰 일을 행하실 계획이 있으신 것입니다.

이스라엘 민족은 한마디로 여호와가 애굽인들에게 행하신 큰 일과 또 광야생활 40년 동안 행하신 큰 일들을 체험한 민족이었습니다. 그럼에도 그들이 가나안 땅에 정착하자 구원자 하나님을 망각했습니다. 우상을 섬기며 하나님께 범죄했습니다. 이에 하나님은 주변의 나라들로 전쟁을 도발하게 하고 이스라엘로 패전하게 하셨습니다. 급기야 포로로 끌려가게까지 하셨습니다.

하나님은 더 큰 일을 행하시려는 의도를 가지시고 이방 왕을 감동하사 이스라엘로 귀환하게 하셨습니다. 그리고 예루살렘 성전을 중건하게 하십니다. 성전의 건재는 주권을 빼앗기고 이방나라의 압제 아래 살았던 이스라엘 사람들에게 하나님이 보내실 메시아를 학수고대하게 했습니다.

이 성전 앞에 예슈아가 나타나 '너희가 이 성전을 헐라 내가 사흘 동안에 일으키리라'고 말씀하셨습니다. 크신 여호와 이름 있는 성전을 헐라는 말에 유대인들은 큰 충격을 받고 예슈아를 참람하게 여겼습니다. 그것도 모자라 예슈아는 자신을 '성전보다 더 큰 이'(마12:6), 또 '솔로몬보다 더 큰 이'(마12:42)라고 소개하셨습니다.

도대체 예슈아는 무슨 뜻으로 그런 위험천만한 말씀을 하신 것입니까? 성전을 헐라는 말씀은 유대인에게 이제 성전은 필요 없다는 말로 들리지 않았겠습니까? 예슈아의 말씀은 성전이 필요 없다는 것이 아니라 이제는 여호와 이름 보다 더 큰 이름으로 새로운 성전을 일으키신다는 것입니다. 새로운 성전은 죽고 부활할 자기 육체를 말씀하신 것입니다.

예슈아께서는 '나는 아버지의 이름으로 왔느니라'(요5:43), '내 아버지는 만유보다 크시니라'고 말씀하셨습니다(요10:29). 여호와 이름은 천사를 통해 전해준 하나님의 이름입니다. 그런데 예슈아 이름은 아들이 몸소 가지고 오신 아버지의 이름입니다. 하나님이 부리시는 천사가 전해준 이름보다 하나님의 아들이 직접 가지고 온 이름이 더 큰 것입니다. 그는 자신의 죽음과 부활을 통해 크신 아버지의 이름으로 성전을 다시 일으키시겠다는 것입니다. 그러면 어떤 일이 예슈아께서 행하실 가장 큰 일입니까?

애굽이라는 국지적 나라에서 이스라엘이라는 한 민족을 구원하는 일이 아니라 음부권세자, 세상임금인 마귀에게서 종노릇하는 전인류를 구원하시는 일입니다. 여호와는 이스라엘 민족을 구원한 이름입니다. 예슈아는 인류를 죄와 사망에서부터 구원하는 이름입니다. 이 일은 세상의 어떤 왕도 어떤 위인도 할 수 없는 가장 큰 일입니다.

"친히 나무에 달려 그 몸으로 우리 죄를 담당하셨으니 이는
우리로 죄에 대하여 죽고 의에 대하여 살게 하려 하심이라
저가 채찍에 맞음으로 너희는 나음을 얻었나니"(벧전2:24)

그가 베푸신 기사와 이적은 큰 일이었습니다. 그래서 허다한 무리들
이 그를 따랐습니다(막3:8). 그는 각색 병든 자를 고치셨고, 죽은 자를
살리셨습니다. 예슈아는 어떤 선지자도 하지 못한 큰 일을 하셨고 이스
라엘 사람들은 놀라움을 금하지 못했습니다.

"다 놀라 서로 물어 가로되 이는 어찜이뇨 권세 있는 새 교
훈이로다 더러운 귀신들을 명한즉 순종하는도다 하더라"(막
1:27)
"귀신이 쫓겨나고 벙어리가 말하거늘 무리가 기이히 여겨
가로되 이스라엘 가운데서 이런 일을 본 때가 없다 하되"(마
9:33)

예슈아께서 거라사 지방에 가셨을 때, 무덤가에 있던 귀신들린 자가
그 앞에 나왔습니다(눅8:35). 예슈아께서 귀신들을 쫓아내시니 귀신들
린 사람이 정신이 온전해졌습니다. 예슈아께서는 그에게 '집으로 돌아
가 하나님이 네게 어떻게 큰 일 행하신 것을 일일이 고하라'고 말씀하
셨습니다(눅8:39). 육체의 구원도 큰 일이기 때문에 전해야 하는 것입
니다.

예슈아는 죽은 지 나흘이나 되어 썩은 냄새가 나는 나사로를 살리셨습니다. 선지자도 죽은 자를 살린 적이 있지만 이미 부패하여 냄새가 나는 시체를 살린 일은 전에 없던 굉장한 일입니다.

예슈아께서는 나다나엘을 보시고 '이는 참 이스라엘 사람이라 그 속에 간사한 것이 없도다.' 하셨습니다. 나다나엘이 '어떻게 나를 아시나이까?' 하자 '빌립이 너를 부르기 전에 네가 무화과나무 아래 있을 때에 보았노라.' 하셨습니다. 나다나엘은 '당신은 하나님의 아들이시요 당신은 이스라엘의 임금이로소이다.'라고 말했습니다. 그때 예슈아께서는 '내가 너를 무화과나무 아래서 보았다 하므로 믿느냐 이보다 더 큰 일을 보리라.' 하셨습니다(요1:50). 그는 누차 '더 큰 일'을 언급하셨습니다.

> "아버지께서 아들을 사랑하사 자기의 행하시는 것을 다 아들
> 에게 보이시고 또 그보다 더 큰 일을 보이사 너희로 기이히
> 여기게 하시리라"(요5:20)

예슈아께서는 각색 병든 자를 고치시고 죽은 자를 살리시고 흉흉한 파도를 잠잠케 하셨습니다. 그러면서 이 이적들은 다 아버지께서 행하셨다고 하셨습니다. 이는 아버지께서 행하실 더 큰 일을 목도하도록 유도하신 것입니다.

무엇을 더 큰 일이라고 할 수 있을까요? 죽은 사람이 살아나는 일 이상 더 큰 일이 어디 있습니까? 죽었던 사람이 살아났어도, 그들은 언젠가 또 죽을 것입니다. 죽었던 자가 살아나서 영원히 사는 일이야말로 가

장 큰 일입니다. 그래서 그는 십자가를 지신 것입니다. 십자가의 죽음
은 완전한 죽음입니다. 어쩌다 살아날 수 있는 확률은 전혀 없습니다.
그는 고의적으로 아버지께 받은 계명대로 죽으셨습니다.

> "이를 내게서 빼앗는 자가 있는 것이 아니라 내가 스스로 버
> 리노라 나는 버릴 권세도 있고 다시 얻을 권세도 있으니 이
> 계명은 내 아버지에게서 받았노라 하시니라"(요10:18)

그는 죽으실 때 '다 이루었다!' 하셨습니다. 죽음의 쓴잔을 마신 것입
니다. 그는 무엇을 다 이루셨습니까?
첫째, 아버지의 계명대로 목숨을 내려놓으심으로 아버지로 하여금
아들을 죽음에서 구원하는 일을 하게 하셨습니다(시71:3, 요10:18). '아
버지여, 아버지는 가장 큰 일을 행하시는 분입니다. 나는 죽사오니 이
제 아버지께서 가장 큰 일을 행하시옵소서.' 하신 것입니다.

> "그는 육체에 계실 때에 자기를 죽음에서 능히 구원하실 이
> 에게 심한 통곡과 눈물로 간구와 소원을 올렸고 그의 경외하
> 심을 인하여 들으심을 얻었느니라"(히5:7)

흙으로 된 나사로의 몸을 살린 것과 비교할 수 없이 큰 일은 영으로
된 아들의 몸을 죽음에서 영원히 살리는 일입니다. 예슈아의 몸은 말씀
이 육신으로, 곧 하나님이 육신으로 오신 바 된 영의 몸입니다(요1:1~2,

14). 그는 아버지로 하여금 가장 큰 일을 하시게 하려 자기 몸을 제공하신 것입니다. 이를 통하여 아버지께 영광을 돌리시고, 그는 계명에 순종하심으로 자신을 구원하셨습니다(시71:3. 히5:7~9).

둘째, 사망으로 사망권세자 마귀를 심판하셨습니다.

> "자녀들은 혈육에 함께 속하였으매 그도 또한 한 모양으로 혈육에 함께 속하심은 사망으로 말미암아 사망의 세력을 잡은 자 곧 마귀를 없이 하시며"(히2:14)
> "정사와 권세를 벗어버려 밝히 드러내시고 십자가로 승리하셨느니라"(골2:15)

유월절 사건을 통해 최강대국 애굽 왕의 항복을 받아낸 것처럼 십자가 사건은 예슈아 그리스도께서 세상임금 마귀의 사망권세를 완전히 박살낸 승리의 순간이었습니다.

셋째, 인류를 위한 희생제물이 되심으로 역사상 가장 위대한 일을 행하셨습니다(마20:28). 자기 피로 인류를 구속하시고 영원한 사망에서 건져내셨습니다.

그는 죽은 지 사흘 만에 부활하셨습니다. 하나님이 살려내신 것입니다. 성경은 하나님이 예슈아를 죽은 자 가운데서 살리셨다고 다섯 번 이상 반복하여 말씀하고 있습니다.

> "생명의 주를 죽였도다 그러나 하나님이 죽은 자 가운데서

살리셨으니 우리가 이 일에 증인이로라"(행3:15)

"...너희가 십자가에 못 박고 하나님이 죽은 자 가운데서 살
리신 나사렛 예수 그리스도의 이름으로..."(행4:10)

"후에 나무에서 내려다가 무덤에 두었으나 하나님이 죽은
자 가운데서 저를 살리신지라"(행13:30)

"또 하나님께서 죽은 자 가운데서 저를 일으키사 다시 썩음
을 당하지 않게 하실 것을 가르쳐 가라사대..."(행13:34)

"...이에 저를 죽은 자 가운데서 다시 살리신 것으로 모든
사람에게 믿을 만한 증거를 주셨음이니라 하니라"(행17:31)

하나님은 위대하신 분이요, 아들 또한 위대하신 분입니다. 우리는 여
기서 무엇이 위대한지 알아야 합니다.

어떤 신학교에서 신학생들에게 가장 존경하는 인물이 누구냐고 앙
케트 조사를 했다고 합니다. 그 결과는 공자, 맹자, 석가, 예슈아 순이었
다고 합니다. 예슈아는 그들 중 네 번째였습니다. 이는 예슈아에 대한
무지를 말하는 것입니다. 세상의 많은 위인들은 한낱 사람에 불과하지
만 예슈아는 하나님이십니다.

예슈아의 부활한 몸을 손으로 만져보고 확인한 후, 의심 많은 제자 도
마는 이렇게 고백했습니다.

"도마가 대답하여 가로되 나의 주시며 나의 하나님이시니이
다"(요20:28)

하나님이 사람으로 오셔서 죄인같이 죽으신 것입니다. 죄인같이 십자가에서 죽은 일을 어떻게 가장 위대한 일이라고 생각할 수 있습니까? 오직 성령으로 알 수 있습니다. 성령으로 그리스도인은 '예슈아는 가장 위대한 분입니다! 세상에서 예슈아같이 위대한 일을 한 이는 없습니다!'라고 감격하고 감탄하는 것입니다.

> "그러므로 모든 들은 것을 우리가 더욱 간절히 삼갈찌니 혹
> 흘러 떠내려갈까 염려하노라 천사들로 하신 말씀이 견고하
> 게 되어 모든 범죄함과 순종치 아니함이 공변된 보응을 받았
> 거든 우리가 이같이 큰 구원을 등한히 여기면 어찌 피하리요
> 이 구원은 처음에 주로 말씀하신 바요 들은 자들이 우리에게
> 확증한 바니"(히2:1~3)

천사들이 전해 준 율법을 어겨도 공변된 보응을 피하지 못했거든 하물며 예슈아 이름을 영접하고 하나님 자녀로서 거듭난 자들이 이 큰 구원을 등한히 여기면 어찌 피할 수 있겠습니까? 더 이상의 어떤 형용사를 붙일 수 없어서 '이 큰 구원(such a great salvation)'이라고 했습니다. 이 큰 구원을 등한히 여기면 화가 미치는 것입니다.

바울은 "내가 복음을 전할찌라도 자랑할 것이 없음은 내가 부득불 할 일임이라 만일 복음을 전하지 아니하면 내게 화가 있을 것임이로라"고 말했습니다(고전9:16). 복음을 전하지 않아도 화가 미치거늘 이 큰 구원을 등한히 여기는 자가 어찌 화를 면하겠습니까?

율법을 범했을 때는 육체가 보응을 받는 것으로 끝났습니다. 그런데 이 큰 구원을 등한히 여기면 영혼이 영원히 보응을 받는 것입니다. 이 얼마나 무서운 말입니까?

'죽으면 그만이지, 그 다음에 뭐가 있어?' 그러십니까? 그렇지 않습니다. 육체로 범한 죄는 육체가 보응 받는 것으로 끝납니다. 영혼도 항구적인 존재요. 말씀도 영이기 때문에 그 효력도 영원한 것입니다(요 6:68).

> "...이 구원은 처음에 주로 말씀하신 바요 들은 자들이 우리
> 에게 확증한 바니 하나님도 표적들과 기사들과 여러 가지 능
> 력과 및 자기 뜻을 따라 성령의 나눠주신 것으로써 저희와
> 함께 증거하셨느니라"(히2:3~4)

성령은 여러 가지 은사를 가지고 오셨습니다. 믿는 사람이 은사를 체험하는 것도 큰 일입니다.

저는 '진리'를 들은 후 13년 동안 고치지 못했던 여러 가지 병들이 한순간 싹 다 나았습니다. 의사도, 약도 효험이 없었는데 어떻게 말씀 한 마디로 나을 수 있습니까? 저는 너무나 큰 일을 경험했습니다. 그 일로 내 일생이 변했습니다. 이런 체험을 하게 하신 것은 더 큰 일을 알게 하시려는 하나님의 뜻이었다는 것을 두고 두고 알게 되었습니다.

여러분은 성령을 받으셨습니까? 기도하여 응답을 받으신 적이 있으십니까? 성령의 은사 중 하나라도 체험하신 적이 있습니까? 그렇다면

더 큰 일을 생각하며 살아야 합니다. 자나 깨나 구원을 생각하고 살아야 하는 것입니다. 소방대원들이 어디에 있든지 연락을 받으면 즉시 사이렌을 울리면서 화재현장으로 달려가는 것같이 오직 영혼 구원을 위해 항상 깨어있어야 합니다. 우리가 선한 싸움을 싸우고 달려가는 것은 나 영혼이 구원받기 위함입니다. 뿐만 아니라 하나님이 우리에게 붙여주신 영혼을 구원하기 위함입니다.

예슈아께서 나 대신 죽으신 사실을 믿는 자라면 이제부터는 나 대신 죽으신 이를 위해 사는 것입니다.

> "저가 모든 사람을 대신하여 죽으심은 산 자들로 하여금 다시는 저희 자신을 위하여 살지 않고 오직 저희를 대신하여 죽었다가 다시 사신 자를 위하여 살게 하려 함이니라"(고후 5:15)

가족과 불화하며 살 수 없다는 이유로 교회를 떠난 사람이 있습니다. 다른 교회에 갔는데 만족하지 못해 교회들을 전전하다 지금은 아예 교회에 나가지 않는다고 합니다.

가족을 사랑하고 가정이 화목한 것도 중요하지만 그보다 훨씬 더 중요한 일은 나 영혼이 구원받는 일입니다. 구원은 어디에서 구원입니까? 지옥에서 구원입니다. 가족과 원수가 되는 한이 있어도 구원만은 양보할 수 없습니다(마10:36). 자기 영혼의 구원은 자기가 책임져야 합니다(시71:3).

목사님도 좋고, 교회도 좋은데 교인 중에 누가 꼴 보기 싫어서 슬그머니 사라진 사람도 있습니다. 만일 우리 교회가 진리의 교회라고 믿는다면 그것은 이유가 되지 않습니다. 문제는 구원을 크게 보지 않기 때문입니다.

세상의 염려와 물질에 눈이 어두워 구원을 등한시하는 사람도 있습니다. '무엇을 먹을까? 무엇을 마실까? 무엇을 입을까?' 하며 고민합니다. 이런 일들은 인생을 허비할 만큼 큰 문제가 아닙니다. 나 영혼 구원받는 일 이외에 큰 일은 없습니다.

자기 영혼의 구원을 큰 일로 아는 사람은 다른 영혼의 구원도 큰 일로 여깁니다. 이런 의식이 약하기 때문에 다른 영혼에 관심이 없는 것입니다.

> "하나님이 세상을 이처럼 사랑하사 독생자를 주셨으니 이
> 는 저를 믿는 자마다 멸망치 않고 영생을 얻게 하려 하심이
> 니라"(요3:16)

이 성경구절은 모든 그리스도인들이 압니다. 하나님이 세상을 '이처럼' 사랑하셨다는 말을 너무나 가볍게 생각하는 경향이 있습니다. 그러나 이 일을 위해 하나님이 창세 전에 작정하시고 만물을 창조하시고 인류 역사를 진행해 오신 것을 생각하면 놀라움을 금할 수 없습니다. 영혼 구원이 얼마나 큰 일인지 하나님은 수천 년 동안 이를 위해 쉬지 않고 일해 오신 것이고, 마침내 독생자 예수아를 십자가에서 죽게 하신

것입니다.

표적과 기사는 예슈아를 하나님의 아들로 추대하여 하나의 종교를 만들려고 꾸며낸 이야기가 아닙니다. 지금도 기사와 이적이 예슈아 이름으로 일어나는 것은 더 큰 구원이 있다는 예고편입니다.

우리는 다시 한번 내 생애의 최우선순위가 무엇인지 확인해야 합니다. 아침에 눈뜨면 '나 영혼의 구원을 위하여!'라고 다짐하고 하루를 시작해야 합니다. 온종일 매순간 나 영혼의 구원과 관계없는 일은 관심을 끊어야 합니다. 오직 나 영혼의 구원에 초점을 두고 살아야 합니다. 구원이 중요하다는 것을 아는 사람은 복음을 부끄러워하지 않습니다.

여러분은 세상에서 어떤 사람으로 인식되기 원하십니까? 저는 '내가 떠난 다음, 사람들이 나를 어떻게 평가할 것인가?'를 생각합니다. 내가 우리 교회 안에서는 존경받는 목사일지 모르지만 밖에 나가면 '광신도, 이단, 미친년'이라 불릴지도 모릅니다. 나는 조금도 개의치 않습니다. 오히려 영광스럽게 생각합니다. 참 볼품없고 초라한 자이지만 가장 위대한 일을 하고 있다는 자부심이 있습니다. 영혼들을 지옥에서 건져내는 일 이상 위대한 일이 어디 있습니까? 여러분도 이 자부심을 가지고 어디를 가든지 누구에게든지 담대하게 복음을 전하시기를 바랍니다.

복음은 처음에 주 예슈아께서 제자들에게 전하신 것이고 그 다음에 들은 자들이 전해서 우리에게까지 온 것입니다. 복음은 듣자마자 전해야 하는 것입니다. 복음을 들었다면 때를 얻든지 못 얻든지 사람을 가리지 말고 전해야 합니다.

지금 이웃에게 전도하지 않으면서 장차 선교사역을 운운하는 것은 맞지 않습니다. 선교는 지금 복음을 전하는 자의 믿음과 달란트와 하나님의 기름 부으심을 보고 결정해도 늦지 않습니다. 선교는 환상이 아니고 실전입니다.

> "또 어떤 자를 불에서 끌어내어 구원하라 또 어떤 자를 그
> 육체로 더럽힌 옷이라도 싫어하여 두려움으로 긍휼히 여기
> 라"(유23)

진정한 그리스도인이라면 날마다 영혼들을 불 가운데서 끌어내려고 복음을 전해야 합니다(유23). 소방대원이 항상 대기상태에 있다가 언제든지 신호만 떨어지면 현장에 달려가려는 것처럼 영혼 구원을 날마다 준비하고 뛰어나가는 것입니다.

제자들은 주님께 '누가 구원을 얻을 수 있으리이까?'라고 여쭈었습니다(마19:25). 여러분은 누가 구원을 받을 수 있을 것 같습니까?

> "예수께서 저희를 보시며 가라사대 사람으로는 할 수 없으되
> 하나님으로서는 다 할 수 있느니라... 또 내 이름을 위하여 집
> 이나 형제나 자매나 부모나 자식이나 전토를 버린 자마다 여
> 러 배를 받고 또 영생을 상속하리라"(마19:26, 29)

최종적으로 구원은 하나님이 하실 일인데, 이를 위해 가장 귀한 것들을 버린 자가 받는다는 것입니다. 집, 형제, 부모, 자식, 전토를 다 버

리고라도 영혼 구원만큼은 반드시 잡으려는 자가 구원받는 것입니다.

주님이 오실 때 하나는 데려감을 당하고 하나는 버려둠을 당한다고 했습니다. 영혼 구원을 최우선으로 하고 사는 사람이 데려감을 당하는 것입니다. 나 영혼은 말할 것 없고, 내게 주신 영혼들까지 구원하는 일에 내 생명을 거는 여러분이 되시기를 예슈아 이름으로 축원합니다.

큰 구원

성경본문 (히2:1~4)

하나님은 크신 하나님이시다(시95:3).
그는 측량할 수 없는 큰 일을 행하시고(욥9:10)
그는 큰 일 행하사 더 큰 일을 알게 하시는 분이다(대상17:19).

신앙은 가장 큰 일이 영혼 구원임을 앎이요,
신앙생활은 영혼 구원을 최우선 순위에 놓고 사는 생활이니,
나 영혼과 내게 주신 자들의 영혼이다.

역사상 위대한 인물들을 대별하자면
발견, 발명을 통해 인류에 공헌한 사람들,
사상, 종교, 정치 등을 통해 인간 삶에 영향을 준 사람들,
자기희생을 통해 위경에 처한 이웃을 구원한 사람들이다.

성경은 큰 구원에 대해서 말하고 있는바(히2:3)
육체적, 정신적, 상황적 구원이 아닌
영혼이 영원한 형벌, 곧 지옥불에서의 구원에 관함이니
조상 아담이 범죄하여 인류의 지옥행이 결정됨이다(마25:41).

성경 역사중 위대한 일을 한 사람들이 있었으니
방주를 예비하여 전인류가 수장 당하는 중 그 집을 구원한 노아와(히11:7)
430년 애굽의 종 되었던 이스라엘을 지팡이 하나 가지고 해방시킨 모세라
그러나 이도 그들의 힘으로 된 것이 아니요,
여호와 하나님이 큰 일 행하심으로 된 것이다(출14:3~31).

성전은 지극히 크신 여호와의 전이라(스5:8)
애굽인들에게 행하신 큰 일을 목도한 이스라엘에게
대대로 기억하게 하였으나(신11:7)
그들이 큰 일을 행하신 구원자 하나님을 망각한바(시106:21)
저주를 면치 못하고 결국 패망했다.

예슈아께서 성전을 헐면 사흘 동안에 일으키리라 하심은
손으로 지은 성전보다 더 큰 성전인(마12:6, 히9:11)

성전 된 자기 육체의 죽음과 부활로(요2:19~20)
천사가 전해준 여호와 이름보다(출3:2, 15)
아들이 가져오신 예슈아 아버지 이름으로(요5:43)
애굽의 종에서 육체의 구원이 아닌
마귀의 종에서 영혼을 구원해 주심으로라(히2:14~16).
공생애 중 예슈아는 각색 병자를 고치시고, 죽은 자를 살리시는 등
기사와 이적으로 큰 일을 행하셨으니(막3:8, 눅8:36~39)
더 큰 일을 보여줄 날이 있음이다(요1:50, 5:20).

그는 죽으시며 다 이루었다 하셨으니(요19:30)
① 목숨 내놓고 아버지로 가장 큰 일을 하시게 하심,
　　계명대로 죽으사 자신을 구원하심(시71:3, 요10:18).
② 사망으로 사망권세자 마귀를 심판하심(히2:14).
③ 인류를 위한 대속물이 되사
　　역사상 가장 위대한 일을 하심이다(마20:28).

예슈아의 부활은 하나님이 하신 가장 큰 일인바
죽은 자 가운데서 일으키사 신령한 몸으로 영원히 삶이다.
성령은 말씀에 따르는 표적과 기사로(히2:4)
영혼 구원이 가장 큰 일임을 알게 하시고
이 큰 구원을 등한히 여기는 죄의 보응을 두려워하게 하신다.

그리스도인은 영혼 구원 이상 큰 일이 없음을 아는 자라
나 영혼이 구원받는데 손해되는 일은 절대 하지 아니 하고,
내게 주신 영혼을 구원하는 일을 최우선으로 하는바
온갖 고난, 위험, 희생을 불사하고,
복음 전함을 부끄러워하지 아니하니
자기의 하는 일이 가장 위대한 일임을 앎이다.

오! 주여,
나? 큰 숲속에 있는 작은 풀 한 포기같이
아무도 모르는 새 났다가 아무도 모르는 새 스러져 버릴 인생!
어쩌다 이 큰 구원을 알게 하셨는지요?
우리 모두, 자랑스럽게 나가서 외치게 하옵소서.
가장 위대한 일! 영혼 구원하는 일을 하게 하옵소서. 아멘.

14

생명의 부활

마태복음 28:1~10, 요한복음 5:24~30

하나님은 생명의 하나님이십니다(시42:8). 그는 생명의 원천이시고 (시36:9), 그는 생명을 구하는 자에게 생명의 길을 보이시는 분입니다 (시21:4, 16:11).

신앙은 하나님의 생명을 사모하는 것입니다. 그리고 신앙생활은 생명의 부활을 위하여 예슈아의 음성을 듣고 사는 생활입니다(요5:25, 30). 이는 예슈아의 말씀이 영이요, 생명이기 때문입니다(요6:63).

생명과 사망은 극명한 차이가 납니다. 만일 큰 사고 현장에서 사랑하는 이가 살아있다면 기쁘고 즐겁고 행복하고, 만일 그가 죽었다면 슬퍼하고 괴로워하고 절망합니다. 육체의 생사가 이런 차이를 만들어낸다면 영혼의 생사는 얼마나 큰 차이가 나겠습니까?

생명이란 무엇입니까? 생물학자들도 오랜 세월 동안 여러 모로 연구하고 규명하려 하나 딱 떨어지게 정의하기가 힘들다고 합니다. 정확한 것은 모든 생물체는 죽으면 곧 그 세포, 조직이 해체된다는 것입니다. 한마디로 썩는다는 것입니다. 흙으로 된 사람의 육체는 죽으면 흙으로 돌아갑니다.

성경은 몸의 부활에 대해서 말하고 있습니다(행17:18). 모든 사람은 영원히 사는 몸으로 부활합니다. 부활한 몸은 뼈도 있고 살도 있고 먹기도 하고 만지기도 하고 감각도 있습니다. 그러나 썩지 않고 영원히 사는 몸입니다. 이 사실을 예슈아께서 보여주셨습니다.

> "내 손과 발을 보고 나인 줄 알라 또 나를 만져보라 영은 살
> 과 뼈가 없으되 너희 보는 바와 같이 나는 있느니라 이 말씀
> 을 하시고 손과 발을 보이시나"(눅24:39~40)

부활에는 생명의 부활과 심판의 부활이 있습니다(요5:29). 한번 육체로 태어난 자는 반드시 죽고, 부활하여 영원히 살게 되어 있습니다. 문제는 생명의 부활을 하느냐, 심판의 부활을 하느냐에 있습니다. 생명의 부활을 하면 하늘에 있는 아버지 집에서 영생하는 것이고, 심판의 부활을 하면 꺼지지 않는 불못, 지옥에서 영원한 형벌을 받게 되는 것입니다(마25:46).

또한 성경은 인간의 조직에 대해 말하고 있습니다. 하나님이 흙으로 사람을 지으시고 그 코에 생기를 불어넣어 사람을 생령 되게 하셨

습니다. 그가 아담입니다. 히브리어로 '아담(אָדָם)'은 생령이란 뜻으로 '육 있는 영'을 말합니다. 영어로는 'living being', 'living spirit'이라고 합니다.

아담의 육은 흙에서 나와서 흙으로 돌아갈 존재로 지음받고, 영은 하나님에게서 나와서 하나님께 돌아가야 하는 존재로 지음받았습니다. 곧 생명의 부활을 통해서 영생하도록 지으신 것입니다.

육체는 성별과 인종에 따라 각각 모습도 유전자(DNA)도 차이가 있습니다. 그러나 영은 차이가 없습니다. 하나님이 하와를 만드실 때, 아담의 갈비뼈로 만드신 것은 아담에게서 분리된 영이 하와에게 있게 하신 것입니다. 그러니까 육체로는 아담, 하와 각각이지만 영은 하나인 것입니다. 남자도 없고 여자도 없고 귀한 자도 없고 천한 자도 없습니다.

> "여호와는 영이 유여하실찌라도 오직 하나를 짓지 아니하셨느냐 어찌하여 하나만 지으셨느냐 이는 경건한 자손을 얻고자 하심이니라..."(말2:15)

하나님이 아담에게 '선악을 알게 하는 나무의 열매를 먹지 말라. 먹으면 정녕 죽으리라.'는 계명을 주셨습니다. 하나님은 피조물에게 생명을 주시되 명령을 통해 주십니다.

> "나는 그의 명령이 영생인줄 아노라..."(요12:50)

하와는 '선악과를 먹어도 결코 죽지 않는다. 오히려 먹으면 하나님같이 된다.'라는 뱀의 말에 속아 선악과를 먹고 남편 아담에게도 주어 먹게 했습니다. 그 결과 아담, 곧 영 안에 죄와 사망이 들어갔고 그 후손 전 인류에게도 죄와 사망이 유전되었습니다. 그래서 성경은 아담 안에서 모든 사람이 죽었다고 기록하고 있는 것입니다(고전15:21~22).

죽은 영이 심판의 부활을 통해 영원한 몸을 입고 지옥형벌을 받는 것입니다. 지옥형벌은 악몽을 꾸는 정도가 아닙니다. 감각이 있는 몸이 꺼지지 않는 불못에서 고통을 받는 것입니다. 인류 조상 아담으로 인해 모든 인간은 심판의 부활을 기다리고 있는 존재가 되었음에도 사람들은 그것을 모르고 있는 것입니다.

하나님이 인류를 생명의 부활을 통해 하늘나라에 돌아와 살게 하시려고 작업을 시작하셨습니다. 그 첫 단계로 이스라엘을 택하신 것입니다. 이스라엘에게 알려주신 하나님의 이름은 여호와입니다. 여호와는 '육체의 생명의 하나님'이란 뜻입니다(민16:22).

이스라엘이 받은 계명은 육체에 관한 계명입니다. 그 계명을 지키면 이 땅에서 육체가 건강하고 장수하고, 계명을 어기면 육체에 저주가 오고 죽임을 당했습니다.

> "이에 그 거지가 죽어 천사들에게 받들려 아브라함의 품에
> 들어가고 부자도 죽어 장사되매 저가 음부에서 고통 중에
> 눈을 들어 멀리 아브라함과 그의 품에 있는 나사로를 보고"
> (눅16:22~23)

계명을 잘 지킨 자는 죽으면 아브라함의 품에 들어갑니다. 믿음의 조상이 있는 곳에 들어간다는 말입니다. 그러나 계명을 어긴 자는 죽으면 영혼이 음부에 남습니다. 음부는 지옥 될 우주를 말합니다. 음부에 남은 영혼은 심판의 부활을 통해서 재판받고 지옥에 갈 것입니다.

하나님은 이스라엘에게 성소를 짓게 하셨습니다. 그리고 궤안에 여호와 이름과 계명을 쓴 돌비를 두게 하셨습니다. 이스라엘 사람들은 성전을 바라볼 때마다 계명을 지키는 자는 장수하다가 죽어 영혼이 아브라함의 품에 들어간다는 약속을 기억했습니다. 아브라함의 하나님, 이삭의 하나님, 야곱의 하나님 여호와와의 관계가 이스라엘의 혈통을 통해 유지된다고 믿었습니다.

예루살렘 성전 앞에 예슈아라는 이가 나타나서 '너희가 이 성전을 헐라 내가 사흘 동안에 일으키리라'고 하는 말을 듣고 유대인들은 큰 충격을 받았습니다. 성전 안에 있는 여호와 이름은 전쟁과 기근과 질병에서 이스라엘을 구원하는 약속과 보장이 되셨습니다. 그들이 예슈아를 죽이고 싶을 만큼 미워할 만한 이유가 있던 것입니다.

예슈아께서는 성전을 헐라고만 하신 것이 아니라 '내가 사흘 동안에 일으키리라'고 말씀하셨습니다. 그가 다시 일으킬 성전은 죽었다가 부활할 성전 된 자기 육체를 가리켜 말씀하신 것입니다. 그렇다면 예슈아의 말씀에는 어떤 의미가 내포되어 있는 것입니까?

예루살렘 성전에는 육체의 생명의 하나님의 이름, 여호와 이름이 있었지만, 그가 죽었다가 부활하실 때 일으킬 성전 된 그의 육체 안에는 아버지의 이름, 예슈아 이름이 있을 것이라는 것입니다. 그는 육체가 아니라 영혼에 생명을 주어서 썩지 않을 몸으로 다시 살리시겠다는 뜻입니다. 그는 자신의 부활을 통해 예슈아 자신이 생명임을 증거하시려는 것입니다.

"예수께서 가라사대 나는 부활이요 생명이니 나를 믿는 자는
죽어도 살겠고"(요11:25)

그에게 많은 능력과 이적이 나타나자 많은 사람들이 그를 따라다녔습니다. 심지어 그를 임금 삼으려 했습니다. 예슈아는 그런 자들의 기대를 무참히 저버리셨습니다. 오히려 듣기에 너무 부정적인 말씀을 하셨습니다.

"이때로부터 예수 그리스도께서 자기가 예루살렘에 올라가
장로들과 대제사장들과 서기관들에게 많은 고난을 받고 죽
임을 당하고 제 삼일에 살아나야 할 것을 제자들에게 비로소
가르치시니"(마16:21)

그가 곧 죽임 당하리라는 말씀에 제자들은 실망했습니다. 처와 자식과 생업을 포기하고 예슈아를 따르던 제자들이 낙심한 것은 너무 당연합니다.

그가 '사흘 만에 살아나리라'라고 한 말씀이 그들의 귀에 들릴 리가 없었습니다. 이에 그를 따르던 많은 제자들이 떠나갔습니다.

"내 살을 먹고 내 피를 마시는 자는 영생을 가졌고 마지막 날
에 내가 그를 다시 살리니 내 살은 참된 양식이요 내 피는
참된 음료로다"(요6:54~55)
"이러므로 제자 중에 많이 물러가고 다시 그와 함께 다니지
아니하더라"(요6:66)

예슈아께서 열두 제자에게 '너희도 가려느냐?'라고 물으시자 베드로
가 이렇게 대답했습니다.

"시몬 베드로가 대답하되 주여 영생의 말씀이 계시매 우리가
뉘게로 가오리이까 우리가 주는 하나님의 거룩하신 자신 줄
믿고 알았삽나이다"(요6:68~69)

'너희는 나를 누구라 하느냐?' 하는 예슈아의 물으심에 베드로는 '주
는 그리스도시요 살아계신 하나님의 아들이시니이다'라고 대답한 적
이 있습니다. 그 대답에 대해 예슈아는 '이를 알게 하신 이는 하늘에 계
신 내 아버지시리라'고 하셨습니다(마16:17). 이번에도 마찬가지입니
다. '영생의 말씀이 여기 있으매 내가 뉘게로 가오리까?' 한 것도 성령
이 그에게 말하게 하신 것입니다. 그러나 그는 그 후 신변의 위험을 느
끼자 예슈아를 세 번이나 부인했습니다.
예슈아가 제자들과 전도를 다니시던 중 나사로가 깊은 병으로 죽게
되었다는 소식을 들으셨습니다. 이에 그는 '그 병은 죽을병이 아니다.'

라고 말씀하시며 전도여행을 계속하셨습니다. 며칠 후 나사로가 죽었다는 소식을 들으시고 그제야 나사로의 집으로 발걸음을 돌리셨습니다.

예슈아께서 베다니에 도착하셨을 때는 나사로가 죽은지 이미 나흘이나 지났을 때입니다. 마르다와 마리아는 주님이 이곳에 계셨더라면 자기 오라비가 죽지 않았을 것이라면서 울었습니다. 예슈아께서는 그들의 눈물을 보시고 통분히 여기셨습니다.

그리고는 나사로의 무덤에 가서서 무덤을 막은 돌을 굴려 놓으라고 하셨습니다. 마르다는 죽은지가 이미 나흘이 지나 시체 썩는 냄새가 난다고 절망적인 이야기를 했습니다. 물론 구약시대에도 죽은 사람이 산 적은 있었습니다. 그러나 썩은 시체가 살아난다는 것은 믿을 수가 없었던 것입니다.

예슈아께서는 '믿는 자는 영광을 보리라.'고 말씀하시며 아버지께 감사의 기도를 드렸습니다. 그리고 무덤을 향해 큰 소리로 외치셨습니다.

> "이 말씀을 하시고 큰 소리로 나사로야 나오라 부르시니 죽은 자가 수족을 베로 동인 채로 나오는데 그 얼굴은 수건에 싸였더라 예수께서 가라사대 풀어 놓아 다니게 하라 하시니라"(요11:43~44)

나사로의 부활사건은 예슈아의 말씀에 대한 비유적 사건으로 볼 수 있습니다.

"진실로 진실로 너희에게 이르노니 죽은 자들이 하나님의 아들의 음성을 들을 때가 오나니 곧 이때라 듣는 자는 살아나리라"(요5:25)

"살리는 것은 영이니 육은 무익하니라 내가 너희에게 이른 말이 영이요 생명이라"(요6:63)

예슈아의 말씀을 명령으로 받아들인 자의 영 안에 생명이 들어갑니다. 나사로의 부활은 앞으로 있을 부활에 대한 예표였던 것입니다.

하나님이 피조물에게 생명을 주시는 경로는 이렇습니다. 하나님은 생명을 주시되 말씀으로 주십니다. 말씀을 주시되 명령문으로 주십니다. 말씀을 명령으로 받아 순종하면 생명을 공급받는 것입니다.

나사로의 부활사건은 유대사회에 센세이션을 일으켰습니다. 더 많은 군중들이 예슈아를 따르게 된 것입니다. 이 일련의 사태로 인해 유대종교지도자들은 심각한 위협을 느꼈습니다. 예슈아 제거를 더 이상 늦출 수 없었습니다(요11:53). 결국 가룟 유다의 배신과 종교지도자들과 정권자들의 야합에 의해 예슈아는 잡히게 되었습니다. 그리고 한밤중에 일어난 졸속 재판 끝에 그는 십자가형을 받게 되었습니다.

예슈아께서 십자가에 못 박혀 죽으실 때 옆에 달린 한 강도가 '네가 그리스도가 아니냐 너와 우리를 구원하라'고 조롱했습니다(눅23:39). 예슈아께서는 아무런 대답도 하지 않으셨습니다. 그러다가 죽음이 완전히 압도했을 때, 그는 '다 이루었다'라고 말씀하셨습니다. 무엇을 다 이루셨다는 것입니까?

첫째, 그는 부활의 첫 열매가 되시기 위해 아버지의 계명대로 죽으셨습니다. 그에게는 죽을 권리와 살 권리가 있었습니다. 이는 아버지께로부터 받은 계명이었습니다(요10:18). 그는 죽을 계명에 순종해서 죽고 살 권리로 살아날 것을 믿고 자기의 목숨을 내놓으신 것입니다. 그는 인자로서 그 목숨을 내놓으신 것입니다.

그는 본질이 하나님의 아들, 곧 하나님이십니다. 그렇지만 태어났다가 죽는 사람의 속성을 가진 인자(人子)이셨습니다. 그는 인자로서 죽으셨고 인자로서 부활하심으로 그가 하나님이심을 입증하셨습니다(요20:28).

둘째, 그는 사망으로 마귀의 권세, 곧 사망권세를 자기 몸에 흡수함으로 사망권세를 무용지물이 되게 하신 것입니다(히2:14). 이제 마귀에게 남은 것은 지옥 형벌밖에 없습니다.

셋째, 그는 인류의 죗값 사망을 갚아 주시고 그 피로 전인류를 사셨습니다. 이제 그 피를 받아 마신 자가 생명의 부활에 나올 수 있도록 길을 여신 것입니다.

예슈아는 자기 일을 다 마치시고 죽으셨습니다. 그가 죽으신지 사흘 되던 날에 아버지께서 그를 다시 살려내셨습니다. 그의 말씀대로 죽은 자 가운데서 부활하신 것입니다. 그리고 자신의 부활한 몸을 제자들에게 보여주심으로 부활은 이상이나 관념이 아니라 실체임을 입증하셨습니다.

그는 문이 잠겨 있는 방의 벽을 투과해서 들어오셨습니다. 육체를 가진 사람이 벽을 투과할 수 없기에 제자들은 그를 보고 유령이라고 생각했습니다. 예슈아는 자신의 몸을 만져보게 하시고 음식을 잡수심으로 제자들에게 자신이 유령이 아님을 확인시켜 주셨습니다.

> "내 손과 발을 보고 나인줄 알라 또 나를 만져보라 영은 살과
> 뼈가 없으되 너희 보는 바와 같이 나는 있느니라"(눅24:39)

　제자 중 이성적이고 의심이 많은 도마는 제자들의 증언을 듣고도 예슈아의 부활을 믿지 못하고 있었습니다. 그때 예슈아는 도마에게 그 손과 옆구리 상처에 손을 넣어 확인하게 하셨습니다. 예슈아의 손과 옆구리에 손을 넣어 직접 확인한 도마는 예슈아 앞에 무릎을 꿇고 '당신은 나의 주시요, 나의 하나님이십니다.'라고 고백했습니다.

　예슈아 그리스도는 부활 후 40일을 세상에 계셨습니다. 부활하신 그를 일시에 목격한 사람이 약 500여 명이나 된다고 합니다(고전15:6). 그는 승천하셔서 하늘 보좌에 앉으셨습니다. 그가 지금도 살아서 하늘보좌에 앉아 계심을 어떻게 믿을 수 있습니까? 성령을 받게 되면 믿을 수 있습니다.

> "내가 아버지께 구하겠으니 그가 또 다른 보혜사를 너희에게
> 주사 영원토록 너희와 함께 있게 하시리니"(요14:16)
> "하나님이 오른손으로 예수를 높이시매 그가 약속하신 성령
> 을 아버지께 받아서 너희 보고 듣는 이것을 부어 주셨느니
> 라"(행2:33)

예슈아께서는 그가 하늘에 올라가면 아버지께 구하여 보혜사 성령을 보내주신다고 약속하셨습니다. 믿는 자에게 성령이 오신 것은 예슈아가 죽은 자 가운데서 부활하신 것과 지금 하늘 보좌에 앉아 계신 것을 증명하는 것입니다.

예슈아 그리스도의 부활은 어떤 의미를 갖고 있습니까?

첫째, 부활은 예슈아의 말씀이 참말인 것을 증거합니다.

> "이는 정하신 사람으로 하여금 천하를 공의로 심판할 날을
> 작정하시고 이에 저를 죽은 자 가운데서 다시 살리신 것으
> 로 모든 사람에게 믿을 만한 증거를 주셨음이니라 하니라"
> (행17:31)

예슈아의 부활은 모든 사람이 믿을 만한 증거가 됩니다. 부활이 진리라면 예슈아의 말씀도 진리라고 믿을 수 있습니다. 따라서 예슈아의 재림과 심판도 믿을 수 있는 것입니다.

둘째, 예슈아의 부활은 그의 죽음이 무죄하신 이, 곧 무죄하신 하나님의 죽음이었음을 증거합니다.

그렇다면 무죄하신 하나님이 왜 죽임을 당하셨습니까? 그것은 모든 인류의 죄를 속하기 위함이었습니다. 예슈아께서 십자가에 못 박혀 죽으실 때 흘리신 피는 속죄의 표입니다. 울어도 안 되고 고행해도 안 되고 어떤 방법으로도 없어지지 않는 영의 죄가 그의 피로 씻어진 것입니다.

"이것은 죄사함을 얻게 하려고 많은 사람을 위하여 흘리는
바 나의 피 곧 언약의 피니라"(마26:28)

셋째, 예슈아의 부활은 사람의 영이 썩지 않을 몸으로 살 것을 보여주신 것입니다. 영의 몸의 샘플인 것입니다. 썩지 않는 새 몸을 입고 영원히 사는 몸입니다. 인류에게 최고의 소망을 주신 것입니다.

그리스도인의 소망은 죽을 몸은 벗어 버리고 새 몸을 입고 새 하늘과 새 땅에 가서 영원히 주를 뵙는 것입니다.

"나의 이 가죽, 이것이 썩은 후에 내가 육체 밖에서 하나님
을 보리라"(욥19:26)

사람들은 몸에 좋다면 온갖 것을 먹으며 오래 살아 보려고 발버둥칩니다. 결국 육체는 죽어 흙으로 돌아가고 맙니다. 예슈아 그리스도의 부활은 우리에게 소망을 줍니다. 주님 오실 때, 썩을 몸을 벗고 썩지 않을 몸을 입고 공중에서 주님을 뵙는 것입니다. 고린도전서 15장은 부활에 대해 자세히 말하고 있습니다.

"누가 묻기를 죽은 자들이 어떻게 다시 살며 어떠한 몸으로
오느냐 하리니 어리석은 자여 너의 뿌리는 씨가 죽지 않으면
살아나지 못하겠고 또 너의 뿌리는 것은 장래 형체를 뿌리는
것이 아니요 다만 밀이나 다른 것의 알갱이뿐이로되 하나님

이 그 뜻대로 저에게 형체를 주시되 각 종자에게 그 형체를 주시느니라"(고전15:35~38)

씨를 땅에 심으면 얼마 후에는 형체가 나옵니다. 그리스도인이 심는 씨는 무엇입니까? 예슈아의 피입니다. 그 피가 하나님의 생명, 예슈아의 유전인자입니다. 예슈아의 피를 영혼에 받는다는 것은 썩지 않을 생명의 인자(因子)를 받는 것입니다. 영혼에 씨로 뿌려진 예슈아의 피 한 방울이 부활의 몸으로 자라는 것입니다. 그것이 생명의 부활입니다.

"해의 영광도 다르며 달의 영광도 다르며 별의 영광도 다른 데 별과 별의 영광이 다르도다 죽은 자의 부활도 이와 같으니 썩을 것으로 심고 썩지 아니할 것으로 다시 살며 욕된 것으로 심고 영광스러운 것으로 다시 살며 약한 것으로 심고 강한 것으로 다시 살며 육의 몸으로 심고 신령한 몸으로 다시 사나니 육의 몸이 있은즉 또 신령한 몸이 있느니라"(고전15:41~44)

예슈아의 피 한 방울이 자라 맺은 열매의 정도에 따라 그 등급이 정해 집니다. 해의 영광, 달의 영광, 별의 영광 등으로 등급을 매기는 것은 부활한 몸이 누릴 등급이 각각 다른 것입니다.

해의 영광은 최고의 영광으로 부활의 첫 열매이신 예슈아 그리스도의 영광을 말합니다. 달의 영광은 그리스도께서 다시 오실 때 그에게 붙은 자들, 곧 첫째 부활에 참예할 자들이 받을 영광입니다(고전15:23).

낙원에 있는 신약시대 신자나 이 땅에 아직 살아있는 자들이 부활하여 공중에서 주를 뵙는데, 이를 첫째 부활이라고 합니다. 첫째 부활에 참예한 사람의 몸은 최고로 영광스러운 몸입니다. 이 몸을 영광의 몸이라고 합니다.

> "그가 만물을 자기에게 복종케 하실 수 있는 자의 역사로 우리의 낮은 몸을 자기 영광의 몸의 형체와 같이 변케 하시리라"(빌3:21)

첫째 부활에 참예하지 못한 구약시대 신자들과 신약시대 신자들은 둘째 부활에 나가게 됩니다(고전15:24). 여기에 해당되는 신약시대 신자는 예슈아의 피는 받았으나 영의 몸이 그리스도의 장성한 분량만큼 자라지 못한 사람들입니다(엡4:13). 그들은 앞으로 그리스도의 심판대 앞에서 자신들의 행위를 심판받게 됩니다(고후5:10). 이들은 지옥은 가지 않으나 거룩한 성 안에 들어가지 못하고, 성 밖에 살게 됩니다. 거기서 영원히 슬피 울며 이를 갈며 후회하게 됩니다.

어린양의 피가 없는 자, 죽은 자, 불신자들은 무론대소하고 백보좌 심판을 거쳐 불못에 들어가게 됩니다. 이를 심판의 부활이라고 합니다(계20:12~15).

그러면 어떤 사람이 첫째 부활에 들어갑니까?

> "또 내가 보좌들을 보니 거기 앉은 자들이 있어 심판하는 권

세를 받았더라 또 내가 보니 예슈아의 증거와 하나님의 말씀을 인하여 목 베임을 받은 자의 영혼들과 또 짐승과 그의 우상에게 경배하지도 아니하고 이마와 손에 그의 표를 받지도 아니한 자들이 살아서 그리스도로 더불어 천년 동안 왕노릇 하니... 이 첫째 부활에 참예하는 자들은 복이 있고 거룩하도다 둘째 사망이 그들을 다스리는 권세가 없고 도리어 그들이 하나님과 그리스도의 제사장이 되어 천년 동안 그리스도로 더불어 왕노릇 하리라"(계20:4, 6)

첫째 부활이야말로 하나님이 인류에게 주시는 최고의 복, 최고의 상, 최고의 면류관입니다. 첫째 부활에 들어가는 자는 사망과 지옥과 관계 없습니다. 지옥에 갈 확률이 0퍼센트라는 것입니다.

불타는 우주, 지옥을 빠져 나가는 완전한 보장은 첫째 부활에 참예하는 것입니다. 첫째 부활에 참예한 자는 천년 동안 왕노릇 하는 기회도 있습니다.

첫째 부활에 참예하려는 자들이 열심히 하나님 말씀을 순종하고 예슈아를 증거함으로 인해서 영혼구원이라는 부수적인 열매가 생기는 것입니다.

첫째 부활을 목표로 하는 자들은 예슈아의 말씀에 순종, 복종해야 합니다. 예슈아의 명령 중 대표적으로 예슈아 이름으로 하신 명령을 기본적으로 지켜야 합니다.

예슈아 이름으로 침례를 받아야 합니다.

"믿고 침례를 받는 사람은 구원을 얻을 것이요 믿지 않는 사
람은 정죄를 받으리라"(막16:16)

"너희가 회개하여 각각 예수 그리스도의 이름으로 침례를
받고 죄사함을 얻으라 그리하면 성령을 선물로 받으리니"
(행2:38)

"물은 예수 그리스도의 부활하심으로 말미암아 이제 너희를
구원하는 표니 곧 침례라 육체의 더러운 것을 제하여 버림
이 아니요 오직 선한 양심이 하나님을 향하여 찾아가는 것
이라"(벧전3:21)

예슈아 이름으로 침례를 받는 자는 구원을 받습니다. 침례를 받음으
로 구원의 길에 들어서는 것입니다. 침례는 불타는 우주를 빠져나가
서 하늘나라에 들어가려는 영혼이 하나님을 향해서 첫걸음을 떼는 것
입니다.

예슈아 이름으로 모이는 것입니다.

"두세 사람이 내 이름으로 모인 곳에는 나도 그들 중에 있느
니라"(마18:20)

"모이기를 폐하는 어떤 사람들의 습관과 같이 하지 말고 오
직 권하여 그날이 가까움을 볼수록 더욱 그리하자"(히10:25)

예슈아의 이름으로 모일 때 주님이 함께하신다고 약속하셨습니다.

주의 날에 예배뿐 아니라 교회의 공식모임에 나옴으로 예슈아의 생명을 공급받는 것입니다. 한 알갱이의 씨가 자라 장성한 몸이 되어야 생명의 부활, 첫째 부활에 들어가기 때문입니다.

예슈아 이름으로 부활의 복음을 전해야 합니다.

> "너희가 거룩하고 의로운 자를 부인하고 도리어 살인한 사람을 놓아주기를 구하여 생명의 주를 죽였도다 그러나 하나님이 죽은 자 가운데서 살리셨으니 우리가 이 일에 증인이로라"(행3:14~15)
>
> "그리스도께서 만일 다시 살지 못하셨으면 우리의 전파하는 것도 헛것이요 또 너희 믿음도 헛것이며 또 우리가 하나님의 거짓 증인으로 발견되리니 우리가 하나님이 그리스도를 다시 살리셨다고 증거하였음이라 만일 죽은 자가 다시 사는 것이 없으면 하나님이 그리스도를 다시 살리시지 아니하셨으리라"(고전15:14~15)

사도행전에 나타난 사도들은 예슈아 그리스도의 부활을 전했습니다. 그들의 메시지의 핵심은 부활이었습니다. 예슈아의 증인은 곧 예슈아 부활의 증인인 것입니다.

이처럼 생명의 부활을 얻기 위하여 신앙생활이 동반되어야 합니다. 예슈아의 부활을 입으로 시인하는 것만으로 충분하지 않습니다. 아들의 음성을 듣고 철저히 순종, 복종하는 자가 되어야 합니다.

우리 중에 예슈아의 부활을 믿는다고 하면서 지옥에 가거나, 성 밖에 내처져 슬피 울며 이를 가는 이가 한 사람도 없기 바랍니다. 예슈아의 부활이 나의 부활이 되기 위해서 부활의 푯대를 향하여 달음박질하시 길 예슈아 이름으로 축원합니다.

생명의 부활

성경본문 (마28:1~10, 요5:24~30)

하나님은 생명의 하나님이시다(시42:8).
그는 생명의 원천이시고(시36:9),
그는 생명을 구하는 자에게 생명의 길을 보이시는 분이다(시16:11, 21:4)).

신앙은 그를 믿고 사모함이요,
신앙생활은 생명의 부활을 위하여 예슈아의 음성을 듣고 사는 생활이니
그의 말이 생명이요, 영이기 때문이다(요5:25, 30, 요6:63).

생(生)과 사(死)는 극명한 차이라
그에 따른 희비애락(喜悲哀樂)도 극명하게 갈리나
세월이 가면 그 모든 것이 아무 의미가 없다.

사람은 죽어 육체는 흙으로 돌아가고(창3:19)
영은 하늘로 돌아가야 하는 생령이라(창2:7)
생명의 부활/의인의 부활 → 영생 → 아버지 집이나(요5:29, 행24:15)
인류 조상 아담이 선악과 계명을 어김으로(창2:17, 3:4~6)
모든 사람의 영이 죽은바(고전15:22)
심판의 부활/악인의 부활 → 영벌 → 지옥행이다(요5:29, 마25:41, 46).

성전은 '여호와 = 육체의 생명의 하나님'을 기억하게 하고(민16:22)
이스라엘에게 주신 계명도 육체적이라
계명을 지키면 육체가 장수하고(신30:20),
죽으면 영혼이 아브라함 품으로 들어가나(눅16:22),
계명을 어기면 육체가 죽임 당하고 영혼은 음부에 남는다(눅16:23).
예슈아께서 성전을 헐면 사흘 동안에 일으키리라 하심은

성전 된 자기 육체의 죽음과 부활로(요2:19~21)
여호와 이름이 아닌 예슈아 아버지 이름으로(요5:43)
육체의 생명이 아닌 영의 생명을 주시되
썩을 몸이 아닌 썩지 아니할 몸으로 살게 하심이다(고전15:42).

그는 태초에 계신 말씀, 하나님 안에 있는 생명이(요1:1, 4)

사람으로 나타나신 바라(요1:14, 마20:28)
죽어 썩은 나사로도 그 음성을 듣고 살아났으나(요11:43~44)
그 자신의 죽음과 부활에 대해 예언하셨다(마16:21~23).

그는 죽으시며 다 이루었다 하셨으니(요19:30)
① 부활을 위해 아버지의 계명대로 죽으심(요10:18).
② 사망으로 사망권세자 마귀를 심판하심(히2:14).
③ 구속의 피로 인류에게 생명의 길을 터주심이다(시16:11).

그의 부활은 그가 생명, 곧 하나님이심을 보여주셨고(요11:25, 20:28)
그는 죽음의 흔적을 가지신 어린 양으로 지금도 하늘보좌에 앉아계시고
그가 보내신 성령은 예슈아의 부활을 증거하신다(행2:32, 33).

예슈아 부활의 의미는
① 그 말씀이 참 말임 ② 그 죽음이 내 죄를 속하심
③ 몸의 부활에 대한 소망을 갖게 함이라
성령의 사람은 주 강림하실 때
어찌하든 첫째 부활, 생명의 부활에 이르려(계20:4~6)
차라리 목베임을 당할지언정
예슈아의 말씀에 순종하며, 예슈아의 증인이 되는바
썩을 것을 심고, 썩지 않을 것으로 다시 살며(고전15:42)
낮은 몸을 심고, 영광의 몸으로 다시 살려 하는바(빌3:21)
육의 몸이 있은즉 영의 몸이 있기 때문이요,
첫째 부활에 참여하는 자는 둘째 사망의 권세와 무관한바(계20:6)
불타는 우주로부터 구원받되 넉넉히 받기 때문이다.

오! 주여,
만일 주께서 부활하시지 않았다면?
제일 망하는 자는 나입니다.
죄가 그대로 살아 있으니 지옥행이요,
주께서 부활하셨다고 거짓 증거함입니다.
오! 주여, 만 번을 물어도 주님은 부활하셨습니다!!
주님의 부활이 내 부활 되게 하소서.
나의 가죽이 썩은 후, 새 몸을 입고
공중에서 주의 얼굴 뵙는 자 되게 하소서(욥19:26). 아멘.

15

구원의 길

요한복음 14:1~6, 사도행전 16:17

하나님은 뜻이 있으신 분입니다. 그의 뜻은 변치 아니하시고, 그가 정하신 길도 변하지 않습니다(히6:17, 시119:5). 그는 완전한 길을 행하는 자를 그 성에 이르게 하여 그와 함께 영원히 거하게 하시는 분입니다(시107:7, 106:6).

신앙은 예슈아의 종적을 나의 길로 삼는 것입니다(시85:13). 그리고 신앙생활은 예슈아를 따라가는 길이 험하다 할지라도 반드시 그 길을 마치며, 나아가서 구원의 길을 전하는 생활입니다(행16:17).

길은 두 지점을 연결하는 선으로써 원하는 지점에 도달하기 위한 불가결의 수단입니다. 목적지와 형편에 따라 육로든, 해로든, 항로든 길을 정합니다. '뜻이 있는 곳에 길이 있다.'라는 말처럼 뜻이 있기 때문에 길을 정하고 가는 것입니다.

하나님이 창조하신 땅에 처음에는 길이 하나도 없었습니다. 길은 인간역사와 함께 발전했습니다. 누군가가 먼저 길을 뚫기 시작해서 지금 지구상에는 수많은 길이 거미줄 같이 연결되어 있습니다. 어떤 길이든 처음 그 길을 가기 시작한 개척자가 있습니다.

얼마 전 미국 200년 역사를 돌아보며 동부에서 서부로 가는 길을 뚫은 과정을 담은 다큐멘터리를 본 적이 있습니다. 전근대적인 장비로 혹한에도 중단하지 않고 험한 산과 숲을 헤치고, 바위를 뚫으며 길을 내는 사람들의 모습은 처절했습니다. 그들 중에 많은 사람이 부상을 당하고, 많은 사람이 죽기도 했습니다. 자연과 기후와 질병과 맹수와의 투쟁과 죽음을 보며 '아! 길은 누군가의 희생이었구나.'라는 생각에 마음이 숙연해졌습니다.

오늘날도 세계 도처에 도로공사는 계속되고 있는데, 공사 중 희생자 발생은 그리 예상밖의 일이 아닌 것으로 취급됩니다. 과연 길은 핏길인 것입니다. 이렇게 뚫어진 수많은 길이 세상에 있지만 생명으로 인도하는 길은 아닙니다.

성경은 생명에 이르는 길에 대해서 말하고 있습니다. 그런데 생명으로 인도하는 길, 구원의 길은 단 하나밖에 없다고 합니다(행16:17).

우리는 그 길을 찾아야 하고, 그 길에 들어서야 하고, 그 길을 마쳐야 합니다. 왜냐하면 이 하늘과 땅은 앞으로 지옥 불못이 될 곳이기 때문입니다. 이곳을 빠져나가기 위해 구원의 길을 알아야 하는 것입니다.

인류 조상 아담이 마귀에게 속아서 하나님이 금하신 선악과를 먹고 범죄했습니다. 하나님이 그들을 에덴동산에서 내쫓아 버리시고 화염검으로 동산을 둘러 생명나무로 가는 길을 봉쇄하셨습니다.

> "이같이 하나님이 그 사람을 쫓아 내시고 에덴동산 동편에
> 그룹들과 두루 도는 화염검을 두어 생명나무의 길을 지키게
> 하시니라"(창3:24)
> "...가시로 그 길을 막고 담을 쌓아 저로 그 길을 찾지 못하
> 게 하리니"(호2:6)

아담으로 인해 인류는 마귀의 종이 되어 마귀와 함께 지옥에 갈 수밖에 없게 되었습니다. 음부를 빠져 나갈 수 없게 된 것입니다.

성경에서 말하는 음부는 우주입니다. 우주는 하나님의 신(神), 곧 천사들이 영원한 결박으로 둘러싸고 있습니다(창1:2, 유6). 사람은 흙에서 온 육체는 흙으로 돌아가고, 하나님의 품에서 나온 영혼은 하나님 품속으로 돌아가도록 지음 받았는데 그 길이 막혀버린 것입니다. 성경은 이런 인간의 상태를 다음과 같이 말하고 있습니다.

> "사람의 걸음은 여호와께로서 말미암나니 사람이 어찌 자기
> 의 길을 알 수 있으랴"(잠20:24)
> "어떤 길은 사람의 보기에 바르나 필경은 사망의 길이니
> 라"(잠14:12)
> "...보라 내가 너희 앞에 생명의 길과 사망의 길을 두었노

니"(렘21:8)

인류의 문제는 지옥 될 음부를 빠져나갈 길을 모른 채 사망의 길에서 헤매고 있는 것입니다. 하나님이 사망의 길에서 헤매는 인류를 구원의 길로 인도하시는 것을 가시적인 예로 보여주신 사건이 이스라엘의 출애굽입니다.

이스라엘이 430년 동안 애굽의 종살이로 고역에 시달릴 때 하나님은 모세를 보내 애굽에서 인도해내셨습니다. 그들은 여호와의 사자의 인도로 애굽에서 나왔는데 앞에는 홍해가 가로막고, 뒤에서는 애굽의 군마가 추격해 오고 있었습니다. 몰살의 위기에서 하나님은 홍해를 가르시고 바다 가운데 길을 내어 이스라엘을 구원하셨습니다.

> "주의 길이 바다에 있었고 주의 첩경이 큰 물에 있었으나 주
> 의 종적을 알 수 없었나이다"(시77:19)
> "바다를, 넓고 깊은 물을 말리시고 바다 깊은 곳에 길을 내
> 어 구속얻은 자들로 건너게 하신 이가 어찌 주가 아니시니
> 이까"(사51:10)

이스라엘 자손은 너무나 기뻐서 소고를 치고 춤을 추며 구원의 하나님 여호와를 찬양했습니다. 그러나 그 기쁨은 며칠 가지 못해 불평으로 변해버렸습니다. 그럼에도 하나님은 하늘에서 만나와 메추라기를 내려주시고 반석을 쳐서 물을 내주어 먹고 마시게 하셨습니다. 그들은

불기둥과 구름기둥으로 인도를 받았지만 가도 가도 험한 광야 길에 마음이 상했습니다.

> "백성이 호르산에서 진행하여 홍해 길로 좇아 에돔 땅을 둘러 행하려 하였다가 길로 인하여 백성의 마음이 상하니라 백성이 하나님과 모세를 향하여 원망하되 어찌하여 우리를 애굽에서 인도하여 올려서 이 광야에서 죽게 하는고 이곳에는 식물도 없고 물도 없도다 우리 마음이 이 박한 식물을 싫어하노라 하매 여호와께서 불뱀들을 백성 중에 보내어 백성을 물게 하시므로 이스라엘 백성 중에 죽은 자가 많은지라"(민 21:4~6)

원래 열하루면 갈 수 있는 가나안 땅을 들어가지 못하고 그들은 40년 동안 광야를 헤맸습니다. 그 까닭은 이스라엘이 그들을 구원하신 하나님을 잊어버리고 척박한 현실만 보고 하나님을 원망했기 때문입니다. 하나님을 원망한 자들은 광야에서 다 엎드려져 죽고 묵묵히 믿음을 지켰던 갈렙과 여호수아만 그 길을 마치고 요단강을 건넜습니다.

하나님은 이스라엘 자손이 계속 하나님을 따르게 하려고 계명을 주셨습니다. 그 계명을 '여호와의 길' 또는 '계명의 길'이라고 합니다.

> "내가 말하기를 이 무리는 비천하고 우준한 것뿐이라 여호와의 길, 자기 하나님의 법을 알지 못하니"(렘5:4)

"주께서 내 마음을 넓히시오면 내가 주의 계명의 길로 달려
가리이다"(시119:32)

하나님은 계명이 새겨진 돌비를 법궤에 두시고 '여호와의 길 = 계명
의 길'이라는 사실을 기억하게 하셨습니다. 그럼에도 불구하고 가나안
에 들어간 이스라엘 자손은 산당을 만들고 다른 신을 섬기며 그 길에
서 떠났습니다.

"우리는 다 양 같아서 그릇 행하여 각기 제 길로 갔거늘..."(사
53:6)
"...그들은 자기의 길을 택하며 그들의 마음은 가증한 것을
기뻐한즉"(사66:3)
"여호와께서 이 백성에 대하여 말씀하시되 그들이 어그러진
길을 사랑하여 그 발을 금하지 아니하므로 나 여호와가 그들
을 받지 아니하고 이제 그들의 죄를 기억하고 그 죄를 벌하
리라 하시고"(렘14:10)

이스라엘이 여호와의 길에서 벗어나 죄악을 행하자 하나님은 그들
로 전쟁에 패하게 하여 주권을 잃고 압제를 당하고 이방에 포로로 끌려
가 고통을 받게 하셨습니다(렘14:10). 하나님은 선지자들을 통해 악한
길에서 돌아오라고 촉구하시고 예언을 통해 메시아의 출현에 대해 알
려주셨습니다.

"왕은 왕인 까닭에 안 길로 이 문 현관으로 들어와서 거기
앉아서 나 여호와 앞에서 음식을 먹고 그 길로 나갈 것이니
라"(겔44:3)

성경은 하늘을 세 하늘로 구분합니다. 영계 하늘(셋째 하늘), 우주(둘
째 하늘), 대기권 하늘(첫째 하늘) 이렇게 나눕니다. 여기 에스겔 선지
자가 한 이 말씀은 메시아가 영계 하늘에서 우주를 통해 들어오셨다가
다시 그 길로 영계 하늘에 돌아가신다는 것을 비유로 표현한 것입니다.
우주는 영계 하늘에 들어가는 현관입니다.

그리고 '왕은 여호와 앞에서 음식을 먹고'라고 했는데, 이는 그리스
도가 아버지의 뜻을 행하며 그의 일을 온전히 이루는 것을 말합니다.

"예수께서 이르시되 나의 양식은 나를 보내신 이의 뜻을 행
하며 그의 일을 온전히 이루는 이것이니라"(요4:34)

하나님이 이 땅에 그리스도(왕)로 보내신 이는 예슈아시고 온인류는
그의 백성입니다(마1:21, 요1:11, 18:37). 예슈아는 하나님이 정하신 길
을 변치 않고 마치신 유일하신 분입니다.

예슈아가 성전 앞에 나타나 '너희가 이 성전을 헐라 내가 사흘 동안
에 일으키리라'고 선포하셨습니다. 성전에는 여호와 이름이 있고 여호
와의 길을 나타내는 율법이 있었습니다. 그러나 예슈아가 죽었다가 부
활하심으로 일으키실 성전은 그의 육체를 말하고, 예슈아 자신이 길이

되신다는 것입니다.

> "예수께서 가라사대 내가 곧 길이요 진리요 생명이니 나로
> 말미암지 않고는 아버지께로 올 자가 없느니라"(요14:6)
> "그러므로 형제들아 우리가 예수의 피를 힘입어 성소에 들
> 어갈 담력을 얻었나니 그 길은 우리를 위하여 휘장 가운데
> 로 열어 놓으신 새롭고 산 길이요 휘장은 곧 저의 육체니라"
> (히10:19~20)

예슈아 그리스도 자신이 길(The Way)이요, 그의 말씀이 길입니다. 여호와는 바다와 광야에 길을 내셨지만 예슈아는 자기 몸을 찢어서 길을 내시겠다는 뜻입니다. 여호와는 이스라엘 자손을 가나안 땅에 들어가게 하는 길을 내셨지만 예슈아는 믿는 자들을 아버지 집으로 들어가게 하는 길을 내신다는 것입니다.

예슈아께서는 채찍에 맞고 십자가에 못 박혀 물과 피를 다 쏟는 희생으로 인류가 아버지께로 갈 수 있는 핏길을 여신 것입니다. 그는 헤롯과 종교지도자들이 그를 죽이려 모의하는 것을 아셨습니다. 그는 선지자가 예루살렘 밖에서는 죽는 법이 없다고 말씀하시며 예루살렘에 들어가셨습니다.

예슈아는 율법으로도 로마법으로도 죄가 없었음에도 불구하고 종교지도자들과 정권자의 야합으로 죽임을 당하셨습니다. 빌라도는 예슈아의 무죄를 알았지만 유대인들이 십자가에 못 박으라고 아우성치자

민란이 날 것을 두려워해 예슈아를 십자가에 못 박도록 내주었습니다.

그는 어떤 변명도 반항도 하지 않으시고 묵묵히 죽음을 받아들이시고 십자가를 지시고 골고다 언덕길을 오르셨습니다. 그는 침뱉음과 온갖 조롱을 당하고 몽둥이에 맞고 심한 채찍질을 당했기 때문에 온 몸은 상처투성이였습니다.

예슈아께서는 물과 피를 다 쏟고 죽으시면서 '다 이루었다'라고 말씀하셨습니다. 그는 무엇을 다 이루셨습니까?

첫째, 그는 아버지께서 주신 계명의 길을 마치심으로 자기 영혼을 아버지께 맡기셨습니다(시119:32, 요10:18). 왕(그리스도)은 왕이신고로 오셨던 길로 다시 올라가신 것입니다(겔44:3).

그가 죽는 순간에 예루살렘 성전의 휘장이 위에서 아래로 찢어졌습니다. 그 휘장은 두께가 2인치나 되기 때문에 쉽게 찢어질 수 없답니다. 성전의 휘장이 찢어진 것은 성전 된 예슈아의 몸이 찢어진 것을 말합니다. 곧 성전이 헐린 것입니다.

그 육체가 찢어짐으로 인해 우주의 벽이 터지고 음부에서 영계 하늘로 들어가는 문이 열리고, 생명의 길이 열린 것입니다. 천사들의 영원한 결박으로 영계 하늘과 우주를 가로막고 있던 담장의 한 부분이 터짐으로 그 길이 열린 것입니다.

둘째, 사망으로 사망권세자 마귀를 심판하셨습니다. 인류에게 죄와 사망을 준 마귀를 심판하신 것입니다.

셋째, 몸을 찢어 새롭고 산 길을 여심으로 그 피를 힘입은 영혼들에게 구원의 길을 열어주셨습니다(사41:13, 히10:19~20). 조상 아담의 범죄로 지옥 될 우주에서 빠져나갈 수 없던 인류에게 살 소망이 생긴 것입니다.

> "그러므로 형제들아 우리가 예수의 피를 힘입어 성소에 들
> 어갈 담력을 얻었나니 그 길은 우리를 위하여 휘장 가운데로
> 열어 놓으신 새롭고 산 길이요 휘장은 곧 저의 육체니라"(히
> 10:19~20)

이스라엘은 양의 피를 힘입어 애굽을 나왔지만 이제 예슈아의 피를 힘입는 자는 누구든지 불타는 우주를 빠져나갈 수 있게 된 것입니다. 길이 열린 것입니다. 할렐루야!

아버지는 사흘 만에 아들을 부활시키셔서 영계 하늘로 올리셨으니 그곳이 아버지 집입니다.

아버지 집과 낙원은 다릅니다. 믿는 자의 영혼이 죽어서 가는 곳은 낙원이요, 믿는 자의 몸이 부활해서 가는 곳은 아버지 집입니다. 구약 시대에는 낙원을 아브라함 품이라고 불렀는데 우주와 영계 하늘 사이에 있습니다.

> "내 아버지 집에 거할 곳이 많도다 그렇지 않으면 너희에
> 게 일렀으리라 내가 너희를 위하여 처소를 예비하러 가노
> 니"(요.14:2)

영계 하늘은 우주와 비할 수 없이 큽니다. 예슈아는 '아버지 집에 거할 곳이 많다.'라고 하셨습니다. 문제는 무엇입니까? '아버지 집으로 가는 길을 아느냐?' 하는 것입니다.

그 길을 묻는 도마에게 예슈아는 이렇게 말씀하셨습니다.

> "예수께서 가라사대 내가 곧 길이요 진리요 생명이니 나로
> 말미암지 않고는 아버지께로 올 자가 없느니라"(요14:6)

예슈아는 아버지께로 가는 유일한 길입니다. 음부를 빠져나가는 길, 영원한 생명으로 가는 길은 오로지 예슈아밖에 없습니다. 예슈아 이외에 다른 종교에도 구원이 있다고 말하는 사람은 그 길을 모르는 자입니다.

성령은 믿는 자, 곧 심령에 예슈아의 피뿌림을 받은 자에게 오직 예슈아만이 구원의 길임을 알게 하십니다.

> "다른 이로서는 구원을 얻을 수 없나니 천하 인간에 구원
> 을 얻을 만한 다른 이름을 우리에게 주신 일이 없음이니
> 라…"(행4:12)
> "좁은 문으로 들어가라 멸망으로 인도하는 문은 크고 그 길
> 이 넓어 그리로 들어가는 자가 많고 생명으로 인도하는 문
> 은 좁고 길이 협착하여 찾는 이가 적음이니라"(마7:13~14)

예슈아는 자유의지를 가진 인간에게 좁은 문, 협착한 길을 선택하라고 말씀하십니다. 나의 의지와 믿음으로 선택하는 것입니다. 넓고 평탄한 길이 있는데 누가 좁고 험한 길을 가고 싶겠습니까? 그 길은 주 예슈아께서 가신 길입니다. 그 길은 십자가의 길입니다. 그 길은 고통과 고난의 길이요, 가는 이가 적기 때문에 고독한 길입니다. 그러나 혼자라도 가야 할 길입니다.

> "이에 예수께서 제자들에게 이르시되 아무든지 나를 따라 오려거든 자기를 부인하고 자기 십자가를 지고 나를 좇을 것이니라"(마16:24)

예슈아를 따르기 위해서는 대가를 치러야 합니다. 처와 자식과 아비와 전토를 버려야 합니다. 자기를 부인해야 합니다. 자기 십자가를 지고 따라가야 합니다. 누가 과연 이 길을 선택하겠습니까? 어쩌다 선택했더라도 끝까지 변치 않고 가겠습니까? 각자의 선택이요 각자의 믿음으로 가는 길입니다. 그리스도인에게 십자가의 길은 비유가 아니라 실상입니다.

과거 어느 때에도 그랬겠지만, 특히 요즈음은 크리스천이라고 하는 사람들이 좁은 길, 고난의 길에는 전혀 관심 없습니다. 넓고 편안한 길을 좋아합니다. 천국과 지옥, 회개와 믿음, 거룩과 성결, 순종과 복종에 관한 설교에는 귀를 돌려 버립니다. 그저 자기 마음을 편안하게 해주고 자기를 위로해 주는 설교만 들고 싶어합니다. 실제로 그런 교회는 전도하지 않아도 매주 수백 명의 새신자가 몰려옵니다. 담임목사가 다른 교회로 가라고 할 정도로 부흥합니다. 소위 세계적으로 대형 교회(mega church)라는 교회들은 '사랑, 위로, 축복' 하면서 매주 축제가 벌어지고 있습니다. 포퓰리즘이 그런 교회 안에 깊숙이 뿌리를 내리고 있는 것을 봅니다.

포퓰리즘(Populism, 대중영합주의)은 많은 사람들의 바람을 대변하는 정치사상이나 정치운동을 말합니다. 어느 시대에나 양심 있는 사람들은 정치판에서 나타나는 포퓰리즘에도 개탄합니다. 이제는 인터넷을 통해 교인들이 그런 교회를 찾아 가고, 목회자들은 그런 교인들의 입맛에 맞는 설교를 하면서 점점 주님이 가신 길과는 멀어지고 있습니다. 십자가의 길은 성경에만 있고, 찬송가에만 있습니다.

여러분! 여러분은 어떻습니까? 내 마음을 편안하게 해주고 기분 좋게 하는 설교를 듣기 원하십니까? 아니면 나로 하여금 '구원의 길은 오직 십자가의 길이다! 오직 그 길밖에 없다! 어렵고 힘들어도 우리는 그 길을 가자!' 하는 설교를 듣기 원하십니까?

> "이제 내가 사람들에게 좋게 하랴 하나님께 좋게 하랴 사람들에게 기쁨을 구하랴 내가 지금까지 사람의 기쁨을 구하는 것이었더면 그리스도의 종이 아니니라"(갈1:10)

바울은 자신이 사람을 기쁘게 하는 자라면 자기는 그리스도의 종이 아니라고 했습니다. 사람들에게 아첨하느니 차라리 강단을 떠나는 것이 낫습니다. 목회자는 죄수가 재판정에서 최후진술 하듯, 매주 마지막 설교를 하듯이 설교해야 합니다. 온 교인이 거부감을 느낄지언정, 그리스도께서 가신 길을 따라 가도록 밀어붙이는 것이 메신저인 목회자의 임무요, 교회입니다.

십자가의 길이 무엇입니까? 믿음을 결정하는 순간, 나의 옛사람은 예수아 그리스도와 함께 십자가에 못 박은 것입니다. 나의 죄도, 나의 꿈도, 내 육정도 모두 십자가에 못 박은 것입니다. 이제 그 피를 힘입어 새롭고 산 길을 가는 것입니다.

> "그러나 내게는 우리 주 예수 그리스도의 십자가 외에 결코 자랑할 것이 없으니 그리스도로 말미암아 세상이 나를 대하여 십자가에 못 박히고 내가 또한 세상을 대하여 그러하니라"(갈6:14)

바울은 세상이 자신을 향해서 못 박혔고 자신도 세상을 대하여 십자가에 못 박혔다고 말합니다. 서로 못 박은 겁니다. 자신도 세상을 향해서 죽었고 세상도 그를 향해서 죽었다는 것입니다. 나와 세상은 영원히 결별한 것입니다. 이런 자가 진정한 그리스도인이요, 십자가의 길에 들어선 자입니다. 성령께서는 이런 자가 그 길을 마칠 수 있도록 도우십니다.

바울은 그 앞에 위험이 다가오고 있음을 느꼈습니다. 그 가는 길에 환난과 결박이 기다리고 있음을 감지했습니다. 그러나 그는 의연히 이렇게 고백했습니다.

> "오직 성령이 각 성에서 내게 증거하여 결박과 환난이 나를 기다린다 하시나 나의 달려갈 길과 주 예수께 받은 사명 곧 하나님의 은혜의 복음 증거하는 일을 마치려 함에는 나의 생명을 조금도 귀한 것으로 여기지 아니하노라"(행20:23~24)

이미 그의 길은 정해져 있었습니다. 그 길을 마치려 함에 있어서 자기 목숨을 조금도 귀한 것으로 여기지 않는다고 말했습니다.

> "내가 선한 싸움을 싸우고 나의 달려갈 길을 마치고 믿음을 지켰으니 이제 후로는 나를 위하여 의의 면류관이 예비되었으므로 주 곧 의로우신 재판장이 그날에 내게 주실 것이니 내게만 아니라 주의 나타나심을 사모하는 모든 자에게니라"(딤후4:7~8)

이것은 바울이 말년에 디모데에게 쓴 편지입니다. 그의 치열했던 영적 노정을 성공적으로 마쳤음을 고백한 것입니다. '나는 달려갈 길을 마치고 믿음을 지켰다!'라고 선언한 것입니다. 그의 결단이 마침내 열매 맺은 것입니다. 그는 결국 십자가의 길을 완주했고, 주님이 승리자에게 주시는 의의 면류관을 의연하게 바라볼 수 있었던 것입니다.

이에 비해 비참한 결말을 맞은 사람들을 볼 수 있습니다. 그 중 하나가 데마입니다. 데마는 바울의 서신서에 몇 번 언급됩니다.

> "또한 나의 동역자 마가, 아리스다고, 데마, 누가가 문안하
> 느니라"(몬1:24)
> "사랑을 받는 의원 누가와 또 데마가 너희에게 문안하느니
> 라"(골4:14)

데마는 바울이 '나의 동역자'라고 한 것을 보면 믿음과 열심이 대단
했던 것 같습니다. 데마는 바울과 동행하며 바울의 믿음과 삶과 고난을
지켜봤을 것입니다. 바울에게 진리의 말씀을 들었을 것이고 그에게 나
타난 그리스도의 이적과 기사를 생생하게 체험하며 그리스도의 살아
계심과 영생이 실제임을 확실히 알았을 것입니다. 그렇다면 그도 바울
과 같은 결말을 볼 것이라고 생각할 수 있습니다. 그러나 성경은 데마
가 믿음에서 떠났다고 말하고 있습니다. 데마는 세상을 사랑해서 바울
을 버리고 데살로니가로 갔다고 말합니다.

> "데마는 이 세상을 사랑하여 나를 버리고 데살로니가로 갔고
> 그레스게는 갈라디아로, 디도는 달마디아로 갔고"(딤후4:10)

10년이든 20년이든 교회생활을 할 수 있습니다. 그러나 세상 사랑을
끊지 못하면 결국 믿음의 길에서 떠나가게 됩니다. 처음에는 믿으면 지
옥 안가고 천당 간다고 해서 신앙생활을 시작했습니다. 그런데 세월이

가면 갈수록 천국도 지옥도 구원도 점점 관념이 되어 버립니다. 이럴 때 나타나는 확실한 증세는 점점 현실에 민감해집니다. 버렸던 세상 염려와 장래 걱정이 몰려옵니다. 접었던 세상의 성공이 눈에 다가옵니다. 구원의 길은 점점 묘연해져 가고 있는 것입니다.

내가 만일 구원의 길을 가고 있는 자라면 멸망의 길을 가고 있는 사람들을 내버려둘 수 없습니다. 어찌하든 돌이키게 해야 합니다. 아무것도 모르고, 아무 생각 없이 지옥행렬을 따라가는 자들을 말리지 않고는 못 견딥니다. 내 가족은 말할 것도 없이 나와 같은 길을 가야 합니다. 만일 그들이 끝까지 이 길 가기를 거부한다면 다 버리고라도 나는 가야 합니다. 구원의 길은 에스컬레이터를 타고 가는 것이 아닙니다. 이 길은 험한 길이요, 좁은 길이요, 나를 부인하고 부정하지 않고는 못 가는 길입니다.

예슈아를 믿기 시작할 때, 아버지 집으로 가는 나의 길은 일직선으로 정해졌습니다. 그 일직선은 주님이 가신 길입니다. 이미 정해진 이 구원의 길에서 뒤돌아보거나, 주저앉거나, 뒤돌아가지 않기를 바랍니다. 우리 모두, 이 길을 끝마치는 자가 되시길 예슈아 이름으로 축원합니다.

구원의 길

성경본문 (요14:1~6, 행16:17)

하나님은 뜻이 있으신 분이다.
그 뜻이 변치 않고 그 길은 정해진바(히6:17, 시119:5)
그는 완전한 길을 행하는 자를 그 성에 이르게 하여
그와 함께 영원히 거하게 하시는 분이다(시106:6, 107:7).

신앙은 예슈아의 종적을 나의 길로 삼음이요(시85:13),
신앙생활은 길이 좁고 험해도 그 길을 마치며(딤후4:7)
구원의 길을 전하는 생활이다(행16:17).

길이란 타지와의 연결선으로
처음으로 길을 연 자의 희생이 따른바 핏길이라 할 수 있으나
목적에 따라 각각 자기의 갈 길을 선택할 수 있다.

성경은 주의 길, 생명의 길에 대해서 말하고 있으니(시25:4, 행2:28)
곧 음부, 불타는 우주에서 탈출하는 구원의 길에 관함이라
아담이 마귀에게 속아 범죄하고 동산에서 쫓겨난 후(창3:4~6, 24)
인류는 자기 길을 알지 못하고(호2:6)
음부의 길을 헤매게 된바(잠14:12, 20:24)
죄로 인해 생명으로 가는 길이 막힘이었다(창3:24).

양의 피로 구속한 백성 이스라엘이 애굽을 떠나자
불기둥으로 인도 받아 간 곳이 홍해길이라(출13:21)
하나님은 바다 깊은 곳에 길을 내어 건너게 하셨으나(사51:10)
열하루 되는 길을 그들이 40년 유리하다가(신1:2, 시107:40)
대부분이 광야를 벗어나지 못하고 죽은 것은
길로 인해 하나님을 원망함이었다(민21:4~6).

성소는 '여호와의 길 = 계명의 길'을 기억하게 하나(렘5:4, 시119:32)
그들이 각기 제 길, 어그러진 길 가기를 사랑하여(사53:6, 66:3)
징벌을 면치 못한바(렘14:10)
선지자는 악한 길에서 돌이키라고 경고하는 한편(렘18:11),
정해진 길을 갈 메시아의 출현에 대해 예언하였다(겔44:3).

예슈아께서 성전을 헐면 사흘 만에 일으키리라 하심은
성전 된 자기 육체의 죽음과 부활로(요2:19~20)
여호와 이름이 아닌 예슈아 아버지 이름으로(요5:43)
가나안 땅이 아닌 하늘 아버지 집으로 가는 길을(요14:6)
그 몸을 찢어 여실 것임이다(히10:20).

그는 죽음이 기다리고 있는 예루살렘으로 가셨고(눅13:33)
몽치, 채찍, 침 뱉음, 조롱 속에 골고다 언덕 길을 오르사
십자가에서 죽으시며 다 이루었다 하셨으니(요19:30)
① 계명의 길을 마치사 아버지께 영혼을 맡기심(시119:32, 요10:18).
② 죄의 원흉 마귀를 심판하심(요일3:8).
③ 몸을 찢어 아무도 가보지 않은 새롭고 산 길을 여사(사41:13, 히10:19~20)
　　그 피를 힘입은 영혼에게 구원의 길을 열어주심이다.

그는 부활하사 하늘 아버지 집 보좌에 앉아계시고
성령은 예슈아만이 구원의 길임을 전하시는바(행16:17)
그리스도인은 자기의 갈 길을 임의로 선택한 자라(마7:13~14)
좁고 험한 길이나 생명의 길을 택하는바 주님 가신 길, 십자가의 길이라
고독한 길이나 대중영합주의를 배격하고
고난의 길이나 자기를 부인하고 날마다 십자가를 지니(눅9:23)
나도 세상에 대해 못박히고
세상도 나에 대해 못박기를 원함이요(갈6:14),
때를 얻든지 못 얻든지 구원의 길을 전하는바
세상 떠나는 날, 아버지 집에 돌아가려 함이다.

오! 주여,
우리의 가는 길이
불타는 지옥에서 아버지 집으로 가는
구원의 길이라는 것을 안다면…
비록 좁고 험한 길이라도
이 길에서 빗나가는 자 없게 하시고,
세상을 사랑하여
돌아가는 자 없게 하옵소서.
우리 모두 이미 정해진 길을 다 마치게 하옵소서. 아멘.

구원의 길 Ⅰ

2016년 5월 10일 초판 1쇄 펴냄

지은이	강성기
펴낸곳	도서출판 조에 (Zoe Press)

주소	대전광역시 중구 산성동 129-40
전화	042-581-9182
팩스	042-583-9183
Email	zoepresscom@gmail.com
홈페이지	www.zoepress.com

예수복음교회

주소	30 W. Glen Ave., Paramus, NJ 07652, U.S.A.
전화	201-652-3339
팩스	201-652-1237
홈페이지	www.churchofjesus.net **EM 홈페이지** www.cojnj.com
유관기관	www.zoemission.org

인쇄	(주) 디자인 하울/ 전화 02-2273-0580

책값	10,000원
ISBN	979-11-85120-04-1 04230